CLAU
RA

Harper
Collins

DIA
IA

pre
a
novo
a

CLAUDIA RAIA
COM
ROSANA HERMANN

# SEMPRE RAIA UM NOVO DIA

## MEMÓRIAS

Harper Collins

Rio de Janeiro, 2020

DIRETORA EDITORIAL Raquel Cozer
GERENTE EDITORIAL Renata Sturm
EDITORA Diana Szylit
COPIDESQUE Laura Folgueira
REVISÃO Laila Guilherme, Daniela Georgetto e Pamela P. Cabral da Silva
PROJETO GRÁFICO E DIAGRAMAÇÃO Maikon Nery
TRATAMENTO DAS FOTOS DO MIOLO Juca Lopes

CAPA
DESIGN Maikon Nery
FOTOGRAFIA Vinícius Mochizuki
BELEZA Ale de Souza
PRODUÇÃO DE MODA Amanda Collatto
STYLING Juliano e Zuel
Claudia veste camisa Hugo Boss e terno Vitor Zerbinato

Dados Internacionais de Catalogação na Publicação (CIP)
Angélica Ilacqua CRB-8/7057

R129s
Raia, Claudia, 1966
Sempre raia um novo dia / Claudia Raia e Rosana Hermann.
Rio de Janeiro : HarperCollins Brasil, 2020.
256 p.

ISBN 978 65 5511 065 4

1. Raia, Claudia 2. Atrizes - Brasil - Biografia I. Título II. Hermann, Rosana.

CDD 927.92
20-3221 CDU 929:7.071.2



Rua da Quitanda, 86, sala 218 — Centro
Rio de Janeiro, RJ — Cep 20091 005
Tel. (21) 3175 1030
www.harpercollins.com.br

Dedico este livro às principais figuras femininas que me inspiraram e me fizeram chegar até aqui: minha mãe e minha irmã, Odette e Olenka Motta Raia.

*Prefácio*

# "SHE'S THE ONE"

Escrevo estas linhas à guisa de prefácio bem cedo numa manhã de domingo, quando São Paulo começa a despertar lenta e preguiçosamente sob a minha janela. Quando me sentei para escrever, não havia som algum na calçada e o dia era apenas uma promessa, de modo que aproveitei o silêncio e a penumbra para mergulhar no passado, buscando a silhueta daquela jovem mulher de malha de balé que eu vi pela primeira vez no palco décadas atrás.

Encontrei muito mais do que esperava. Fui tragado pelos labirintos das fibras óticas, visitei tanta coisa, soprei a pátina do tempo e revi tanto afeto, tanto amor que, quando dei por mim, estava chorando, e o dia, só por capricho, despertara ensolarado e azul. Tudo isso porque me sentei para falar daquela moça que eu vi no palco na montagem brasileira de *A Chorus Line*. Maria Claudia, a filha de Odette, irmã caçula de Olenka, que cruzou engatinhando o linóleo da sala de dança da academia de sua mãe para erguer-se apoiada na barra. E foi na disciplina da barra que se foi moldando a personalidade da moça, pois os bailarinos precisam ser delirantes para suportar tamanha provação física.

Os bailarinos sonham, enquanto a musculatura trabalha. Sempre. E sonhos nunca faltaram para ela, eu soube logo que a conheci, exuberante, generosa, transgressora, divertida, mas, acima de tudo, amiga. Não sei exatamente o que determina que laços assim se formem, a partir de um encontro e de uma noite de risos e conversas, mas nosso amor foi instantâneo e definitivo.

Tive ao lado de Claudia Raia alguns dos momentos mais felizes de minha carreira nos palcos. Acredito que ela tenha contado algumas passagens divertidas de nós dois, de modo que não vou oferecer *spoilers* a vocês, mas foram muitos os momentos em que eu pude aprender com ela.

Claudia me ensinou muitas coisas, mas talvez a mais importante tenha sido aprender a ter prazer na disciplina. Durante nossas longas temporadas, viagens e camarins, eu tive o privilégio de ver sua impecável conduta profissional, e agradeço a ela por ter trazido suavidade para as tarefas que me pareciam maçantes e repetitivas.

Ao lado dela, viajei pelas terras portuguesas, e há duas histórias de que gosto de lembrar. Uma no Teatro Tivoli, na Avenida da Liberdade, em Lisboa. Tínhamos casas lotadas e aplausos generosos, e, na boa tradição europeia, o cortineiro abria e fechava o pano conforme a intensidade dos aplausos. A primeira cortina é sempre determinante, de modo que, quando avançávamos para o proscênio para agradecer, Claudia o fazia como uma *prima ballerina*, levando a plateia ao delírio.

Um dia, saindo de cena, o cortineiro me chamou e me mostrou, afastando o veludo com as mãos, os rostos do público, que ainda aplaudia. "Veja a felicidade que a menina deu a eles", ele me disse. E eu nunca me esqueci desse momento, como também não me esqueci dos travestis do Porto, na saída do Coliseu, trazendo velas votivas de Nossa Senhora de Fátima, e o carinho com que ela os abraçava. Ali, tudo subitamente se explicou. Fez-se a luz que iluminou a estrada de uma linda e respeitosa amizade construída com alegria, música, disciplina, respeito e admiração. Mergulhem nessas águas sem susto. É bem provável que vocês terminem dançando.

Miguel Falabella

Um sonho de adolescente.

# MEU PRIMEIRO CASAMENTO TINHA TUDO PARA DAR ERRADO. E DEU

Quando o motorista parou o Jaguar cor de chocolate em frente à igreja Nossa Senhora da Candelária, no centro da cidade do Rio de Janeiro, achei que a pior parte do meu casamento já tinha acabado.

Eu tinha feito o trajeto inteiro, do Hotel Glória até ali, deitada de lado no banco de trás, imóvel, praticamente entalada, simplesmente porque eu não cabia no carro montada como estava.

Além de ser alta, meu cabelão enorme era quase uma alegoria aos anos 1980 e estava envolto por uma "aura", um esplendor gigantesco criado pela estilista Carla Roberto. O buquê, de orquídeas e flores silvestres em cascata, era igualmente imenso, e o véu de tule tinha nada menos que dezoito metros de comprimento. Isso mesmo, dezoito metros, o equivalente a um prédio de seis andares, quase a altura da pirâmide do Louvre. Os brincos gigantes criados pelo joalheiro Antonio Bernardo deixavam minhas orelhas iguais às do doutor Spock, e meu vestido de noiva, todo feito de cetim bordado com pedrarias, tinha cauda e mangas compridas.

Naquela posição esdrúxula e nada glamorosa, tudo o que eu queria era descer do carro e ficar em pé.

Era 15 de dezembro de 1986, uma segunda-feira. (Eu sei, ninguém se casa numa segunda-feira. Mas qualquer excentricidade parecia pouco para a jovem de dezenove anos que eu era então.) Mesmo às sete da noite, fazia um calor de quase trinta graus. E em frente, ao lado, atrás, em cima da igreja, uma multidão se aglomerava para acompanhar o casamento.

"Meu Deus! De onde brotou tanta gente?!", pensei.

Mas a resposta era óbvia. A aglomeração tinha brotado por causa do convite que Alexandre Frota, o noivo que me esperava lá dentro, havia feito no sábado anterior, para todo o Brasil, no *Programa do Chacrinha*. Resultado: 10 mil pessoas esperavam do lado de fora para ver a chegada da noiva, que até alguns meses antes estava todas as noites na TV como a musa do Lobisomem, interpretado por Rui Rezende, na novela de maior audiência da história do Brasil, *Roque Santeiro*.

Assim que o motorista abriu a porta e a multidão cercou o automóvel, o pesadelo começou a tomar proporções épicas. Lentamente, me arrastei pelo banco para descer de ré, na esperança de apoiar meus pés no chão e conseguir me catapultar para a liberdade. Mas, como tudo o que é ruim pode sempre piorar, na hora em que minhas pernas saíram pela porta, uma fã roubou um dos meus sapatos. Claro que eu não ia me deixar abater por aquele detalhe. Como bailarina experiente e atriz disciplinada, assumi o papel de Cinderela e fui em frente, com um pé no sapato de salto e o outro descalço, na meia ponta.

Quando cheguei na porta da igreja, no meio da gritaria dos fãs, minha mãe surgiu ao meu lado, do nada, e disse:

— Minha filha, não casa. Esse homem não é pra você.

Agora, repare no *timing*. Ela não falou isso uma semana antes do casamento. Nem na véspera. Nem enquanto eu estava me vestindo. Minha mãe, Odette Motta Raia, que sempre foi tudo pra mim, estava dizendo para eu não me casar alguns segundos antes de eu entrar pela porta daquela igreja lotada, com vinte casais de padrinhos, três mil convidados com crachá, centenas de amigos, familiares, atores, atrizes e diretores de televisão à minha espera, além de uma festa organizada para quinhentas pessoas depois da cerimônia religiosa. Ali estava minha mãe, direto da sala de controle, dizendo para eu abortar a missão e voltar para o planeta Terra.

Aquilo não fazia nenhum sentido. Até porque, sendo minha mãe, ela deveria saber melhor do que ninguém que uma capricorniana como eu não conhece o termo "desistir". Quem tem o sol no meu signo conjuga verbos como insistir, persistir, superar, conquistar, arrasar, dar a volta por cima, triunfar. Mas desistir? Jamais! E assim, contrariando minha mãe, os astros e o bom senso, entrei em cena pelo tapete vermelho, sozinha, para me casar com aquele homem.

Enquanto desfilava com meu vestido de sereia metalizada em câmera lenta, no meio de uma nuvem de gelo seco, eu olhava para todos na certeza de que, dentro daquele traje esplendoroso e com tantos adereços extravagantes, ninguém prestaria atenção aos meus pés. Para garantir, eu sorria de forma escancarada para os convidados, entre eles Chacrinha, Chico Anysio, Anísio Abraão, Walter Clark, Betty Faria e todos os que receberam nosso convite de casamento, primeiro trabalho profissional do jovem diretor de arte Giovanni Bianco, que anos mais tarde trabalharia como diretor-geral da revista *Vogue Itália* e, por uma década, com a cantora Madonna.

Chegando perto do altar, Alexandre, todo de branco, com um fraque de gorgorão de seda e camisa branca também de seda, me esperava radiante. Foi então que notei que minha irmã Olenka, que seria uma das damas com Angela, irmã de Alexandre, não estava lá. Minha mãe, que eu tinha encontrado na porta da igreja, também não. Só vi minha avó, sentada, com minha sobrinha no colo e mais nenhum familiar meu. Eu não tinha nem para quem entregar o buquê.

Eu sempre soube que no dia em que me casasse entraria na igreja sozinha, porque perdi meu pai ainda criança. Mas como podia não haver ninguém da minha família ali? Minha indignação era tanta que quase perguntei "como assim?!" para o padre. Mas não ia adiantar. Ele também não sabia que, no intervalo de tempo entre minha entrada pela porta da igreja e minha chegada ao altar, minha mãe sofrera uma hemorragia apocalíptica e estava no *backstage*, com minha irmã e os outros familiares, jorrando sangue por todos os orifícios, antes de ter que ser levada de emergência dali para o hospital.

Claro que eu só fui saber disso muito depois. Meu roteiro foi cumprido à risca, com direito a "sim", beijo cinematográfico e aplausos. Na falta de qualquer parente, acabei entregando o buquê para o Chacrinha, que era quem estava mais perto.

Por um instante, acreditei que a sucessão de pragas do Egito daquela noite tivesse terminado, mas ainda faltava uma. Quando me virei para sair da igreja e fui ajeitar meu véu, descobri que os dezoito metros de tule tinham desaparecido, sumido, picotados por fãs ou, quem sabe, por uma nuvem de gafanhotos invisíveis comandados pela bruxa que roubou meu sapato.

Curiosamente, depois de me casar sem pai nem mãe, sem irmã, sem um sapato e sem véu, entre a saída do casamento religioso e a realização do casamento civil, que aconteceu na recepção do Hotel Copacabana Palace, nada de muito errado aconteceu. Até minha mãe apareceu na festa, com outra roupa, aparentemente recuperada da hemorragia de fundo emocional e sem nenhuma sequela.

O Grande Roteirista do Universo deve ter dado uma trégua na história, guardando a cereja do bolo para a lua de mel. Destino? O último lugar para onde uma pessoa branquela como eu, que não toma sol nunca e detesta praia, deveria ir: o Havaí.

Mas, quando se tem dezenove anos e toneladas de hormônios bombando a libido, a pessoa é capaz de ir para o fim do mundo com escala no inferno — o que mais ou menos descreve aquela minha viagem, feita em um cruzeiro no qual a única coisa pacífica era o oceano.

A parte do navio tinha me animado durante os preparativos, e a produtora nata que habita em mim havia mandado fazer uns chapéus belíssimos de linho e palha para compor meus *looks* a bordo. Para não amassar, levei os acessórios em suas respectivas chapeleiras que, mesmo leves, ocupavam um bom espaço. E "espaço" é uma palavra que não combina com cabines de navios. Assim que abrimos a porta, ficou claro que, naquele cubículo, não teria como enfiar uma mulher alta, um homem grande, cinco malas e várias chapeleiras. Alguma coisa teria que ficar de fora, e Alexandre imediatamente decidiu que seriam meus chapéus. Foi assim que, sem a menor cerimônia, ele os jogou ao mar, com caixa e tudo!

Meu impulso foi fazer com ele o mesmo que ele fez com meus chapéus. Mas, naquele momento, ficou tão óbvio que não éramos almas gêmeas que decidi que o que ficaria de fora da cabine seria nossa lua de mel. Olhei na cara dele e declarei:

— Eu não vou ficar com você.

Fui até a administração do navio e tratei de providenciar outra cabine para mim. Dos oito dias de lua de mel a bordo, fiquei cinco sem falar com ele. Estávamos de mal e no mesmo navio. Recém-casados e brigados. E a pergunta que eu repetia a mim mesma — e que, certamente, minha mãe, meus amigos, o padre, a mulher que roubou meu sapato e até o motorista do Jaguar também fariam — era: "Por que eu me casei com esse cara?".

Tratava-se, no entanto, de uma pergunta equivocada — que, aliás, não me impediu de seguir casada com ele por mais cinco anos. Alexandre era bonito, atlético, divertido. Nós tínhamos não só uma forte atração física um pelo outro, mas também uma química perfeita, éramos jovens, estávamos construindo nossas carreiras, tínhamos mil razões para ficar juntos. A pergunta certa, precisa e cirúrgica, seria: "Por que eu me casei com esse cara *agora*?".

E a resposta era outro cara: Jô Soares.

# O PRIMEIRO GRANDE AMOR DA MINHA VIDA

Jô e eu no intervalo das gravações do *Viva o Gordo*.

Jô Soares entrou em minha vida quando eu era muito jovem, para nunca mais sair. Ele foi meu namorado, meu amigo, meu pai, meu tutor, meu parceiro, meu salvador, meu primeiro amor. Um verdadeiro anjo que apareceu para me guiar. E, embora anjos sejam seres supostamente assexuados, Jô é, ao contrário, um anjo deliciosamente masculino.

Quando conto da minha paixão por Jô, do amor profundo que ele despertou em mim e dos quase dois anos que namoramos, ainda tem gente (gente?) que me pergunta: "Mas como foi que você fez para transar com esse cara?".

Minha vontade é devolver a pergunta com a única reação possível e dizer: "Oi?!". Claro, eu percebia nossas visíveis diferenças de idade, de estatura e até de biotipo e, ao mesmo tempo que me surpreendia com a minha própria naturalidade e abertura em relação a tudo isso, vivenciava um conflito dentro da minha cabeça, onde um diabinho sussurrava: "Maria Claudia, esse não é o tipo de homem que você está acostumada a namorar! Você tem dezessete anos e ele, cinquenta e dois. Você é uma bailarina iniciante e ele, o astro de um programa de humor chamado *Viva o Gordo*! Ele não é pra você!". Mas o diabinho nada podia diante do sentimento avassalador que aquele homem absolutamente sensacional despertava em mim.

Jô é um dos artistas mais completos do Brasil, seja como: humorista, ator, diretor, produtor, escritor, roteirista, um criador inigualável. Ele entende de música, literatura, teatro, pintura, televisão, dança, gastronomia, cinema — e não tem um assunto sobre o qual não seja capaz de dissertar ou debater. Isso sem contar seu gosto sofisticadíssimo, suas tiradas inteligentes, sua rapidez de raciocínio. Não bastasse todo esse conhecimento, ele estudou muitos anos na Suíça, o que lhe deu fluência em diversas línguas. Posso dizer seguramente que nunca conheci ninguém mais culto que Jô Soares. Nem tão gentil, divertido, amoroso e atencioso desde o dia em que nos conhecemos, no dia 3 de janeiro de 1984.

Foi logo depois da estreia do musical *Chorus Line* no Teatro Tereza Rachel, em Copacabana. Vínhamos de uma temporada de estrondoso sucesso no Teatro Sérgio Cardoso, em São Paulo, e, apesar de algumas alterações no elenco, eu continuava fazendo o papel de Sheila, uma bailarina de quarenta anos que mentia ter trinta e dois e que eu começara a representar aos dezesseis.

Um dia, o produtor Walter Clark, alguns integrantes da produção e eu fomos a um famoso restaurante carioca e lá encontramos

Jô Soares. Ele contou que tinha ido assistir a *Chorus Line* na matinê de sábado e me falou uma das coisas mais importantes da minha carreira e da minha vida:

— Olha, eu fui te assistir hoje e nunca vi no Brasil uma artista tão completa quanto você. Só vi uma pessoa com essa força, com esse carisma, esse talento, na Broadway. De dez em dez anos nasce uma estrela, mas de vinte em vinte anos nasce uma mulher como você. Eu quero você para o meu programa.

Ouvi todos os elogios com muita alegria, mas era difícil levar tudo aquilo a sério. Mas fiquei bem impactada, porque Walter Clark sempre dissera que eu me tornaria uma estrela e que, quando eu chegasse ao Rio de Janeiro, a Globo me pegaria e nunca mais me largaria.

Talvez o impacto tenha sido ainda mais profundo porque me lembrei das palavras que meu pai me disse antes de morrer, tentando imaginar meu futuro. O convite do Jô, a ideia de me tornar uma estrela da Rede Globo, tudo aquilo era muito estranho para mim. Eu nem pensava em trabalhar na televisão, quanto mais em um programa de humor. Meu mundo era o teatro, os musicais, minha vida era a dança, a disciplina de acordar cedo, ensaiar o dia inteiro e dançar, cantar e representar todas as noites.

Pouco tempo depois do encontro com Jô no restaurante, eu estava na praia toda soltinha, com meu biquinão asa-delta enfiado na bunda, quando fui abordada por um homem que dizia ser da Rede Globo e querer fazer um teste comigo na emissora. "Teste...? Sei... que cantada barata...", pensei.

Por via das dúvidas, mandei minha mãe no meu lugar para o tal teste. Ela acabou descobrindo que não só o convite era real como o "cara" que me abordara era Paulo Cesar Mariozzi, um dos redatores do *Viva o Gordo.*

Fiz o teste, passei e fui contratada para o elenco fixo do programa. Eu achava que seria apenas "uma das gostosas" que fariam figuração no programa, até descobrir que Jô tinha criado um quadro para mim. O Brasil vivia o *boom* das academias, e Jô fez o "Vamos malhar", em que eu contracenava com ele, dançando, cantando e fazendo humor.

Eu era Carola, e Jô, minha amiga Ciça, que tinha ciúme do professor de aeróbica vivido por Eliézer Motta. Jô e eu contracenávamos de *collant* colorido e nos divertíamos em cenas hilárias. Além do quadro, eu também participava de todos os números musicais do programa.

Ali, passei a trabalhar com os melhores e maiores comediantes, roteiristas, diretores, maquiadores, figurinistas e equipe técnica do país, e passei a ser conhecida em todo o Brasil, com meu novo nome. Sim, porque foi Jô quem me batizou artisticamente. Até então, eu era Maria Claudia Raia, nome que aparece, inclusive, na capa da *Playboy* de março de 1984. Jô tirou o "Maria" e, em abril, estreei na Rede Globo como Claudia Raia.

O cuidado comigo se estendia até para minha saúde. Um dia, Jô viu uma pinta que eu tinha na perna e disse que eu deveria ir a um médico ver o que era. Ele tinha acabado de tratar um melanoma e achava que aquilo podia ser canceroso. Marcou uma consulta, foi comigo e salvou minha vida: a pinta era mesmo cancerosa, e, graças a ele, eu me livrei dela a tempo.

Nossa convivência foi se intensificando, e àquela altura ele já estava apaixonado por mim. Eu não sabia ainda, não reconhecia, mas também estava completamente envolvida com ele. Descobri isso logo depois, em junho, quando chegou o Dia dos Namorados e ele me deu um presente. Era um brinco de brilhante exatamente como o que ele usava em uma das orelhas. E entendi que aquele brinco que ele tinha mandado fazer era como uma aliança de compromisso. E, por isso mesmo, não aceitei.

Recusei porque achei que eu não estava na mesma *vibe* que ele. Ele estava me namorando e eu não estava namorando ele.

Jô ficou um pouco surpreso com a recusa e disse que tinha mandado fazer o brinco com o maior carinho, especialmente para mim. Eu agradeci e disse que não podia aceitar aquele presente de Dia dos Namorados porque ele não era meu namorado.

Na verdade, eu estava namorando o Raul Gazolla, que era um dos homens mais lindos do Brasil e fazia *Chorus Line* comigo desde a temporada em São Paulo.

Raul era um querido. O único problema era me locomover com ele pela cidade como uma pessoa normal. Ele sempre foi apaixonado por motocicleta, e eu fui doutrinada pela minha mãe, em nível de lavagem cerebral, para jamais subir na garupa de uma moto. Nem andar de patins. Nem de skate. Nem de qualquer outra coisa que oferecesse perigo e pudesse causar danos ao meu principal instrumento de trabalho: meu corpo de bailarina. Sair com Raul virava uma piada, porque ele ia de moto e eu, de táxi. Jô, ao contrário, sempre adorou carros. Um dia era um Jaguar, no outro uma Mercedes. Carros e relógios sempre foram suas paixões. E, mais tarde, motos também.

Ele, que era obviamente a parte mais madura de nós dois, decidiu então, diante do impasse do presente não aceito, me convidar para jantar na casa dele. A ideia era colocar tudo às claras e resolver aquele relacionamento sem nome e sem rumo.

Naquela época, Jô tinha um funcionário, um faz-tudo que cozinhava e cuidava das coisas dele chamado Pepê, uma figura maravilhosa que inspirou um personagem de mordomo que Jô fazia em seu programa. Para ficar a sós comigo, ele dispensou todo mundo na casa e só ficou Pepê, que era íntimo dele e fez nosso jantar, arrumando tudo na beira da piscina. No cenário perfeito, num clima romântico, Jô me disse que eu o via como um pai, um amigo, e que aquela situação não estava boa para ele, já que estava completamente apaixonado por mim e era claro que a recíproca não era verdadeira. E que ele não queria sofrer e, por isso, estava propondo que, a partir de então, nós fôssemos apenas amigos e não saíssemos mais juntos.

Naquele momento, foi como se a voz dele sumisse, o chão se abrisse, o mundo acabasse e eu fosse lentamente esfaqueada no meio do peito. A ideia de ficar sem ele me dava a sensação de morrer. Foi aí que me dei conta do quanto estava apaixonada por aquele homem. E, ao perceber aquilo, dei um "agarrão" nele e fui para cima. Foi aí que realmente nossa relação começou.

Eu não tinha nenhum interesse nas coisas dele, na fama dele. Era dele que eu gostava. Eu adorava tudo nele. O jeito, o cheiro, o beijo, as coisas que ele falava; eu não conseguia conceber a ideia de viver sem ele. Assumimos nosso namoro e, embora eu nunca tenha sido de noitadas ou baladas, passamos a sair juntos publicamente.

Foi em uma dessas noites em que Jô e eu fomos jantar na lendária boate e restaurante Hippopotamus, em Ipanema, que fumei maconha pela primeira (e última) vez.

Por conta da minha vida inteira como bailarina disciplinadíssima, filha de mãe absurdamente exigente, eu nunca bebi, nunca me droguei, nunca ingeri nada mais alucinógeno que água com gás ou um cigarro com filtro. E não foi por falta de oportunidade, porque, quando convivi com o icônico bailarino e genial coreógrafo americano Lennie Dale, dos Dzi Croquettes, vi de tudo.

Desci para o banheiro, um dos lugares mais agitados da boate, e alguém me ofereceu um "tapa", dizendo que era só para experimentar, que não tinha problema nenhum. Como eu fumava cigarro, achei que o ritual seria o mesmo e, assim, dei três grandes tragadas, algumas várias tossidas e achei que não tinha feito nenhum efeito em mim.

Pouco depois, quando fui subir as escadas para voltar ao térreo, notei que os degraus estavam um tanto cambaleantes. "Certeza que essa escada fumou maconha", pensei. Eu, claro, estava completamente normal. Subi a escada dançante e fui para o andar principal. Jô me viu e se levantou, mas eu fui direto para a pista, onde me joguei no chão em posição fetal e, na certeza de que tinha me transformado em uma maçã, gritei para o público à minha volta:

— Me morde! Me morde!

Jô, em ataques de gargalhada, me puxou pelas pernas, pela canela, pelo talo e pelas folhinhas, e gentilmente me levou para a fruteira de sua casa até que o efeito passasse por completo.

Nossa relação era perfeita, mas nem todos eram tão generosos conosco como éramos um com o outro.

Durante nosso relacionamento, Hilton Marques, redator do Jô, uma pessoa divertida, debochada e inteligente, com seu falar lindo de pernambucano, nos ajudou muito. Ele foi o cupido que segurou as pontas quando um dos dois tinha medo de sofrer, medo de continuar, medo de terminar ou encarar a avalanche de preconceitos e maldades que muita gente desferia contra nós como casal.

Enfrentamos tudo com tranquilidade, eu com minha inconsciência juvenil, ele com a elegância de sempre.

Depois de quase dois anos, que vivemos como se fôssemos casados, Jô terminou comigo.

Não fui eu quem encerrou a relação, como muita gente imaginava que aconteceria. Foi ele.

Com todo o amor do mundo, Jô falou que sabia que não existia um futuro para nós dois e que, inevitavelmente, ele sofreria quando a gente se separasse. Que eu certamente me casaria com um homem da minha idade, do meu mundo, e que ele preferia abreviar esse sofrimento, terminando nosso relacionamento. Que ficaríamos amigos para a vida inteira. E foi assim que ele rompeu comigo e, pouco tempo depois, conheci Alexandre Frota e me casei com ele. Pode ter sido inconsciente, mas fiz exatamente o que Jô achou que seria o melhor para mim.

Tudo o que Jô e eu vivemos depois disso foi maravilhoso, uma relação de muito amor, um amor diferente, único, que até hoje tem um lugar especial no meu coração.

Até hoje, mesmo sem nos encontrarmos com tanta frequência, ele está sempre, sempre comigo. No começo de 2020, quando eu estava em turnê em Portugal, pensava nele dia sim, dia não. Jô é uma pessoa de quem sinto saudade, para quem tenho vontade de ligar, com quem eu gostaria de estar.

Hoje, tenho certeza de que ele foi verdadeiramente o meu primeiro amor. Um amor que me transformou de menina em mulher, que me ensinou tudo o que sei de comédia, de televisão. Jô abriu um portal de amor em minha vida, e, por tudo o que vivemos juntos, sou eternamente grata a ele.

Sou grata, inclusive, por Pepê. Porque, depois de um tempo da nossa separação, cheguei para o Jô e disse:

— Olha, vou roubar o Pepê pra mim. Ele vai trabalhar comigo. Aliás, nem é roubar, porque eu estou avisando.

E assim foi. Pepê trabalhou vinte anos comigo, na minha casa, me ajudando em tudo. Além de ser uma criatura adorável, também era um pouco da presença de Jô no meu dia a dia. Pepê só não ficou mais porque, quando Jorge Fernando precisou de alguém para ajudá-lo, pedi que ele fosse para a casa de Jorginho, já que éramos todos uma espécie de família.

Pepê passou a cuidar de Jorginho, da mãe dele, dona Hilda, da minha mãe.

O ano de 2019 se revelaria um ano de muitas perdas, em que essas pessoas fundamentais em minha vida partiriam.

De todas, a maior delas aconteceu no dia 19 de março de 2019, quando um abalo sísmico me tirou o chão e, aos 95 anos, Odette Motta Raia, a bailarina mais elegante, a professora mais disciplinada, a mãe que me construiu e fez de mim quem sou, saiu de cena e, sob todos os aplausos da Terra, foi ser uma estrela brilhante no céu.

Meu aniversário de dez anos, sempre grudada nas três mulheres da minha vida.

# UM SONHO DE MÃE

Dois dias antes do Natal de 1966, Maria, irmã de criação da minha mãe, uma mulher de sorriso tão largo quanto sua figura, teve um sonho premonitório e disse que minha mãe deveria ir imediatamente para o hospital para dar à luz.

Minha mãe estava no final da segunda gravidez. Ela tinha quarenta e quatro anos e já estava na menopausa, ou seja, era uma gestação de alto risco. Por isso, o próprio médico sugeriu interrompê-la, dizendo que a criança poderia nascer com problemas, recomendação que minha mãe, evidentemente, não seguiu.

Mamãe disse a Maria que não estava sentindo o mais remoto indício de estar entrando em trabalho de parto. É verdade que desde o parto de minha irmã mais velha, Maria Olenka, já tinham se passado seis anos, mas nenhuma mulher esqueceria detalhes como o rompimento da bolsa ou a sequência de contrações que prenunciam o nascimento do bebê, nem que se passassem seis vidas.

Maria continuou contando o sonho, dizendo que a criança era uma menina bem branquinha, com cabelos escuros e longos até a cintura, e que tinha sido trazida por um disco voador todo iluminado, vindo de uma estrela distante. E que, assim que o disco voador pousava, a menina descia e dançava e corria, girava e dançava.

Talvez tenha sido o impacto do termo "disco voador", mas minha mãe achou melhor não contrariar Maria e tratou de ir logo para o hospital com meu pai.

Não sei se existe uma explicação na medicina, na ufologia ou no além, mas, assim que entrou no hospital, minha mãe foi colocada em uma maca e empurrada às pressas para a sala de parto, porque a menina branquela de cabelos escuros, ainda nos corredores do hospital, já espiava pela cortina, apressada para entrar no palco da vida.

E foi assim, sem ensaio, sem bolsa rompida, sem contrações, que entrei em cena neste mundo, no dia 23 de dezembro de 1966, véspera da véspera do dia de Natal, estreando antes de Papai Noel.

Aquele sonho premonitório passou a ser motivo de muitas conversas entre mim e minha mãe, porque me tornei exatamente a menina que Maria descreveu. Só a parte de ter vindo de uma estrela é que não tenho certeza; o que sei é que meu avô Joaquim não veio de Alpha Centauri, mas de Trás-os-Montes, Portugal.

Como a maior parte dos imigrantes que saíram da Europa no fim do século XVIII, meu avô, Joaquim Motta, veio trabalhar nas lavouras de café, com muita coragem e sem um tostão, mas acabou construindo um império cafeeiro em Campinas, interior de São Paulo. Virou um barão do café e carimbou seu sucesso com seu sobrenome, o Café Motta.

A mulher dele, minha avó materna, dona Ernestina Motta, era uma pessoa alegre e adorável, que amava dança e, aos 85 anos, ainda dava aulas de dança de salão. Ela era muito divertida, extrovertida, praticamente do signo de Dercy Gonçalves, com ascendente em Nair Bello.

Minha mãe, ao contrário, sempre foi uma dama inglesa. Fina, classuda, educadíssima, sofisticada, um impávido colosso que falava um português tão correto que fazia Miguel Falabella ficar mudo só para apreciar sua prosódia.

Assim como minha avó, minha mãe sonhava em dançar, mas não dança de salão: Odette Motta queria ser bailarina clássica, o que sugere que minha paixão pela dança não veio do espaço sideral, mas de família.

Agora, atente para a linha do tempo: minha mãe nasceu em 1923, ou seja, foi adolescente no final dos anos 1930. A ideia de ser bailarina era um escândalo para qualquer família tradicional da época, especialmente com um pai português conservador, em um tempo em que uma mulher "artista" era sinônimo de prostituta. O jeito era estudar balé escondido.

Assim, Odette passou a fazer aulas "secretas" com o russo Leo Mandel, que havia fugido da então União Soviética. Mais tarde, entraria para a companhia de dança de Maria Olenewa, bailarina nascida em Moscou que trouxe o balé clássico para o Brasil.

A vida de Odette era dançar oito horas por dia e ainda estudar música. Antes dos vinte anos, já era musicista, pianista e uma promissora bailarina clássica. Aos 22, prestes a estrear como protagonista do balé *Romeu e Julieta*, minha mãe foi passar uns dias no Guarujá, onde a família tinha uma casa de praia. Ela estava jogando vôlei com os amigos quando, de repente, alguém chamou por ela; em uma virada brusca, ainda com os pés fincados na areia da praia, rompeu os quatro meniscos. A carreira oficial de bailarina dedicada e talentosa terminava ali.

Ela passou por cirurgia nos dois joelhos, mas os recursos da época não permitiam que voltasse a dançar. Minha mãe fez toda a recuperação de fisioterapia sozinha, usando seu conhecimento de exercícios, sua tenacidade e persistência, até conseguir recuperar os movimentos e andar sem dificuldade. Mas dançar profissionalmente era um sonho encerrado.

Encerrado talvez não seja o termo mais adequado, porque as mulheres da família Motta têm o condão de adaptar sonhos até que eles se encaixem em nossas possibilidades. Mamãe, que já era musicista, fez um curso e virou uma maestrina. E mais, se a taurina Odette não podia ela própria se tornar uma bailarina profissional, com certeza poderia ensinar milhares de meninas a dançar.

Assim, quando eu nasci, a "casa dos Motta", o casarão de trinta e dois cômodos do meu avô Joaquim e de minha avó Ernestina, na esquina da rua Barão de Jaguara com a rua Ferreira Penteado, em Campinas, já tinha se transformado na sede da Academia de Artes Odette Motta Raia, uma das mais importantes escolas de dança da região, que chegou a ter mais de dez unidades.

Ou seja, valeu a pena ter vindo de uma estrela tão distante para nascer em Campinas, porque peguei a melhor nave mãe do mundo, aquela que desde o primeiro dia de vida me ajudou a realizar o sonho de correr, girar e dançar. E, entre um e outro, aprontar algumas coisas inenarráveis na pré-adolescência, incluindo atitudes péssimas, como perder a virgindade com o namorado da minha irmã, aos treze anos de idade.

Ou seja, o médico que disse para a minha mãe que a criança poderia vir com alguns problemas não estava tão errado assim.

Família reunida, por pouco tempo, mas muito presente em minha memória.

# MEU PAI

A pergunta mais tola que alguém poderia fazer para mim na infância era: "O que você quer ser quando crescer?". Primeiro, porque a premissa "quando crescer" era risível. Talvez "quando eu parasse de crescer" fosse mais adequado. Segundo, porque não restava nenhuma dúvida de que eu tinha nascido bailarina.

Aos dois anos, comecei a ter aulas de balé na academia da minha mãe e, aos três, estreei no palco dançando *O bem-te-vi atrevido*, de tutu, sapatilha e uma roupa de penas para que todos bem-me-vissem.

A alegria do sucesso precoce, porém, se perdeu diante de um marco de dor absurda para mim, minha irmã Olenka e minha mãe: a morte prematura de meu querido pai, Mário Raia, aos cinquenta anos.

Meu pai era um homem bonito, carinhoso, sofisticado, apreciador de boa gastronomia, sem vícios e sempre presente. Ele trabalhava como vice-presidente em uma grande multinacional e descobriu que um colega de muitos anos de empresa tinha desviado dinheiro da companhia. Por conta desse roubo, teve que mandá-lo embora.

Foi uma situação muito chata, porque eles eram conhecidos e a mulher dele, que era banqueteira, costumava presentear meu pai com pratos exóticos, como faisão e javali.

Depois da demissão, a banqueteira, em um suposto gesto de desculpas, deu de presente um pato assado, dizendo-se muito envergonhada pelo malfeito do marido. Papai ficou muito tocado com a visita e com o gesto.

Minha mãe conta que a forma como meu pai pegou o pato para comer foi estranhíssima, totalmente fora do usual. Ele, que primava pelas boas maneiras, que comia asa de frango com garfo e faca, pegou a ave com as mãos, comendo-a com uma voracidade desmedida, e não a ofereceu pra ninguém nem falou nada, apenas devorou o prato inteiro.

Dois meses depois desse episódio, meu pai, que só bebia socialmente, começou a beber todos os dias, o tempo todo, qualquer tipo de bebida. Chegava com garrafa em casa e passou a beber qualquer coisa que contivesse álcool, até perfume. No final da vida, quando ele já estava muito doente, teve que ser internado em um hospital.

Lembro-me perfeitamente do dia em que minha mãe me tirou da aula de manequim dizendo que eu tinha que ir com ela e Olenka ver meu pai. Fiquei transtornada, revoltada, com ódio de ter que sair no meio da aula. Mas foi naquela visita que meu pai chamou cada uma de nós para conversar e me disse que eu tinha nascido para brilhar. E falou mais: que eu deveria ter força para saltar todos os obstáculos que surgiriam em minha vida, porque eu chegaria aonde eu queria e ele estaria sempre olhando por mim.

Aos quatro anos, não entendi muito bem o significado daquilo, mas guardei cada palavra daquele último momento entre nós dois. E naquela noite, um ano depois do episódio da demissão, meu pai morreu de cirrose hepática.

Foi minha madrinha quem me deu a notícia. Minha mãe ficou completamente transtornada, de um jeito que nunca mais vou esquecer. Nada daquilo fazia sentido, era não só doloroso e desestruturante como totalmente incabível.

Lembro que, quando meu pai estava sendo velado, todo mundo que chegava olhava para o caixão e chorava. E a cena se repetia com cada pessoa que chegava: olhava para o caixão e chorava. Só que eu não alcançava o caixão. Pedi para meu tio João me levantar, porque queria olhar também. Ele não quis fazer isso, para poupar uma criança tão pequena daquela visão, mas insisti, porque queria ver meu pai também, como todo mundo estava fazendo. E pedi e implorei, até que um tio me ergueu para que eu olhasse.

Não sei se foi uma visão ou um mecanismo de autodefesa do meu cérebro infantil, só sei que, quando olhei, o que vi não foi a imagem do meu pai no caixão, mas a imagem de Jesus Cristo, deitado, olhando para mim, sorrindo, com a mão no coração. Por isso, não tenho lembrança do meu pai morto.

Na hora do sepultamento, minha mãe, que sempre foi uma mulher equilibradíssima, de conduta pública impecável, não se conteve de desespero e quis entrar na cova em que meu pai seria enterrado. Foi tal o ímpeto dela que teve de ser segurada por meus cinco tios, irmãos dela.

Para minha mãe, era a perda do seu grande amor, do único homem de sua vida, do pai de suas filhas, e o desmoronamento da viga mestra da estrutura da nossa família. A partir disso, ela assumiria toda a responsabilidade de cuidar da casa, de prover e educar duas meninas, de administrar as dez academias, de ser mãe e pai ao mesmo tempo.

Passados quatro anos da morte do meu pai, quando eu já estava com oito anos de idade, minha mãe foi a uma cartomante em Indaiatuba, cidade próxima a Campinas, e me levou com ela. A mulher era uma espécie de bruxa, bem magrinha, com cabelos grisalhos até a cintura. Mamãe entrou e pediu que eu esperasse por ela do lado de fora da sala. A cartomante me viu e, apontando o dedo para mim, proferiu:

— Você é filha do Tempo. Você é filha dos raios, dos trovões. Nunca ninguém vai conseguir fazer mal a você. Sempre que você precisar, faça seus pedidos ao Tempo que ele vai te atender.

Lembro-me perfeitamente desse "flash" e do jeito como minha mãe saiu de lá, totalmente perplexa. A cartomante-bruxa disse a ela que alguém havia feito um "trabalho" para meu pai. E que, se ela cavasse ao pé de uma figueira perto do nosso casarão, iria encontrá-lo fisicamente.

Mamãe nunca mexeu com esse tipo de coisa, mas, chegando de volta ao casarão, achou uma árvore que imaginou ser a tal figueira e escavou ao redor dela. Não encontrou nada e achou que fosse só uma bobagem inventada pela vidente. Resolveu tocar sua vida, até porque nada traria meu pai de volta.

Dois meses depois, minha mãe foi à agência bancária aonde ia sempre, para falar com o gerente. Ela tinha um Corcel II, e sua vida de professora e administradora das escolas, que criava as filhas sozinha, era tão corrida que ela largava o carro em cima da calçada, entrava no banco, resolvia os problemas e voltava correndo para a escola. Porém, naquele dia, o gerente quis conversar:

— Dona Odette, sabe aquela figueira que a senhora tem em sua propriedade?

— Aquela que fica logo em frente à minha casa? — perguntou minha mãe.

— Não, aquela figueira um pouco mais afastada. Tá dando fruto. Quando a senhora for colher, vê se não se esquece de mim!

E veio o "estalo". A figueira! Não era a árvore aos pés da qual ela cavou, era outra.

Assim que minha mãe chegou em casa, foi direto para a figueira e, cavoucando perto das raízes, achou o tal "trabalho", com foto do meu pai e uns negócios amarrados com linha preta e vermelha, em um emaranhado de coisas desmanchadas pelo tempo.

Nunca mais soubemos daquelas pessoas, nunca mais falamos delas na nossa família, e nunca fizemos nada a respeito. Até porque o Universo se encarrega dessas coisas sempre.

Aos cinco anos, desfilando para uma marca de lingerie, de cílios postiços e querendo ser minha irmã.

# MINHA CULPA, MINHA MÁXIMA CULPA

O carma é algo fácil de entender. A palavra "carma" significa "ação" em sânscrito e expressa o fato de que, pela inexorável lei de causa e efeito que rege o Universo, tudo o que fazemos neste mundo volta para nós, desde as boas até as más ações.

Nunca tive a menor inclinação para fazer o mal intencionalmente ou agir no sentido de prejudicar alguém. Ao contrário. Desde pequena, sempre fui muito aberta, sempre gostei de interagir, de fazer amizade com todo mundo. Hoje acredito que boa parte do que conquistei na vida foi fruto desse afeto que sinto pelas pessoas e do carinho que elas devolvem para mim.

Isso não quer dizer que eu não tenha defeitos. Tenho vários, alguns superados na infância, outros adquiridos na vida adulta. E um desses "defeitinhos" deu as caras logo cedo, quando eu era bem criança.

Minha irmã Maria Olenka sempre foi meu "ídolo", meu exemplo, meu sonho de consumo. Era belíssima, vistosa e, sendo seis anos mais velha, era tudo o que eu queria ser na vida. Quando minha mãe chegava a qualquer lugar com as filhas, era comum que as pessoas comentassem:

— Nossa, que linda a Olenka, que filha maravilhosa!

E atrás dela vinha eu, magrinha, muito branca, muito alta, parecendo a Mortícia da Família Addams. Na minha fantasia, minha chegada era uma cena de decepção sonorizada, com aquele efeito de "tó-nhó-nhó-nhó-nhóóóóóin".

Para compensar, minha mãe me apresentava como a filha caçula, completando: "talentosíssima, dança horrores", e eu, claro, tinha que dançar para provar meu valor.

Eu fazia coisas inacreditáveis para me igualar à Olenka, para saber tudo o que ela fazia, dizia, conversava, como entrar escondida dentro de um fusquinha com ela e uma amiga para ouvir a conversa das duas. Ela também me adorava, mas, como toda irmã mais velha, abusava um pouco da caçula, passando para sua miniescrava as tarefas que não queria fazer.

A história mais impactante sobre nós duas, claro, é aquela em que eu perco a virgindade, aos treze anos, com o namorado dela. Calma, esse é um assunto que exige certas preliminares, a gente vai chegar lá juntos. Mas, antes daquela idade em que os hormônios sequestram o cérebro pelo impulso da libido, há aquela longa fase chamada infância, caracterizada pela falta de noção e pela sensação de imortalidade que fazem de nós minimegalomaníacos, microrrebeldes ou até nanovigaristas. Passei por todas essas fases e tirei grandes lições de cada uma delas.

A minimegalomaníaca que existia em mim já estava a todo vapor aos seis anos de idade. Eu me sentia feia, detestava meu nariz, era magrela, mas sabia que o que porventura me faltasse de beleza sobrava em carisma. Para compensar minha condição de "patinho feio" perto de minha irmã "cisne branco", tive que contar com outras competências para conquistar as pessoas e acabei desenvolvendo a famosa "lábia". Bastava abrir um sorriso e começar a falar, que a mágica do convencimento acontecia.

Prova disso foi minha participação em um desfile que minha mãe promoveu em Campinas, em que minha irmã Olenka seria a protagonista absoluta e eu nem tinha sido convidada a desfilar.

— Mas, mãe, por que a Olenka vai desfilar com seis roupas e eu não vou nem entrar na passarela?

— Porque não tem roupa de criança no desfile, Maria Claudia.

Como assim, não tinha roupa de criança no desfile?! Eu ia perder a chance de me exibir em uma passarela porque ninguém tinha tido a competência de produzir alguns looks pra mim? Inaceitável. Cinderela também não tinha roupa e acabou indo ao baile em uma abóbora com um vestido chiquérrimo costurado por camundongos e sapatos de cristal, tudo com produção assinada por uma fada madrinha. Eu ia desfilar, sim! E ia ser minha própria Fada Madrinha.

Fui sozinha a uma loja de roupa infantil da cidade, perto da escola de minha mãe, chamada Casa Veip; entrei, me apresentei como filha de Odette Motta Raia, que estava promovendo um desfile no Cultura Artística, e falei que precisava de roupas infantis porque só tinha roupa de adultos no desfile.

A dona da loja deve ter gostado do meu jeitinho e disse que eu podia escolher tudo o que eu quisesse. Como minha irmã tinha seis roupas para desfilar, decidi escolher seis looks completos para mim também, incluindo sapatos e brincos. Terminada a produção, fui sozinha com minha sacola gigantesca até a academia e de lá para o evento, onde minha mãe estava.

Antes que ela perguntasse qualquer coisa, já fui avisando:

— A senhora disse que não tinha roupa de criança, mas tem, sim. Olha aqui. — E mostrei a sacola. — Pode me botar no desfile com seis entradas, igual à Olenka.

Eu não apenas desfilei como vendi todas as roupas do desfile e virei top model da Casa Veip; até foto fiz. Minha entrada por fórceps no mundo da modelagem ainda teria outros desdobramentos. Com dez anos, fechei um desfile como manequim para ninguém menos que Clodovil Hernández, um dos estilistas mais destacados da história da moda no Brasil.

Era divertido desfilar, mas dançar era minha vida. Tudo o que dizia respeito à dança me interessava desde muito cedo. E quando digo "muito cedo", quero dizer que aos sete anos, quando eu estava assistindo ao *Jornal Nacional* com minha mãe, vi o dançarino e coreógrafo norte-americano Lennie Dale dançando com seu grupo recém-criado Dzi Croquettes e fiquei de queixo caído. Falei:

— Mamãe, eu danço igual a esse homem! Preciso conhecer ele!

E comecei a enlouquecer minha mãe pra ver os Dzi Croquettes. Eles estavam em cartaz em São Paulo, e eu, uma pirralha impertinente em Campinas, queria ir de todo jeito conhecer Lennie Dale pessoalmente, em um espetáculo proibido para menores de idade.

Diante de tanta insistência, minha mãe me levou ao Teatro Brigadeiro à tarde, no horário do ensaio. Quando entrei, avistei Lennie Dale no palco. Ele estava todo coberto com a purpurina do espetáculo do dia anterior, só de sunga, ensaiando o mambo, um de seus solos mais importantes. Ele dançava, e voltava, e passava de novo. Tinha uma pirueta que não saía do jeito que ele queria, e ele fazia de novo, e de novo, e de novo. E eu lá, olhando e babando.

Ele não me via, porque estava sozinho no palco, com a luz de serviço acesa. Quando ele acabou, pegou a toalha para se enxugar e eu gritei da plateia:

— Oi! Oi!

Ele ouviu meu chamado, olhou e respondeu:

— Oi.

E eu não tive dúvida:

— Eu sou a Maria Claudia Motta Raia, tenho sete anos e danço igual a você.

— Ah bom! — Norte-americano, ele nunca dizia "que bom", mas "ah bom". — E você quer dançar pra mim?

— Quero.

E lá fui eu para o palco.

— Pode ser com essa música? — perguntou Lennie.

— Pode.

Subi no palco e dancei o mambo, imitando-o.

Ele pediu para a música parar e falou, admirado:

— Mas é Lennie Dale de saia!

Virei para a minha mãe na plateia e falei:

— Eu não disse que dançava igual a ele?

Ele imediatamente falou para mim:

— Bom, a partir de hoje você é minha pupila. Venha ver o espetáculo hoje.

Ver o espetáculo como? Estávamos em plena época da ditadura militar, nos anos de chumbo, os Dzi Croquettes já tinham sido censurados, escandalizando a família brasileira, e eu, uma criança, estava sendo convidada para assistir ao show! Tudo bem que eu o veria com a minha mãe, mas e se a polícia aparecesse?

Mas Lennie Dale disse que me colocaria debaixo de um pano preto, em cima do canhão de luz, junto com minha mãe. E assim foi.

Enquanto via aquele homem dançar no show, senhor do palco, rei do Universo, dono da coisa toda, eu tinha cólicas de alegria. Tudo o que mais queria era ver aquele show, e lá estava eu. Minha mãe também pirou, era tudo muito novo, muito vanguarda, uma verdadeira revolução em matéria de dança, de espetáculo, de comportamento, de identidade de gênero, tudo.

A partir daí, a amizade entre mim, ele, minha mãe e toda a família só cresceu. Lennie foi dar aulas na escola de dança da minha mãe — e não só ele, mas todos os integrantes dos Dzi Croquettes, que ficaram uma semana hospedados em nossa casa.

Minha amizade com Lennie crescia cada vez mais com o passar dos anos, e minha admiração por ele também.

Lennie foi também o responsável por eu ter ido para os Estados Unidos, porque foi ele quem colocou meu nome para fazer a audição para o American Ballet, quando eu nem sabia que existia isso de norte-americanos virem para o Brasil para fazer audições e descobrir novos talentos da dança. Foi ele quem, anos depois, me disse onde era e me mandou ir, com a seguinte frase:

— Você tem talento e tem carisma e, se você não for uma estrela, eu te mato!

A audição acontecia no Ballet Stagium, dos queridos Marika Gidali e Décio Otero, que ficava na rua Augusta, na capital paulista. Para ir para São Paulo, tive que pegar um ônibus em Campinas, que atrasou e me fez chegar cinco minutos depois que a audição tinha começado. Consegui fazer, passei e, junto com mais uma brasileira, ganhei uma bolsa de estudos para o American Ballet em Nova York, cujo diretor era George Balanchine, o mais influente coreógrafo do século XX.

Só que eu tinha treze anos de idade.

A partir daquele dia, fiz da vida da minha mãe um inferno. Eu queria porque queria ir para Nova York, e de qualquer jeito. Cheguei a fazer ameaças, dizendo que, se ela não me deixasse ir, eu fugiria. Na verdade, eu não tinha a menor condição de ir sem a autorização dela nem de fugir para lugar nenhum, mas parecia um bom argumento na minha cabeça de pré-adolescente.

A viagem, na verdade, seria no ano seguinte, mas a campanha para ir para Nova York já tinha começado naquele dia. E tudo isso graças a Lennie Dale, que passou a ser um pouco meu irmão mais velho, um pouco meu tutor. E eu também passei a ter um papel na vida dele, que tinha uma memória péssima, criava coisas e depois esquecia; eu, que lembrava de tudo, passei a ser sua memória. Eu olhava uma coreografia uma vez e já conseguia repetir os passos, e ele dizia que eu me mexia de uma maneira muito parecida com ele, em uma perfeita simbiose.

Quando Lennie fez a coreografia de *New York, New York* para Liza Minelli, fui eu quem dançou no vídeo para ela copiar, porque ele estava fora dos Estados Unidos e os assistentes dele estavam lá, ensaiando com ela. E quando a Liza veio ao Brasil, em 2012, a Ana Maria Braga, muito minha amiga, me mandou entrevistá-la. E eu contei a ela que havia feito o vídeo com a coreografia para ela aprender, aos onze anos de idade. Era eu lá, de trancinhas, dançando para ela. Liza Minelli lembrou na hora de mim, a menina no vídeo.

Tive a felicidade de ser uma das estrelas da vida de Lennie Dale, ao lado de Betty Faria, Elis Regina e Liza, mulheres que sempre amei e admirei.

Lennie foi essencial em minha vida, e tenho certeza de que tive um lugar importante na dele, até o último dia. Hoje, posso dizer que setenta por cento do meu ouvido veio dele, que coreografava sincopadamente e dançava como ninguém. As pessoas viam os Dzi Croquettes e achavam que, por serem tão subversivos e revolucionários, por se drogarem e serem muito loucos, tudo no palco era improvisado, mas a verdade é que era tudo absolutamente ensaiado à exaustão, marcado, coreografado até a perfeição. Lennie era um carrasco como coreógrafo e muito, muito exigente.

Acompanhei toda a sua genialidade e sua loucura. Vi Lennie criando, dançando, cheirando, se picando, consumindo todo tipo de droga, mas jamais permitindo que eu chegasse perto de qualquer coisa. Ele dizia que para ele era um caminho sem volta e que eu, como bailarina, nunca usaria nada daquilo. Ver as consequências do vício de Lennie me blindou contra as drogas.

Seis meses antes de falecer, morando em Nova York, onde fazia seu tratamento contra a aids, ele quis vir ao Brasil para me ver e para ver Betty Faria. Betty e eu compramos as passagens, e ele veio. Eu estava fazendo o espetáculo *Não fuja da Raia* no Teatro Ginástico, e ele me pediu para ir ao teatro mais cedo, porque queria fazer uma coreografia para mim.

No cenário do meu musical, havia uma penteadeira, e Lennie marcou para que eu começasse ali, ao som da belíssima canção que ele e eu amávamos, "And I Am Telling You I'm Not Going", do musical *Dreamgirls*. E, na coreografia, ele marcou para mim uma pirueta dupla, em que eu tinha que me abaixar, levantar a perna lá no alto e fazer mais duas piruetas abaixada, uma coisa impossível. Fiquei com ódio dele! Como é que ele fazia uma coisa daquelas comigo? A resposta foi:

— Ué? Você não é bailarina? Então faz!

E isso porque ele me amava. Ou seja, sempre me botava à prova, sempre me desafiava a ser melhor.

— Mas essa pirueta não é de bailarina, é de patinadora — eu disse.

— Não interessa, o coreógrafo pediu, então você tem que fazer. Você fica aí ensaiando que amanhã eu quero ver.

Em 9 de agosto de 1994, ele se foi. Meu convívio com Lennie durou duas décadas, e minha gratidão a ele é infinita.

Lennie tinha um respeito absurdo pelo palco. Eu amava o palco, mas gostava também da passarela, da câmera, do canhão de luz. Eu sabia o que eu era e aonde queria chegar: era uma bailarina e queria fazer sucesso. Por isso me dedicava tantas horas, todos os dias.

Eu ia para a escola das sete da manhã até a uma hora da tarde e me concentrava muito em aprender e fazer todas as lições para tirar notas altas. Não que eu fosse um gênio, mas queria passar de ano para me livrar de tudo aquilo e fazer o que me interessava mesmo, que era dançar. Depois do almoço, ia pra academia da minha mãe.

Meus trabalhos eram todos muito caprichados, e minha letra, mesmo sendo canhota, sempre foi perfeita, por exigência de minha mãe, que tinha uma caligrafia belíssima. Na academia, onde minha irmã e minha avó Ernestina também davam aulas, eu aprendia balé, capoeira, piano, violão, sapateado, o que tivesse pela frente. Era como uma Disneylândia para mim, o lugar perfeito para me preparar para meu grande objetivo de vida: ser a melhor bailarina do mundo.

E ainda havia o porão, um dos lugares onde eu mais adorava ficar. Lá, minha mãe guardava as fantasias e adereços de todos os shows. Tinha pedaço de cenário, restos de figurinos e um espelho que eu usava para chorar e fazer minhas cenas. Eu dançava, interpretava e passava lá o resto do meu dia, e aproveitava para me montar, imaginar personagens, criar minhas peças e shows, me admirar no espelho e também para fumar.

Sim, fumar. Comecei aos doze anos, o que parece um ato de rebeldia. Faria sentido, já que eu era filha da dona da academia, uma professora muito exigente, que não admitia que eu tivesse um fio de cabelo fora do lugar, um rasguinho na meia-calça, uma fita da sapatilha escapando para fora. Fui criada e treinada para ser impecável. E se tivesse alguma coisinha errada, minha mãe só me olhava e dizia:

— Vai se arrumar.

Além disso, minha irmã Olenka fumava e, já que meu projeto pessoal era ser como ela, não podia deixar faltar esse item na composição do personagem. Minha vontade de ser igual a ela, mais velha, parecida com suas amigas, era imensa. Durante uma dessas minhas viagens criativas pelo mundo do show business imaginário, belíssima em minhas roupas e fumando no espelho como uma Marlene Dietrich, minha mãe entrou no porão e me viu com o cigarro na boca. Não tinha o que fazer. Petrifiquei. Porque eu já sabia que minha mãe dos sonhos estava prestes a se transformar em sua versão mãe de pesadelos.

— O que é isso? Você está fumando?

— Não, eu peguei o cigarro pra fazer um personagem só pra brincar e...

— Apaga a brasa.

— Mãe, eu tava...

— Apaga a brasa do cigarro, Maria Claudia!

Apaguei.

— Agora come o cigarro.

— Mãe!

— Come. Come e engole pra você sentir o gosto do cigarro. Você não quer fumar?

Eu comi o cigarro. Com filtro e tudo.

E ela me colocou de castigo o dia inteiro ali.

Ela deixou a comida na porta, como se eu fosse uma presidiária.

Só que no porão tinha umas janelas como escotilhas, que abriam para fora. E eu comecei a usar aquelas janelas para fazer cenas. Eu dizia que estava presa e pedia um cigarro para as pessoas que passavam no rés do chão. E assim, naquele dia, depois de comer um cigarro, fumei todas as marcas disponíveis no mercado, incluindo um mentolado horrível que talvez devesse realmente ser comido em vez de tragado.

Deixei para o final a parte da nanovigarista, não apenas porque a história é muito boa, mas porque foi o ápice da inconsequência infantil, flertando com a falta de caráter.

Aos dez anos de idade, além de estudar balé, violão, piano, capoeira, sapateado e frequentar a escola regularmente, eu também fazia aula de inglês. Era dia de pagar a mensalidade, e minha mãe tinha me dado um cheque para entregar na secretaria. Em geral, era o motorista que me levava, mas naquele dia eu decidi ir a pé.

Ao passar em frente a uma loja de roupas, vi na vitrine um vestido tubinho preto de paetês, com manga presunto, e fiquei enlouquecida. O vestido era a minha cara. Eu precisava tê-lo.

Entrei na loja, perguntei o preço. Era praticamente o mesmo valor do cheque da mensalidade do inglês. Sim, você já sabe aonde isso vai dar. Mas calma, que piora muito. Eu disse para a vendedora que ia levar o vestido e pagar com um cheque que não era o preço exato, mas que ela poderia arredondar, até porque eu era muito magrinha e talvez o vestido precisasse de um ajuste.

Entreguei o cheque, peguei a sacola com o vestido, fui para a escola de inglês e, de lá, para a casa da minha melhor amiga, Patrícia, para esconder o vestido. Meu plano era fazer uns shows na casa da minha amiga usando o vestido, cobrar ingresso, juntar dinheiro e pagar a mensalidade do inglês. Não tinha erro, estava tudo pensado. Era só uma questão de tempo. E o tempo, como sabemos, está sempre a meu favor.

Cinco dias depois, estava eu em casa e ouvi a voz tonitruante de minha mãe chamando:

— Maria Claudia Motta Raia, venha aqui!

Nenhuma mãe chama o filho pelo nome completo se não for por causa de uma grande cagada. E, lógico, eu já sabia que era o cheque do curso de inglês. Incorporei a inocente e respondi:

— Oi, mamãe, o que foi?

Minha mãe, ao telefone, falava com a moça da recepção da escola de inglês, dizendo que eu não tinha levado o cheque. Encerrou a ligação e desligou, intuindo que tinha alguma coisa muito errada acontecendo. E, virando-se pra mim, atirou a pergunta à queima-roupa:

— Onde está o cheque do inglês?

Metade de mim faleceu um pouco naquele momento. A outra metade, porém, atrevida como o bem-te-vi da minha estreia no palco, foi em frente.

— Eu entreguei para a moça.

— Mas a moça disse que você não pagou.

— Mas então ela está mentindo. Ou ela pegou o cheque e levou pra outro lugar.

Quanto mais eu mentia, mais eu morria por dentro. Mas, convenhamos, eu não podia voltar atrás.

Odette Motta Raia, que gostava de tudo às claras, decidiu fazer uma acareação imediata.

— Então você vai comigo na escola de inglês e você vai dizer na frente da menina que você deu o cheque para ela. Eu quero ver quem é que está mentindo.

O tempo todo, minha mãe achava que eu estava mentindo, ela me conhecia. Mas seguimos adiante e fomos até a escola, para falar com a secretária. Eu estava tão nervosa que tremia inteira e fiz xixi na calça. Chegando lá, mamãe foi direto ao ponto:

— Eu falei com você agora pelo telefone e vim aqui pra esclarecer tudo. Filha, pra quem você entregou o cheque?

— Para ela. — E apontei para a secretária.

— Você não me entregou nenhum cheque — disse a moça.

— Entreguei, sim. Deve ter caído aí dentro, sei lá, mas eu te entreguei o cheque. Eu até entrei correndo e fui para a aula.

— Mas não é possível! Esse cheque nunca chegou na minha mão... — E a moça começou a se desesperar e a chorar.

Eu me senti péssima naquela hora, pois sabia que estava sendo uma pessoa horrível. Mas, entre ser uma pessoa horrível e ser morta pela minha mãe, preferi ser horrível.

— Bom — disse minha mãe —, eu não sei, então vocês se acertem aí, porque eu não vou pagar a mensalidade duas vezes. Se tiver que falar com alguém, eu falo, mas pagar de novo, eu não vou.

A partir daquele dia, minha vida virou um inferno, porque eu tinha que conseguir arrecadar o dinheiro de qualquer jeito. Então, fui vendendo coisas que eu tinha, fiz pulseirinhas, bijuterias para vender na rua, economizava o dinheiro que minha mãe me dava para qualquer despesa ou para comer, não gastava nada e ia juntando para consertar a besteira que eu tinha feito. E com o dinheiro das vendas e dos ingressos dos shows que fiz na casa da Patrícia, que cada vez tinham mais audiência, consegui chegar no valor da mensalidade. Peguei todo o dinheiro e fui à escola de inglês.

Falei com o dono e descobri que a menina tinha sido demitida. Aí, as duas metades de mim morreram um pouco. Pedi pelo amor de Deus que ele a readmitisse, porque a culpa tinha sido toda minha e contei o episódio todo do vestido. Ele começou a rir.

Implorei para que ele aceitasse o dinheiro, trouxesse a menina de volta para trabalhar na escola e não contasse nada para minha mãe. O homem disse que ia readmitir a secretária, mas que eu não deveria fazer aquilo nunca mais na vida, porque eu envolvi outras pessoas. Aquele senhor me deu uma merecida lição de moral.

Minha mãe só foi saber dessa história numa entrevista que dei aos vinte e dois anos. Ela ficou possessa. Indignada. Revoltadíssima.

— Que coisa absurda! Eu fico sabendo que fui enganada, traída, por uma revista?! E agora todo mundo vai saber que você não tinha caráter!

O fato é que eu não tinha mesmo. Caráter é uma coisa que a gente desenvolve com a maturidade, ao longo do tempo. Mas, antes de chegar aos 100% no download do arquivo caráter, um outro processo estava em andamento: o começo da adolescência, quando os hormônios levantam o trem de pouso e assumem o controle do avião. E agora eu ia decolar. Aperte o cinto, a virgindade sumiu.

Meu amor adolescente, Jorge.

# EX-VIRGEM

Uma das minhas grandes mestras de dança de São Paulo foi a professora Toshie Kobayashi. Eu dançava em todos os espetáculos e festivais dela, em tudo o que ela fazia, e nesses eventos eu tinha um parceiro frequente, o Jorge, namorado da minha irmã. A Olenka não gostava dele pra valer, era um namoro tapa-buraco, mais para não ficar sozinha.

Com ele, eu dancei *Pássaro azul*, *Clair de Lune*, a coda de *Dom Quixote* e, de tanto dançar, acabei me apaixonando por ele. Enquanto ele e a Olenka namoravam. É.

Só esse fato seria ruim o bastante, mas houve um fator bem mais complicado. Um, não, dois. O primeiro: Jorge tinha na época 32 anos e eu, 13. O segundo: perdi a virgindade com ele.

Lembro exatamente a roupa que eu estava usando naquele dia. Estava vestida toda de jeans. Calça jeans, sobretudo jeans, bota jeans, cérebro jeans.

Lembro-me também do apartamento no Jabaquara onde nos encontramos e que eu quase incendiei. Apesar de ter passado pelo Método Odette Motta Raia de antitabagismo, engolindo a seco um cigarro apagado com filtro, eu ainda fumava. E, em algum momento mais quente do nosso encontro, joguei o cigarro aceso em qualquer lugar, para desocupar minha mão. A brasa pegou na cortina altamente inflamável, que se incendiou imediatamente e grudou no teto, como um monstro carbonizado.

Não descarto a possibilidade de ter sido o Universo usando o elemento fogo para me tirar dali, mas meu próprio fogo falou mais alto.

Sei que a ideia de uma menina tão jovem com um homem tão mais velho não apenas causa um grande desconforto como, desde

1990, tipifica crime de estupro de vulnerável, mesmo no caso de o menor consentir na relação, como era o caso. Mas estávamos em 1979. Digo isso porque os contextos histórico e comportamental precisam ser ressaltados, não como "atenuantes", mas para dimensionar esse fato no nosso país — até porque eu não cometi nenhum crime, pois, se a lei julgasse minha primeira relação sexual em retrocesso, eu seria a vítima.

Meu relacionamento com Jorge era uma coisa muito séria para nós dois, tanto que combinamos de nos casar. Minha ideia era viajar para Nova York, voltar, casar com Jorge e morar com ele naquele apartamento no Jabaquara. Mesmo que minha mãe não concordasse, eu pediria minha emancipação e me casaria de qualquer jeito. Estava tudo planejado na minha cabeça.

Para resumir: aos treze anos eu fumava, transava e me achava totalmente madura, pronta para me casar. A realidade: eu ainda chupava chupeta escondido da minha mãe. E, de chupeta, fui para Nova York estudar dança com a bolsa de estudos que tinha ganhado por incentivo de Lennie Dale.

*Spoiler*: perdi minha chupeta na viagem.

Embarcando para Nova York aos treze anos, em um tailleur de seda azul-petróleo, aos prantos, levando minha chupeta a tiracolo.

# NEW YORK, NEW YORK

Qualquer menina que chegasse nos dias de hoje a Nova York, pela primeira vez, sozinha, aos treze anos de idade, sentiria o enorme impacto de estar na cidade mais populosa dos Estados Unidos, um dos destinos mais visitados do mundo, a capital cultural do planeta. Agora, imagine como me senti, nessas mesmas condições, não apenas chegando ao "topo do mundo", mas tendo saído de Campinas, no interior de São Paulo, no final de 1979, quando não existiam nem celular, nem internet e não era possível mandar mensagem para casa dizendo "mamãe, cheguei bem".

Até porque "chegar bem" não era exatamente o caso, considerando-se que viajei com a roupa mais equivocada do mundo — um tailleur de seda azul-petróleo — e ainda desembarquei chorando porque percebi que tinha perdido minha chupeta no avião. Eu sei que muita gente estranha uma pessoa que já transa mas ainda chupa chupeta, embora as duas atividades tenham lá suas correlações. Ocorre que a prática não é assim tão rara. Não tenho nenhuma fonte científica confiável para citar, mas, em minha defesa, li em um tabloide inglês que um em cada dez adultos chupa o dedão, hábito bem pior que chupar chupeta, já que não dá para largar o vício por ter perdido o dedão durante uma viagem.

Perder minha chupeta brasileira me obrigou a abandonar por completo esse importante apoio emocional, porque até tentei comprar uma chupeta local, mas não me adaptei. As chupetas norte-americanas eram estranhamente achatadas e desagradavelmente ortodônticas, muito diferentes das que eram vendidas aqui, redondinhas e macias. Nem do nome eu gostei. Imagine que, em inglês, chupeta se chama "*pacifier*", ou seja, pacificador. E eu lá queria pacificar alguma coisa? Fui para Nova York para ser o Mikhail Baryshnikov de saia, não o Mahatma Gandhi de chupeta.

Lembro-me de pensar que, a partir daquele momento, ao entrar oficialmente na minha nova cidade pelos onze meses seguintes, sem mãe, sem irmã, sem avó, sem chupeta e sem amigos, minha única alternativa seria, enfim, abandonar a infância definitivamente e amadurecer. E a primeira lição da maturidade foi pensar na realidade que se tem pela frente, e não nas coisas deixadas para trás. E pela frente eu tinha uma cidade nova para conhecer, uma língua diferente para aprender e uma bolsa de estudos para aproveitar, em uma das melhores escolas de dança do mundo: a American Ballet Theatre, fundada em 1939 e considerada uma joia nacional nos Estados Unidos, cuja companhia realiza turnês pelo mundo inteiro. Tudo isso bem no coração de Manhattan, no número 890 da Broadway. E tinha também a casa da família na qual eu ficaria, em algum lugar do Harlem.

Eu não tinha ideia disso na época, mas o Harlem era então um bairro com muitos problemas estruturais. A deterioração da área havia se acentuado tanto que, entre 1976 e 1978, a parte central do bairro perdera um terço de sua população. Moradores abandonavam a região em busca de áreas mais seguras, melhores moradias e melhores escolas. Os que ficavam eram os que não tinham condições financeiras de sair.

Quanto a mim, logo aprendi a pegar o metrô, a chegar à escola e a voltar para casa, e aos poucos fui criando uma rotina e uma vida pra mim.

O problema é que o valor da bolsa de estudos em si mal dava para minha sobrevivência e, basicamente, eu tinha seis dólares por dia para comer. É verdade que bailarinas comem pouco, mas é preciso comer bem e as coisas certas, para formar músculos e repor toda a energia gasta em incontáveis horas de aula realmente intensas. Apesar de todos os anos de experiência na academia de dança da minha mãe, que sempre foi seríssima, com excelentes professores, eu estava na American Ballet Theatre, e o nível de exigência era muito maior. Então, o mínimo que eu precisava para acompanhar aquele ritmo era comer e dormir direito para poder dançar. Felizmente, pratiquei ginástica olímpica na infância e cheguei a ser campeã paulista na modalidade, porque era preciso muita acrobacia para conseguir fazer as refeições do dia com apenas seis dólares.

E tinha mais: além de pagar pela alimentação e pelo aluguel do quarto na casa onde eu morava, eu precisava de dinheiro para ver todos os musicais da Broadway que conseguisse. Mesmo com aquele esquema maravilhoso de comprar ingressos mais baratos para o mesmo dia do espetáculo nos guichês da TKTS na Times Square, eles ainda eram bem caros para meu magro orçamento.

Então, para complementar minha renda, eu, que mal falava inglês, me candidatei para trabalhar em uma lanchonete chamada Bagel And..., que tinha esse nome justamente porque o cliente comprava um *bagel* e escolhia o recheio e o acompanhamento. Conversei com o gerente, que logo de cara gostou de mim e me ofereceu um trabalho na cozinha. Eu já sabia que não tinha nenhuma intimidade com aquele departamento, mas minha falta de talento era tanta que em pouco tempo quase perdi um pedaço do meu dedo com uma faca. O gerente ficou sabendo, claro, e o mais óbvio seria ele me demitir, mas, como nada é muito lógico na minha história, eu o convenci a me contratar como *hostess* do lugar e, antes que ele argumentasse que eu não sabia falar inglês suficiente para atender o público, garanti que minha expressão corporal e meu entusiasmo dariam conta do recado. Mais uma vez, meu poder de convencimento operou a meu favor, e passei a desempenhar minha nova função no Bagel And... E foi um sucesso! Mas o dinheiro ainda era pouco.

Decidi que poderia ganhar mais um pouco se trabalhasse também aos finais de semana. Um dia, andando pelas ruas de Manhattan, vi um bar chamado Cachaça, uma espécie de boate onde eram apresentados alguns shows. Entrei e fui conversar com o dono, um brasileiro. Eu me apresentei, falei que era bailarina e que queria um emprego para dançar aos finais de semana. O proprietário perguntou que tipo de show eu poderia fazer. Na hora, inventei que eu tinha um número muito original, que misturava balé clássico e música brasileira, dançando samba na ponta da sapatilha. Ele pediu que fizesse uma demonstração, fiz, e ele me contratou. O cachê era maravilhoso: 150 dólares por semana! Mentalmente, agradeci à minha irmã Olenka, que um dia criou uma apresentação para que eu dançasse vários ritmos na ponta dos pés. Nada como ter repertório e experiência (mesmo aos treze anos de idade), um tanto de sorte e uma boa legião de anjos da guarda.

As coisas estavam dando certo para mim e, apesar da rotina exaustiva, tendo oito horas de aula por dia, não apenas de dança, mas de matérias teóricas, como história da arte, fisiologia, entre outras, eu me adaptava à grandiosidade da cidade que me fazia sentir minúscula. De vez em quando, ligava a cobrar para minha mãe e matava um pouco a saudade da minha irmã e da minha avó, lembrava da minha chupeta e pensava em Jorge, mas só um pouco. E aqui já adianto que em minha temporada nova-iorquina saí com alguns rapazes bem interessantes, como um tcheco e um russo.

Financeiramente, eu estava conseguindo me virar, trabalhando na lanchonete e, nos finais de semana, apresentando meus shows no Cachaça. O que eu não tinha mais, na verdade, era tempo para descansar. O jeito era me virar com as poucas horas de sono que sobravam. Ainda assim, era bom acordar na cidade que nunca dorme, como diz a canção "New York, New York". A música, aliás, fala muita coisa sobre aquele lugar, só não diz que o mal existe, que também não dorme e pode estar em qualquer lugar, em qualquer esquina ou, no meu caso, em uma pequena travessa.

Um grande mal aconteceu comigo pouco tempo depois de eu chegar à cidade. Eu ia realizar um dos meus maiores sonhos, que era assistir, pela primeira vez, a um musical da Broadway. Mais que isso, eu ia ver *A Chorus Line*, o espetáculo que havia estreado naqueles palcos em julho de 1975 e se transformado rapidamente em um sucesso estrondoso. Ganhou o Tony Award em nove das doze indicações naquele ano, além de um Prêmio Pulitzer na categoria drama em 1976, e tornou-se a produção original com maior número de apresentações em toda a história da Broadway até então. Com o ingresso na mão, comecei a caminhar sozinha até o Teatro Shubert. Quando passei pela travessa lateral que dá acesso ao teatro, notei que um homem vinha na minha direção. Estava escuro, e meu coração começou a palpitar. O homem era forte, caminhava depressa e veio para cima de mim. De repente, ele me atacou e me segurou à força, tentando me beijar e me apertando com o corpo. Ele acabou me derrubando no chão, e, como eu não conseguia me desvencilhar dele, comecei a gritar, a berrar muito. E foram esses gritos que me salvaram, porque algumas pessoas ouviram e vieram na minha direção, fazendo com que o homem me largasse. Ele fugiu, e eu não sei quem acionou a polícia, mas os guardas chegaram, me ajudaram e o homem foi preso.

Aquilo foi um choque para mim. Seria para qualquer mulher, para qualquer pessoa, claro, mas eu, ainda por cima, era uma garota de treze anos de idade. A violência física, o abuso ou a tentativa de abuso sexual é um trauma para a vida. Na hora, você se sente impotente, frágil, um nada, uma presa nas garras de uma besta-fera, totalmente subjugada. Primeiro você descobre dentro de si uma raiva assustadora, um desejo de se vingar do abusador e de destruí-lo. Depois, vem o medo. O medo de andar à noite, de estar sozinha, de sair à rua. E, por último, em muitos casos, vem um sentimento que jamais deveria existir e contra o qual toda vítima tem que lutar: a culpa. Fato é que a vítima nunca tem culpa. Nunca. É preciso repetir isso sempre.

Eu não me senti culpada. Sabia que não tinha feito nada de errado, porque só estava indo ao teatro ver o musical dos meus sonhos quando aquele desconhecido me atacou no meio da rua. Mas me senti desamparada, fragilizada. Não fosse pela minha teimosia em ser a melhor bailarina do mundo, eu poderia ter desistido de tudo ali mesmo, da bolsa de estudos, da cidade e do meu projeto de vida. Hoje, acredito que um dos muitos anjos da guarda que sempre me guiaram e me protegeram estava ao meu lado naquele momento. Talvez fosse meu pai, que, antes de morrer, me disse que eu enfrentaria muitos obstáculos, mas superaria todos eles.

E, ao dizer "todos eles", ele acertou mais uma vez, porque aquele episódio aterrorizante não seria o único. Sofri um outro assédio que foi muito mais assustador, porque não foi um ataque de um desconhecido em uma travessa escura, mas um movimento premeditado, dentro da casa em que eu estava morando em Nova York, por alguém que eu conhecia.

Eu alugava um quarto na casa de uma família, que conheci por intermédio de um contato feito previamente no Brasil, com aprovação da minha mãe. Ela nunca permitiria que eu passasse tanto tempo num país estrangeiro, sozinha e menor de idade, na casa de um desconhecido. O problema aqui, na verdade, é definir o que é "conhecer" uma pessoa de fato. Conviver social ou profissionalmente não quer dizer que se conheça profundamente alguém. Muitas vezes, passamos a vida com parentes ou com parceiros à nossa volta sem jamais suspeitar dos abusos que eles são capazes de cometer. Nessa casa em que eu "morava", eu ficava de fato pouco tempo, porque meus dias eram muito cheios, com as aulas e os trabalhos. Quando eu chegava à noite, só queria tomar banho, botar uma camisola e descansar. De manhã, eu saía correndo e quase não via o casal ou o bebê que moravam lá. Eventualmente, eu pegava uma carona com o dono da casa até a estação de metrô e depois seguia até a escola.

Um dia, quando eu estava sentada na minha cama, de camisola, pronta para dormir, o tal dono da casa aproveitou que sua esposa tinha saído para passear com a filhinha e veio até meu quarto. Sentou-se na cama e perguntou sobre minhas aulas de dança, se eu estava gostando da cidade, em uma conversa que parecia totalmente normal. Comecei a falar das coisas que aprendia na escola e a contar sobre minha rotina. De repente, ele colocou uma das mãos em cima da minha perna.

Não dei muita atenção para o fato no momento, bailarinos são muito físicos, todo mundo encosta e pega no corpo de todo mundo, por isso nem reparei e continuei falando. Mas, em questão de segundos, ele subiu a mão até minhas coxas. Apavorada, fiz um movimento com menção de me levantar, mas ele me segurou pelos ombros e tentou beijar minha boca. No mesmo instante, empurrei o corpo dele com os pés e com a fúria, o pavor e o instinto de quem já tinha sofrido um abuso. E, quase que instintivamente, estiquei a mão e peguei uma coruja de vidro que estava na cabeceira da cama e quebrei-a na cabeça dele. Ele caiu desmaiado no chão! Eu, absolutamente desnorteada, vesti uma capa por cima da camisola, enfiei minhas coisas em uma mala e, aproveitando que ele parecia desacordado, fugi daquela casa sem saber para onde ir ou o que fazer e sem nem saber se ele estava vivo ou morto.

Corri com minha mala para o mais longe que pude, e confesso que não tenho consciência de ter feito boa parte do trajeto, tamanho era meu desespero. Quando voltei a mim, vi que estava no Soho, em frente a uma daquelas lojas de rua que têm uma escada para o porão, onde ficam os produtos. Desci alguns degraus arrastando minha mala e ali fiquei, encolhida e paralisada, com os olhos no nível da rua, vendo os pés e as pernas das pessoas passando diante do meu rosto.

Não sei dizer quanto tempo fiquei assim até que um pequeno milagre aconteceu. Entre as tantas pernas de pessoas que por ali transitavam, duas delas passaram, voltaram, pararam, e uma voz me chamou:

— Claudia?!

Era a Lígia, brasileira, que tinha me dado aulas de técnica de Martha Graham no Ballet Stagium, em São Paulo. Subi os degraus, abracei-a e desabei. Contei a ela tudo o que tinha acontecido, e ela me acolheu e me levou para a casa dela. Ela morava em um apartamento pequeno, de uns quarenta metros quadrados, com quatro mulheres completamente loucas, em todos os sentidos possíveis.

Não quero parecer ingrata, muito pelo contrário, agradecerei eternamente à professora por ter salvo minha vida, porque eu realmente não tinha um plano B para sair daquela situação. Mesmo que eu conseguisse ligar para minha família no Brasil, mesmo que minha mãe fosse de Campinas até Nova York para me buscar, isso levaria um tempo e eu não tinha para onde ir nem onde dormir ou o que fazer naquela noite. Porque eu não estava apenas "ansiosa" por ter "fugido" da casa onde estava. Eu tinha acabado de sofrer uma tentativa de estupro pelo dono da casa que me hospedava. E, como eu não tinha certeza se ele estava desmaiado ou morto quando fugi de lá, ainda existia a possibilidade de eu ter cometido um crime, de ter me tornado uma assassina! Minha gratidão, embora infinita, não alterava o fato de o apartamento ser ridiculamente pequeno para tanta gente, a ponto de eu ter que dormir em cima da minha mala e de um edredom velho, dentro de uma banheira.

É isso mesmo. Passei os primeiros dias dormindo dentro da banheira, na qual eu mal cabia e para a qual só podia ir depois que todas as loucas daquele apartamento tivessem liberado o banheiro.

Quando liguei para dona Odette e contei meu "status", minha mãe quis pegar um avião no mesmo momento e me levar de volta para Campinas. Com muito custo, eu a convenci de que eu não podia abrir mão do meu curso e de tudo o que ela já tinha gastado com a viagem. Não ia permitir que um abusador determinasse o meu destino. Eu era dona do meu corpo, da minha cabeça e da minha vida, e decidi ficar e continuar até o fim.

Em pouco tempo, consegui alugar um outro lugar para morar sozinha e me reergui. Segui com minhas aulas, meus trabalhos, consegui ganhar o suficiente para me sustentar e liberar minha mãe das despesas comigo. Juntei também algum dinheiro e consegui assistir a muitos espetáculos. Vi *A Chorus Line* não uma, mas sete vezes! Eu sabia de cor todas as falas, os passos, as canções. Adorava a personagem de Sheila Bryant, uma dançarina sexy, mais velha e muito engraçada.

Terminei meu curso naquela escola maravilhosa, com jovens bailarinos do mundo inteiro, onde aprendi muito, fiz amigos e, de quebra, de vez em quando, encontrava Mikhail Baryshnikov no elevador. Na verdade, ele se tornou diretor artístico da companhia de dança do American Ballet Theatre em 1980, e lá ficou até 1989.

Em julho do interminável ano de 1980, eu estava pronta para voltar ao Brasil. Levava na bagagem muita experiência, aprendizado e uma saudade gigantesca da minha família e da minha casa. Levei comigo também a dor silenciosa de quem sofreu assédio. Muitos anos se passariam até que eu conseguisse entender a importância de falar abertamente sobre isso. É preciso dizer, sempre, com todas as letras, que a vítima nunca é culpada nem deve jamais sentir vergonha do que sofreu. Quem tem que sentir vergonha é o abusador, pelos seus atos, e ele deve ser denunciado e punido.

No voo de volta, os onze meses que fiquei em Nova York passaram em minha cabeça como um flash. As palavras que definiam tudo eram superação e autoconfiança. Eu tinha, enfim, compreendido outro verso da canção "New York, New York", aquele que diz "If I can make it there, I'll make it anywhere", que, em tradução livre, quer dizer "Se eu conseguir vencer lá, conseguirei vencer em qualquer lugar". E eu tinha vencido, sim, superado todos os piores obstáculos. Estava agora pronta para vencer em qualquer lugar, especialmente na minha terra, o Brasil.

Em dois meses, eu poderia dar continuidade aos meus planos, que eram dançar e representar nos melhores musicais, me tornar a melhor bailarina do mundo, me emancipar e, claro, me casar com Jorge e morar no Jabaquara. Até porque minha irmã Olenka nem estava mais namorando com ele.

Me achando a primeira vedete da avenida Corrientes.

# CONEXÃO NOVA YORK–BUENOS AIRES, COM ESCALA EM CAMPINAS

Se sair de Campinas para ir a Nova York foi um choque de 110 volts, voltar de Nova York para Campinas foi um choque de 220. Deixei um centro urbano gigantesco, agitado, com buzinas, sirenes, nuvens de vapor brotando do chão, pessoas de todas as nacionalidades, linhas de metrô para todo lugar, arranha-céus, restaurantes, parques, teatros, museus e 7 milhões de habitantes e voltei para a minha cidade do interior de São Paulo, que sempre amei, mas que não era nenhuma metrópole. Nem metrô tinha. Até hoje não tem. De repente, meu mundo parecia muito menor. Ou talvez eu é que tivesse crescido.

Se as coisas materiais tinham encolhido, em compensação minha saudade era gigante. Foi muito gostoso abraçar minha avó, minha mãe, minha irmã, meus amigos e ser entendida ao falar minha língua.

Nova York foi incrível para minha carreira de bailarina clássica, eu estava na minha melhor forma e pude sentir e demonstrar isso em uma apresentação da escola da minha mãe, no mês seguinte à minha volta. Quando olho para minhas fotos desse dia, tenho vontade de rir, porque o que vejo é uma pirralha que nem tinha feito catorze anos e posava para a câmera com um ar blasé de "não falem comigo, acabo de chegar do centro do mundo".

Nova York também foi muito exaustiva, pois passei por acontecimentos pesados que me consumiram por dentro, coisas que eu queria esconder em um canto de mim e esquecer, me jogando nos braços de Jorge. Não sei se *de novo* ou *ainda*, mas sim, Jorge, meu príncipe encantado do Jabaquara — que, em tupi-guarani, quer dizer "toca da fuga".

Nossa toca da fuga para matar a saudade de mais de um ano, no entanto, seria outra. Como sempre, estava tudo esquematizado. No dia 23 de dezembro, eu faria catorze anos. No dia 31, eu ficaria com minha família e, em seguida, colocaria meu plano infalível em ação.

E assim foi. No último dia de 1980, depois da comemoração do Ano-Novo em família, me arrumei e fui encontrar meu futuro marido em um hotel em Campinas. Jorge já tinha feito o check-in e estava no quarto me esperando. Eu subiria como visitante.

Como eu era muito conhecida na cidade por causa da minha mãe, coloquei um lenço na cabeça e fui "incógnita" para o hotel. Na minha cabeça típica de adolescente, não tinha como dar errado.

Cheguei na recepção, me identifiquei, falei que ia visitar alguém, o porteiro avisou o quarto e eu subi.

O que eu não imaginava era que minha mãe, que sempre teve um radar apuradíssimo, resolvera me seguir.

Pouco tempo depois, ela também chegou ao hotel e, com seu talento para convencer qualquer um a obedecer às suas ordens, fez o rapaz da recepção subir com ela até o quarto onde eu estava com Jorge. Não sei até hoje se eu, na pressa, deixei a porta aberta ou se minha mãe hipnotizou o funcionário para que ele usasse a chave mestra. Só sei que, de repente, a porta do quarto estava aberta, e minha mãe passava por ela.

Graças a Deus, nós ainda estávamos nas preliminares. Assim que minha mãe nos viu, ela começou a bater no Jorge. Ela dava na cara dele e batia de novo, e falava, e batia de novo na cara dele, e eu, vendo tudo aquilo, não me mexia nem falava um “a”.

Depois de socar Jorge tanto quanto quis, ela catou minha mão e me tirou de lá. Quando chegamos em casa, encontramos minha irmã e minha avó Ernestina nos esperando. A conversa em família seria longa, e a pauta era uma só: para qual colégio interno mandar Maria Claudia.

Ao ouvir os detalhes do flagrante do dia envolvendo um hotel, uma cama, a caçula da família e Jorge, minha irmã encarnou uma atriz de novela mexicana traída pelo ex-namorado e pela própria irmã, levantou-se da cadeira, andou três passos em minha direção e me deu um tapa na cara.

Colei na parede como um decalque.

No entanto, segurei a onda, porque estava apaixonadíssima por Jorge e nada ia me demover da ideia de me casar com ele. Eu não entendia por que tanto escândalo, é normal que um casal se relacione intimamente antes do casamento. Mas ninguém na família se sensibilizou com meu argumento, e a ideia que prevaleceu no tribunal dos Motta foi o colégio interno mesmo.

Nesse ponto, minha avó Ernestina, que praticamente me criou e sempre me amou de forma incondicional, teve uma ideia brilhante.

Ela tinha programado passar um ano em Buenos Aires e sugeriu que eu fosse com ela por um mês. Seria uma forma de me tirar de cena, de me afastar de Jorge e de me fazer de companhia para ela na Argentina.

Milagrosamente, minha mãe concordou. Aquela seria uma excelente forma de começar o ano de 1981: em outro lugar, com outros ares.

Durante os preparativos da viagem, tive uma ideia perfeita. Peguei um papel em branco, entreguei-o para minha mãe e disse:

— Mãe, assina aqui, por favor, porque vai que acontece alguma coisa com a vovó lá na Argentina, né? Ela já tem idade. O que eu vou fazer sozinha, sendo menor de idade? Você tem que assinar antes de eu ir, é mais seguro.

Minha mãe achou coerente e assinou. Bingo! Meu plano ia funcionar. Eu iria para Buenos Aires, ficaria um mês, voltaria para o Brasil, usaria o papel em branco assinado para me emancipar e poderia me casar com Jorge sem ter que pedir autorização para ninguém.

No começo de 1981, com o papel em branco assinado, partimos. Minha avó, que pretendia passar um ano no país, foi com uma mala. Mas eu, que estava indo para ficar um mês, levei doze. Sim, doze malas! E ainda bem, porque nossos planos se inverteram: minha avó voltou de Buenos Aires depois de um mês, e eu acabei ficando por um ano. Desde a nossa chegada, as coisas tomaram rumos muito diferentes do planejado. Minha avó ficou na casa de uma amiga, e eu resolvi ir morar com um amigo argentino, o coreógrafo Ruben Terranova, que, além de excelente bailarino, era jovem e divertido. Ele foi o primeiro bailarino da grande vedete argentina Susana Giménez, conhecidíssima pelo programa de TV *Holla Susana*. Quando voltei para o Brasil, trouxe Ruben comigo, e até hoje somos grandes amigos.

Fiquei hospedada na casa de Ruben com todas as minhas doze malas e, de lá, falava com Jorge todos os dias por telefone. Em pouco tempo, estaríamos casados ou, ao menos, era o que pensávamos. Porém o destino tinha planos muito diferentes. A primeira bifurcação que desviaria totalmente meu caminho era uma audição para o corpo de balé do Teatro Colón, cujas inscrições tinham acabado de abrir.

Assim que soube, pensei: "Quer saber? Vou fazer essa audição. Estou em plena forma e vou ver como é o balé argentino". Eu me inscrevi e fiz a audição mais por curiosidade mesmo, só que acabei passando como primeira bailarina.

O sistema funcionava assim: eram quatro primeiras bailarinas, todas adultas. O teatro selecionava uma quinta primeira bailarina mais jovem, para ser a primeira bailarina juvenil e fazer as matinês de quinta-feira. Entrei e, sem saber, desencadeei uma onda de ódio das meninas contra mim: eu, uma brasileirinha de catorze anos de idade, recém-chegada de Nova York, estava roubando o lugar de uma argentina.

Eu até entendia a parte de ficarem com raiva por eu pegar a vaga de alguma portenha, embora minha presença ali fosse legítima, já que eu tinha sido aprovada na audição. O que jamais vou entender ou aceitar, no entanto, foi o que fizeram comigo depois, coisa de vilã de filme, mas que acontece na vida real. Colocaram uma lâmina de barbear dentro da minha sapatilha. Em geral, a gente pega a sapatilha e veste automaticamente, sem nem olhar, mas por sorte, bem naquele dia, olhei dentro da sapatilha antes de calçá-la e vi a lâmina. Abalada, mas firme, retirei-a de dentro da sapatilha, coloquei o calçado e fui dançar, imaginando a cara de frustração da pessoa que havia feito aquela maldade vendo que nada havia acontecido comigo.

Conheci muita gente boa também, como os adoráveis bailarinos e namorados Daniel e Patrício, que dançavam absurdamente bem, uma coisa fora do normal. Eram talentosíssimos, mas o salário de bailarino clássico não era grande coisa e, para complementar a renda, eles também faziam teatro de revista, gênero de grande sucesso em Buenos Aires naquela época. Turistas de todos os lugares visitavam a capital argentina pelos restaurantes, pelas compras, pelos shows de tango e pelos musicais. Fiquei muito amiga dos dois, íntima mesmo. Quer dizer, de Patrício, fiquei amiga; e de Daniel, íntima.

Daniel tinha um corte de cabelo estilo Romeu e era uma graça, sempre muito bem-humorado; era gay e nunca tinha saído com uma mulher em toda a vida. E eu, até então, era mulher de um homem só. Nossa relação era deliciosa, divertida, a gente saía, ria muito, eu estava sempre sorrindo ao lado dele. Nós brincávamos com nossa sexualidade o tempo todo, e eu achava tudo muito novo, leve, engraçado. Assim fomos nos envolvendo, até que começamos a namorar.

Daniel terminou com Patrício, que em seguida se assumiu mulher e virou Patrícia. Eu virei a chave do coração e comecei a esquecer Jorge. Não pensava mais nele, muito menos em me casar com ele. O amor foi indo embora, mas eu não sabia como dizer isso para ele, que estava contando os dias para que eu voltasse. Porém minha vida tinha tomado outro rumo. Eu estava ensaiando *Romeu e Julieta*, o mesmo espetáculo que minha mãe ensaiava quando rompeu os meniscos e teve que abandonar sua carreira de bailarina clássica.

Ruben estava em audição como primeiro bailarino de Susana Giménez em uma nova revista musical do Teatro El Nacional, chamada *Sexcitante*, uma grande homenagem ao teatro de revista portenho, com cinquenta artistas no elenco.

Resolvi assistir à audição. Saí do ensaio do Colón e fui a pé até o El Nacional, uma caminhada de menos de quinhentos metros. Eu estava de camisa estampada, calça jeans e escarpim, um look totalmente anos 1980. Sentei na plateia com Ruben e fiquei assistindo. Em dado momento, me levantei para ir ao banheiro, e Pedro Sombra, coreógrafo argentino que morava em Nova York, me viu e perguntou para Ruben:

— Nossa, que mulher bonita, alta. Quem é?

— Minha amiga brasileira e bailarina — respondeu Ruben.

— Ela dança?

— Dança muito — disse Ruben.

— Será que ela poderia dançar para mim? Porque eu preciso de uma mulher como ela no show.

— Acho que sim — arriscou meu amigo.

Voltei do banheiro, Pedro Sombra falou comigo e minha resposta foi a de sempre:

— Claro! Danço deste jeito mesmo, de calça jeans.

Pedro adorou e disse que queria que eu estivesse em seu novo show. E, assim, eu estava contratada por dois teatros ao mesmo tempo, o El Nacional, no espetáculo *Sexcitante*, e o Teatro Colón, como primeira bailarina juvenil para dançar em *Romeu e Julieta* nas matinês de quinta-feira.

A caçula de dona Odette estava muito bem, obrigada, na Argentina, cada vez mais chique. Meu contrato com o Colón me dava direito a um apartamento com tudo pago no Barrio Norte. Chamei Ruben para morar comigo e me mudei para uma das áreas mais nobres de Buenos Aires, um bom upgrade para alguém que já tinha dormido em uma banheira.

Para dar conta dos dois espetáculos — sem falar nos estudos, que eu mantinha a distância —, eu vivia na correria. Após as matinês de quinta-feira do Colón, às 18h, eu saía correndo e ia desmontando a Julieta pelo caminho; atravessava a avenida Corrientes arrancando as pérolas da cabeça, soltando o cabelo de balé clássico até o El Nacional, onde vestia o figurino do teatro de revista, colocava o maiô cavado, subia meu quase um metro e oitenta na sandália plataforma com mais uns vinte centímetros e entrava com dois metros de altura, cantando, totalmente vedete.

Eu estava felicíssima morando com Ruben no meu apartamento podre de chique, namorando com Daniel, estudando remotamente para terminar o segundo grau, fazendo a Julieta como bailarina clássica e curtindo meu lado Susana Giménez no teatro de revista. Voltar para o Brasil estava fora dos meus planos, e por mim eu ficaria ali para sempre, os dias eram simplesmente maravilhosos.

Em uma daquelas manhãs perfeitas, depois de tomar café, alguém bate à minha porta. Ruben tinha saído e eu estou com Daniel, brincando de casinha e namorando. Levanto para atender, abro a porta e, ainda segurando a maçaneta, vejo quem?

Jorge.

Direto de Campinas ou do Jabaquara, ou de um filme ruim em que uma máquina do tempo transporta um pesadelo, não sei. Só sei que lá estavam, do lado de dentro da porta, Daniel, e do lado de fora, Jorge. E eu, quase como a porta, sem saber o que fazer.

O cara tinha pegado um ônibus e viajado por dois dias do Brasil até a Argentina para chegar na minha casa e ver com os próprios olhos que eu estava namorando outro. Ali, me ocorreu que talvez eu tivesse esquecido de avisar Jorge que eu não ia mais me casar com ele. Fui ficando cada vez mais distante, falava menos ao telefone, ligava menos para ele, talvez na esperança de que ele entendesse o recado. Não entendeu. Ou não quis entender e resolveu ver o que estava acontecendo. Viu. E foi embora. Foi realmente horrível, um dos piores dias da minha vida.

Jamais soube de Jorge desde então.

Algumas coisas se desgastam e acabam, se apagam, como um barco que deixa o porto e some no horizonte. Essas são as mais fáceis de aceitar. Difícil é quando algo acaba abruptamente, de repente, como o incêndio que destruiu o Teatro El Nacional, transformando aquele templo da alegria, da música e da dança dos musicais do teatro de revista em um amontoado de entulho e cinzas no chão.

Não pude nem pegar minhas fotos no camarim.

O Teatro El Nacional destruído pelas chamas. Ficam as lembranças das vedetes e da alegria do teatro de revista.

# DITADURA, PRISÃO E LABAREDAS

Fui para Buenos Aires no começo de 1981 e fiquei até o segundo semestre de 1982. A ditadura militar na Argentina, iniciada com um golpe de Estado em março de 1976, com a deposição da presidente Isabelita Perón, só terminaria em setembro de 1983, um ano depois da minha volta para o Brasil. Em abril de 1982, o general Galtieri declarou guerra contra o Reino Unido e tentou ocupar as ilhas Malvinas, o que resultou em um final desastroso para a Argentina. Ou seja, minha temporada naquele país aconteceu em um período politicamente muito conturbado.

O espetáculo *Sexcitante* era uma revista que seguia a tradição argentina de fazer humor com a política vigente. Um dos números do musical era um esquete satírico chamado "Vivan las autopistas" que criticava a ditadura, o que evidentemente desagradava os militares.

Eu já tinha visto uns carros pretos, com homens vestidos todos de preto, que paravam em todos os lugares e "arrebanhavam" as pessoas, com a desculpa de levá-las para "averiguar os antecedentes". Mas só fui entender exatamente o que era aquilo quando fui presa e levada para uma delegacia.

Era julho de 1982, e minha mãe estava me visitando em Buenos Aires. Eu cumpria minha agenda de shows e voltava para casa. Algumas vezes, ia com minha turma até um café próximo ao teatro para comer alguma coisa e encontrava minha mãe depois.

Em um dia de trabalho muito intenso, eu estava saindo da terceira sessão do dia no El Nacional, exausta, às três da manhã, toda maquiada, cheia de glitter e com trajes de vedete, quando vi aqueles homens de preto entrando no café que a gente frequentava. Ruben, que estava ao meu lado, disse para mim:

— Não fale espanhol, fale só português, para eles saberem que você é estrangeira.

Os homens vieram até mim e me perguntaram por que eu estava maquiada daquele jeito. A reposta era meio óbvia, já que em frente ao teatro tinha um pôster meu, maquiada e de biquíni. Respondi, em português, que eu gostava de me maquiar daquele jeito, mas eles me levaram mesmo assim, junto com todos os meus amigos.

Na delegacia, senti de perto o horror das arbitrariedades de uma ditadura. Eu ouvia meus amigos apanhando, gritando, pedindo para que parassem. Fiquei desesperada, não sabia o que fazer nem como ajudar meus amigos, tampouco como sair de lá. Minha sorte foi o fato de minha mãe estar em Buenos Aires e a lei local me dar direito a uma ligação, por ser brasileira e menor de idade. Liguei para ela, que foi me buscar imediatamente. Eu tinha que avisar alguém sobre a prisão e pedir ajuda para que meus amigos fossem soltos.

Minha mãe chegou, conseguiu me liberar e pegamos um táxi. No rádio do veículo, ouvi a notícia de que o Teatro El Nacional tinha sofrido um incêndio e estava em chamas. Eu não conseguia acreditar. Pedi para o taxista nos levar para lá, para ver o que estava acontecendo *in loco*. Foi um choque. As chamas consumiam tudo, o teatro inteiro pegava fogo. Consegui um telefone e resolvi ligar para Susana Giménez. Não tínhamos muita intimidade, mas ela tinha afeto por mim, me chamava de caçula brasileira, me convidava para tomar chá e tinha me dado o número do telefone de sua casa, no caso de eu precisar de alguma coisa. Tomei coragem e telefonei. Naquela época, Susana era casada com Ricardo Darín, o consagrado ator argentino.

O telefone tocou, e um empregado atendeu. Expliquei que era urgente, que o assunto era sério, senão eu jamais telefonaria de madrugada, e pedi para falar com Susana, porque o primeiro bailarino dela e outros artistas do elenco estavam presos e sendo interrogados na delegacia. O empregado foi correndo chamá-la. Susana atendeu sonada, e eu contei toda a situação dos bailarinos presos e do incêndio no El Nacional. Ela, que tinha todos os contatos das pessoas importantes na cidade e no país, disse que ia dar um jeito e resolver tudo, mas não conseguia acreditar que o teatro estava pegando fogo.

De fato, ela conseguiu liberá-los, mas eles voltaram bem machucados.

Na manhã de 22 de julho de 1982, os portenhos acordaram com a triste notícia de que o Teatro El Nacional havia sido inteiramente consumido por um incêndio. Nunca se soube ao certo a origem das chamas. Os peritos deram como causa provável um curto-circuito. Mais tarde, os meios de comunicação falaram em "atentado". Em períodos de ditadura militar, é muito difícil encontrar a verdade.

Fato é que meu sonho tinha acabado. O espetáculo foi cancelado, todos os contratos foram suspensos. Eu estava de férias do Teatro Colón, e o El Nacional não existia mais. De forma antecipada, voltei para o Brasil com minha mãe, Ruben e Daniel.

Assim que cheguei aqui, percebi que, em Buenos Aires, no contexto do teatro, meu relacionamento com Daniel fazia sentido, mas no Brasil isso mudou e decidimos nos separar. Continuamos grandes amigos, e tudo se ajeitou. Daniel se tornou um dos primeiros bailarinos da companhia do coreógrafo Ismael Guiser, onde ficou por alguns anos, até adoecer. O médico que o diagnosticou, sem a menor sensibilidade, disse apenas: "Você está com aids". Daniel caiu desmaiado de tanto nervoso, pegou pneumonia e morreu dez dias depois. Graças a Deus, eu e Ruben pudemos estar ao lado dele até o último momento para nos despedir do nosso querido Daniel Lupo.

Aquele período difícil de revezes parecia anunciar que 1982 seria um ano pesado, sem muitas alegrias em minha vida. Mas não. Um dos momentos mais importantes da minha história aconteceria ainda naquele ano, a partir do qual minha carreira deslancharia: a audição para *Chorus Line*, trazido pelo grande produtor Walter Clark.

Aquele que eu estava indo ver em Nova York quando sofri uma tentativa de estupro na rua. O espetáculo a que consegui assistir sete vezes depois de me recuperar. *A Chorus Line*, o musical que eu amava, conhecia de cor e que tinha a personagem que eu adorava, Sheila Bryant.

Senhoras e senhores, atendendo a pedidos e conforme prometido, com vocês, *A Chorus Line*!

*One...*
*Singular sensation*
*Every little step she takes...*

A felicidade de estar no palco fazendo meu primeiro musical (nesta página, sou a primeira à esquerda).

# *A CHORUS LINE* OU "MINHA VIDA DARIA UM FILME"

Todo mundo já disse ou pensou esta frase em algum momento: "Minha vida daria um filme". Eu não apenas tenho certeza de que minha vida daria um longa-metragem como já tenho algumas páginas do roteiro. Sei também que o produtor se chama Vida; e o roteirista, Destino.

No meu filme, muitos caminhos se cruzam, histórias se repetem e, quando as pessoas certas aparecem para me guiar, milagres acontecem.

Vou compartilhar algumas páginas do rascunho desse roteiro, que mostra a sincronicidade de alguns acontecimentos e prova que não existem coincidências, pois por trás de tudo o que o Destino roteiriza e a Vida produz existe sempre um propósito maior.

Luz, câmera, imaginação!

O filme começa com algumas cenas nas ruas de Manhattan, como a famosa Times Square e a Broadway. Mas há pouca gente circulando, e alguns teatros estão fechados.

LOCUTOR (EM OFF)

*Estamos nos anos 1970, em Nova York. A Broadway está morrendo. As produções são caras e, quando um espetáculo fracassa, o produtor perde dinheiro e os profissionais perdem o emprego. O futuro é incerto, e ninguém sabe o que fazer. Bailarinos profissionais de grandes musicais estão desempregados e sobrevivem fazendo apresentações em pequenos bares e casas noturnas. São chamados de* "gypsies"*, ciganos, porque vivem de palco em palco e nunca sabem o próximo lugar onde estarão.*

Em um apartamento em Nova York, vemos uma mulher jovem e seu amigo da mesma idade conversando enquanto tomam chá.

LOCUTOR (EM OFF)

*Estes são Michon Peacock e Tony Stevens. Eles são bailarinos profissionais da Broadway e buscam uma solução para o péssimo momento que os musicais atravessam. Michon é budista e acredita que é possível criar algo com um propósito. Tony pensa o mesmo. Juntos, eles têm a ideia de criar uma companhia de dança só com bailarinos de musicais da Broadway, esses* "gypsies", *e procuram um dos maiores coreógrafos, o premiado Michael Bennett, para contar sobre o projeto. Algo realmente novo está para começar. Mas eles ainda não sabem.*

Michon Peacock e Tony Stevens entram no estúdio de Bennett. Os três parecem muito animados.

LOCUTOR (EM OFF)

*Bennett fica encantado com a ideia e resolve abraçá-la. Coincidentemente, ele mesmo estava pensando em montar não uma companhia de teatro, mas um espetáculo sobre os bailarinos de musicais.*

O tempo passa. Chegamos ao final do ano de 1973. Muita gente comemora na Times Square. Pouco tempo depois do Ano-Novo, Michon, Stevens e Bennett começam a procurar pessoas que queiram entrar para o grupo. Telefonam para amigos e conhecidos, e vão montando a lista.

LOCUTOR (EM OFF)

*O ano de 1974 se inicia, e o grupo trabalha sem parar. Michon chama bailarinos de seu centro budista, Stevens traz colegas de palco, Bennett procura um lugar para reunir todos e fazer o projeto acontecer. Bennett pressente que está fazendo história, mas não imagina a proporção desse acontecimento.*

Estamos agora em uma academia de dança. Bailarinos tiram suas roupas de frio e, de malhas de balé, são recebidos por Bennett. Em seguida, sentam-se no chão.

LOCUTOR (EM OFF)

*É meia-noite de um sábado de janeiro de 1974. É inverno, e está nevando em Nova York. O encontro acontece no Nickolaus Fitness Center e começa com uma aula de dança comandada por Stevens. Depois, os participantes se sentam no chão formando um grande círculo e, um a um, dizem seu nome real e seu nome artístico, e quando e onde nasceram. Contam suas histórias de vida, suas angústias e seus medos, e explicam o que os levou a dançar. Bennett registra tudo num gravador.*

Amanhece em Nova York. O grupo está finalmente saindo do encontro. Despede-se com abraços muito longos.

LOCUTOR (EM OFF)

*A sessão se estendera por mais de doze horas, como uma longa terapia em grupo. O material é extremamente rico, humano, dramático, cômico, mas, sobretudo, verdadeiro. Em um futuro próximo, alguém dirá que o espetáculo que aqui está nascendo foi o primeiro* reality show *da história.*

Bennett e Joseph Papp conversam em uma sala ensolarada do Public Theater, que pertence a Papp.

LOCUTOR (EM OFF)

*Chegamos a agosto de 1974. Bennett entra em contato com Joseph Papp, criador do New York Shakespeare Festival e dono do Public Theater. Papp oferece sua estrutura para que a trupe crie, ensaie, produza e apresente o musical em seu teatro e traz novos nomes para o grupo, como os autores do libreto, Nicholas Dante e James Kirkwood Jr., o compositor Marvin Hamslich, o coreógrafo Bob Avian e o letrista Edward Kleban, todos sob a batuta de Bennett.*

Vemos agora, na tela do nosso "filme", um mapa-múndi animado, que mostra um aviãozinho saindo de Nova York e indo para São Paulo e, de lá, para Campinas.

LOCUTOR (EM OFF)

*Enquanto o espetáculo* A Chorus Line *está sendo gestado para salvar a Broadway, a 7.600 quilômetros dali, mais precisamente no centro de Campinas, a caçula da família Motta faz exercícios de dança na sala de estar.*

A família Motta está reunida na sala assistindo à TV. Na tela, passa o *Fantástico*. Maria Claudia não para e dança para lá e para cá.

LOCUTOR (EM OFF)

*Essa menina de oito anos que está atrapalhando a família que assiste ao* Fantástico *é Maria Claudia Raia. Seu projeto de vida nesse momento é ser a maior bailarina do mundo; sua estratégia é fazer aulas de balé, capoeira e ginástica artística. Suas armas são a flexibilidade e a musculatura, esta última com a assinatura taurina de sua inflexível mamãe.*

Dona Odette Motta Raia está na cozinha batendo vitaminas estranhas no liquidificador, enquanto a pequena Claudia aguarda, com cara de desespero.

LOCUTOR (EM OFF)

*Maria Claudia não é uma super-heroína, mas sua musculatura é indestrutível graças a Odette Motta Raia, sua mãe, que a alimenta dia sim, dia não com "sangue verde", um suco com água, limão e três folhas verdes, que ela toma em jejum. E esses nem são os piores dias de Maria Claudia. Os mais* hard core *são aqueles que se alternam: os dias de gema de ovo com fígado cru, tudo batido no liquidificador e devidamente engolido como sua primeira refeição.*

*Close* da pequena Claudia tomando a bebida e fazendo cara de nojo, enquanto dona Odette enche mais uma vez o copo da filha com o que sobrou.

LOCUTOR (EM OFF)

*Sobre esse método, duas coisas precisam ser ditas. A primeira: não tente fazer essas receitas em casa. O fígado de hoje vem cheio de hormônios. E a segunda é: "Maria Claudia, diga 'obrigada, mamãe', pela musculatura alcançada!". Graças a ela, você vai estar preparada para encontrar tudo o que o Destino lhe reserva. Se bem que, às vezes, parece que o Destino já tinha combinado tudo isso com dona Odette.*

Voltamos a Nova York. Estamos dentro do teatro, no final do espetáculo. O elenco de *A Chorus Line* é ovacionado pela plateia, que aplaude em pé. Bennett é chamado ao palco e, junto com os bailarinos, agradece emocionado.

LOCUTOR (EM OFF)

*No dia 15 de abril de 1975,* A Chorus Line *estreia no The Public Theater, com a plateia lotada, e inaugura uma nova fase da história dos musicais. No dia 25 de julho, estreia na Broadway, no Shubert Theater, e vira uma atração turística para todos os visitantes de Nova York, onde ficará durante quinze anos em cartaz e se transformará em um dos mais icônicos espetáculos da história dos musicais da Broadway.*

Em frente ao Shubert Theater, pessoas fazem fila para comprar ingressos. Ela é bem longa.

LOCUTOR (EM OFF)

*E por que* A Chorus Line *faz tanto sucesso? Bem, porque, apesar de a história ser centrada em bailarinos da Broadway, ela é universal. Fala sobre todos os que lutam por aprovação, por uma chance de mostrar seu talento, conta do medo de falhar, cuja dor todo mundo conhece. Por ter nascido de gente real, de vidas reais,* A Chorus Line *é apaixonante.*

Ouvimos uma trilha sonora de bossa nova. Vemos imagens bonitas do Rio de Janeiro nos anos 1970. Em seguida, uma emissora de TV. Dentro de um estúdio, vemos Walter Clark, que acompanha a transmissão de um programa.

LOCUTOR (EM OFF)

*Quem também é apaixonado por* A Chorus Line *é Walter Clark, produtor de cinema, diretor de emissoras de TV, criador de programas como* Globo Repórter *e* Fantástico, *a que a família Motta, em Campinas, sempre assiste. Clark, junto com Boni, levou a TV Globo a ser líder de audiência no Brasil. Walter é tão encantado por esse musical que toda vez que vai a Nova York tem vontade de revê-lo.*

Chegamos no final de 1979 e estamos mais uma vez em Nova York. Agora vemos que Maria Claudia Raia cresceu. Tem treze anos e está na plateia do Shubert Theater, assistindo *A Chorus Line.*

LOCUTOR (EM OFF)

*O sucesso de* A Chorus Line *atravessa os anos. E, no final de 1979, em uma de suas muitas apresentações, sentadinha na plateia está a menina de Campinas, Maria Claudia, que segue firme em seu projeto e agora, aos treze anos de idade, mora em Nova York e estuda balé no American Ballet Theatre. Ela assiste a* A Chorus Line *pela primeira vez, e sua identificação com o espetáculo é total. Aquele é seu mundo. Ela olha para o palco hipnotizada e sonha em fazer o papel de Sheila Bryant. Antes de voltar ao Brasil, em outubro de 1980, a pequena Maria Claudia verá esse espetáculo outras seis vezes. É possível que, em algum momento, ela e Walter Clark tenham estado na mesma sessão, mas não se sabe ao certo.*

Onde antes víamos o rosto de Maria Claudia através de um efeito, vemos agora o rosto de Walter Clark. Ao seu lado está a atriz Dina Sfat, assistindo a *A Chorus Line* com ele.

LOCUTOR (EM OFF)
*O que se sabe é que, no final de 1981, Walter Clark está novamente em Nova York com Dina Sfat, agora sua namorada. Os dois assistem a* A Chorus Line *na Broadway, ela pela primeira vez, ele pela quarta ou quinta. Ela fica impactada com o espetáculo e sugere que Walter, que ama tanto o musical, experimente a emoção de produzir teatro.*

Vemos a imagem de um avião decolando. É o avião que traz Walter Clark e Dina Sfat de volta para o Brasil. Ele, pensativo, olha pela janela.

LOCUTOR (EM OFF)
*Ao voltar da viagem, Walter está tomado pela ideia de produzir* A Chorus Line *no Brasil. Pede demissão da Rede Bandeirantes, onde é diretor, convence dois amigos a investirem na empreitada e, em abril de 1982, volta para os Estados Unidos, desta vez para comprar os direitos de montagem do musical e contratar todos os profissionais norte-americanos.*

O avião pousa. Vemos Walter Clark passando com as malas para um lado. Maria Claudia Raia passa com suas doze malas para outro. Eles não se cruzam, mas temos a ideia de que podem ter passado pelo mesmo aeroporto no mesmo momento sem saber.

LOCUTOR (EM OFF)
*Na mesma época em que Walter volta dos Estados Unidos para São Paulo, pronto para produzir* A Chorus Line, *Maria Claudia está retornando de Buenos Aires para Campinas. Não porque quisesse voltar, mas porque o teatro El Nacional, onde se apresentava, pegou fogo. Maria Claudia não sabia que aquela tragédia abrupta a levaria para o lugar em que sempre quis estar.*

Na casa dos Motta, todos tomam café da manhã. Maria Claudia está lendo um jornal. Vê um anúncio e fica muito feliz.

LOCUTOR (EM OFF)

*Em novembro de 1982, quando a produção de Walter Clark abre as inscrições para a audição de* Chorus Line, *que selecionaria os bailarinos para compor o elenco brasileiro, ela vê o anúncio e grita:*

*— É meu! Eu tenho que fazer a inscrição, esse lugar é meu!*

*E era mesmo. Maria Claudia se candidata para a audição do espetáculo em São Paulo. O número de sua inscrição é 0001. Três linhas de destino — do musical* A Chorus Line, *de Walter Clark e de Maria Claudia Raia —, enfim, se cruzam e criam laços que vão durar por toda a vida. Mas, como nada é simples em sua história, antes de essas linhas se entrelaçarem, Maria Claudia terá que desatar alguns nós.*

CORTA PARA

Próximo capítulo deste livro.

# MAS TUDO ERA TÃO BONITO NO BALÉ

A mais exibida do coro.

A gente nunca se lembra de todos os desejos e resoluções de Ano-Novo que faz ao longo da vida. Não sei se fiz algum pedido para a chegada de 1983, mas, caso tenha feito, certamente ele estava ligado ao musical *Chorus Line*. Sei disso porque, no dia 31 de dezembro de 1982, a coluna Painel da "Ilustrada", o caderno de variedades do jornal *Folha de S.Paulo*, publicou uma nota com o seguinte texto:

***CHORUS LINE***

Quem gosta de (e sabe) cantar, dançar e representar poderá ter agora sua grande oportunidade. Na próxima terça-feira, às dez horas, iniciam-se os testes para a montagem do musical *Chorus Line*, que se seguirão nos dias seguintes: terça, dança para moças; quarta, dança para homens; quinta e sexta-feira, canto e interpretação. Os interessados deverão procurar a Escola de Bailados de São Paulo, na praça Ramos de Azevedo.

Agora, diga se esse texto não era exatamente a minha cara? Talvez eu ainda não fosse tão boa nos quesitos cantar e representar. Mas dançar? Amor, dançar, para mim, era sinônimo de existir! Eu tinha emendado um ano e pouco fazendo balé em uma das melhores escolas de Nova York com outro ano e tanto interpretando uma Julieta clássica no Teatro Colón e uma vedete sexy no El Nacional, de Buenos Aires! E só não fiquei mais tempo em cartaz porque meus planos foram por água abaixo, ou melhor, por fogo acima. Quer dizer, meu pedido de Ano-Novo só tinha que dar um empurrãozinho na hora da sorte, porque eu estava preparadíssima para a audição de *Chorus Line*, que perdeu o "A" do nome original na versão brasileira.

Na minha cabeça, eu já estava contratada para fazer a Sheila Bryant no espetáculo, porque dançava superbem e tinha assistido àquele musical sete vezes na Broadway. Só tinha que vencer a ansiedade até a terça-feira seguinte e avisar minha mãe para sairmos bem cedo de Campinas e fazer minha inscrição para o teste.

Minha mãe, com seu excesso de bom senso, reagiu como boa taurina, fincando nossos quatro pés na realidade:

— Mas, minha filha, você não tem idade pra fazer esse papel! Você tem dezesseis anos!

Em tese, ela tinha razão. A personagem de Sheila Bryant era a mais velha das mulheres da linha de coro, uma quarentona que mente que tem trinta e dois, o dobro da idade que eu tinha na época. E, justamente por ter dezesseis anos, eu tinha certeza de que sabia o que eu queria e já tinha tomado minha decisão.

— Mas o papel é meu, eu vou.

E no dia 4 de janeiro de 1983, às cinco horas da manhã, eu já estava em frente à Escola de Bailados de São Paulo e era a primeira da fila. Fiquei o tempo todo firme esperando a abertura das inscrições, às oito. Os testes, como anunciado, começariam às dez.

Audições desse tipo começam de manhã e costumam varar a noite, porque são muito técnicas e demoradas. Walter Clark, o produtor e responsável por todo o projeto, abriria o teste, receberia as candidatas e iria embora depois das primeiras horas. A sorte e o *timing*, mais uma vez, estavam do meu lado. Como eu era a número "0001" de mais de mil candidatas, fui a primeira a entrar e a ser recebida por Walter. Antes que ele pudesse dizer "a", tomei a iniciativa com um sorriso gigantesco e saí falando:

— Oi, tudo bem?

— Oi. Tudo bem — respondeu ele, achando graça da minha excessiva alegria para o horário.

— Prazer, eu sou a Maria Claudia Motta Raia e tem dois problemas: um é que eu sou menor de idade e o outro é que eu vou fazer a Sheila Bryant — falei, me apresentando.

Walter começou a rir do meu jeitinho assertivo, mas um pouco descalibrado, e respondeu:

— Que você seja menor de idade, tudo bem, isso a gente ajusta. Mas se você vai fazer a Sheila Bryant, aí eu não sei, porque estou trazendo o coreógrafo americano Roy Smith, e é ele quem vai escolher o elenco.

— Mas pode escrever aí que sou eu que vou fazer — insisti.

— Tomara que seja — disse Walter, inscrevendo meu nome na audição.

A maioria dos candidatos achou que os testes foram tensos. Para dar uma ideia do clima geral, no dia seguinte, a capa da "Ilustrada" estampava a manchete "Piruetas e lágrimas na Broadway paulista", matéria assinada por Antônio Gonçalves Filho. Em uma audição dessa proporção, quase todos os bailarinos profissionais do mercado que não estão em cartaz, os atores que sabem um pouco de canto e dança e até os cantores que nunca fizeram uma pirueta se inscrevem para os testes. As outras centenas de candidatos são aspirantes, estudantes e amadores. E há também os sonhadores e os que caem de paraquedas, incluindo gente que nunca tinha ouvido falar em *A Chorus Line* nem feito um passo de dança. Esses são os que mais sofrem, inclusive pelo vexame, como no caso de uma suposta locutora e escritora que, ao tentar improvisar uma pirueta, quase perdeu a peruca.

A banca examinadora era composta pelo coreógrafo Roy Smith e sua assistente, Célia Gouveia; o coprodutor da peça, José Otávio Castro Neves; o diretor Roberto Lage; e o diretor musical Murilo Alvarenga. Eu estava no auge da minha forma física e passei com nota dez em jazz e em dança clássica. Soube depois que, além de mim, apenas a maravilhosa bailarina Daniella Panessa tirou essa mesma nota nas duas categorias.

O teste seguinte era o de canto. Eu nunca tinha feito um solo na vida, minha única experiência cantando em um palco fora no coro de *Sexcitante*. Eu era a primeira da fila e havia preparado uma música para minha audição. Se não estava tudo perfeito, pelo menos eu tinha tudo sob controle. Até que, aproveitando um provável descuido dos meus anjos da guarda, alguém apareceu ao meu lado e perguntou:

— Ei, você tomou um golinho de conhaque?

— Não — respondi. — Pra que conhaque?

— Ah, porque abre a voz — disse a pessoa.

— Você tem aí? — perguntei.

— Tenho, sim, você quer? — E me ofereceu a garrafa.

Dei um golão no conhaque e, em questão de dois minutos, estava completamente tonta. E aqui vale um adendo para avaliar o efeito da bebida em meu organismo. Até então, eu nunca tinha ingerido álcool na vida. Aliás, até os 43 anos, exceto por essa vez, eu nunca tinha experimentado nenhum tipo de bebida alcoólica, nada. Só tomava água com gás. (Trauma de infância por causa do meu pai? É possível, mas deixo a resposta para os profissionais de saúde mental.) Não bastasse isso, não eram nem dez horas da manhã; o conhaque caiu como uma bomba atômica no meu corpo, e eu entrei para o teste completamente bêbada.

Na banca, estavam Roy Smith, Walter Clark, Murilo Alvarenga e o pianista favorito de Liza Minelli, Albin Konopka. Mas, se estivessem lá Papai Noel, o Coelho da Páscoa, o Lobo Mau e a Loira do Banheiro, para mim daria no mesmo. Eu não estava entendendo nada.

Um deles, talvez o Lobo Mau, me perguntou o que eu iria cantar, e eu não me lembrava do nome da música. Mas consegui balbuciar "esqueci a música".

Eles se entreolharam, e um disse:

— Então, canta qualquer coisa, canta "Terezinha de Jesus".

— Tá bom — respondi.

Mal comecei a cantar as primeiras palavras, "Terezinha de Jesus", o conhaque assumiu o teste e seguiu com "lá lá láaaa lá... lá lá láaaaaaa...".

Não há nenhum registro em áudio e vídeo desse momento, mas, se houvesse, tenho certeza de que a cara do diretor musical seria muito semelhante à expressão de Jack Nicholson louco e congelado no final de *O iluminado*. E, aqui, uma informação "bônus": tempos depois, o pianista, que ficou horrorizado com meu teste de canto, acabou tendo um namorico comigo.

A bebida não foi o único obstáculo que encontrei nessa epopeia. Para meu desespero, uma candidata muito especial disputava comigo o papel de Sheila Bryant: Clarisse Abujamra, excelente bailarina, atriz e apresentadora, minha "ídola" e minha professora de dança moderna no Ballet Stagium, uma das poucas especialistas na técnica de Martha Graham no Brasil. Clarisse dançava, cantava e representava profissionalmente. Ela era professora de dança e eu, sua aluna. Como competir com a mestra? Bem, eu tinha que tentar usar meus diferenciais.

No teste de interpretação, havia um momento em que a candidata devia dar três passos à frente para dizer nome, idade, de onde era e contar sua história de vida. Resolvi ir de Sheila e vesti uma malha bege idêntica àquela usada pela personagem na montagem original em Nova York. Dei os três passos e fiz o texto da Sheila, só que em inglês.

Roy Smith, o coreógrafo americano, ficou bege igual à minha malha e, quicando na cadeira, dizia:

— É ela! É ela!

Já o diretor musical, que ainda não tinha digerido o lá-lá-lá da minha Terezinha de Jesus alcoolizada, não tinha a mesma certeza de Roy.

Na sequência, tínhamos que apresentar um número musical do espetáculo, uma canção maravilhosa chamada "At the Ballet", cujo verso mais marcante dá nome a este capítulo: "Mas tudo era tão bonito no balé", na tradução do genial Millôr Fernandes. A canção se abre em três vozes e é dificílima para quem nunca cantou. Clarisse começava cantando, em seguida eu cantava, depois todo mundo cantava.

Clarisse estava muito bem preparada e vivia um grande momento profissional. Era famosa, apresentava um programa na TV Cultura chamado *É proibido colar* junto com seu então marido, o ator Antonio Fagundes. A banca de *Chorus Line* ofereceu o papel de Sheila para ela. Eu fiquei como substituta.

Fiquei louca da vida! E, possuída pelo espírito de Sheila Bryant, fiz a mesma cena que ela fazia no espetáculo, só que na vida real: revoltadíssima, peguei minha bolsa, olhei para a banca examinadora e, sem dizer nada, fui embora batendo os pés. No que eu saí bufando de raiva, um furacão me atingiu pelas costas, me agarrou pelos cabelos e me puxou de volta. Era dona Odette Motta Raia, inaugurando seu novo Método de Contenção de Rebeldia Juvenil com o Uso do Safanão.

— Aonde você vai? — perguntou minha mãe.

— Eu estou puta da vida que ela ganhou de mim! — respondi.

— Você é bem louca, né? Você está pensando que é quem? Você é uma iniciante, uma estudante. Você competiu com a Clarisse Abujamra, que é uma "gênia". É lógico que ela ia ganhar o papel. Senta aqui que eu vou dizer pra você o que vai acontecer agora — disse minha mãe, desavisadamente antecipando o meme "Senta lá, Claudia". Sentei. — Você vai aceitar esse segundo lugar, vai ser a substituta — continuou ela. — Você está entrando para ser substituta de uma protagonista, não é qualquer coisa. Mas você precisa saber que não é ninguém ainda, minha filha. Tem que construir muita coisa para ser alguém. Você vai lá agora dizer que vai aceitar, e que vai ficar.

Foi uma "lavada" daquelas. Graças a Deus. Porque, se não fosse por minha mãe, eu teria entornado o caldo, chutado o pau da barraca, queimado as pontes. Eu só tinha dezesseis anos, mas, como não tive infância, nunca brinquei de boneca, quase não me relacionei com outras crianças, também não aprendi a perder. Falhar não era uma opção para mim. Felizmente, daquela vez, minha mãe estava comigo para corrigir o que teria sido um erro homérico.

Assim, fomos, minha mãe e eu, ao escritório de Walter Clark assinar meu contrato de trabalho como bailarina do elenco de *Chorus Line*. A empresa dele ficava em uma luxuosa cobertura de um edifício comercial na avenida Faria Lima, em São Paulo, e ocupava um andar inteiro, com uma decoração toda branca, chiquérrima.

Minha mãe se sentou no sofá, e eu, no chão, com ódio de estar ali e oficializar meu posto de substituta. Eu tinha combinado com ela que aceitaria aquela vaga, mas não havia dito com que cara, então fui de cara feia mesmo.

Walter chegou, fizemos os devidos cumprimentos e começamos a negociar o contrato. Quando ele terminou de falar tudo, me manifestei.

— É o seguinte: eu vou ficar como substituta, mas só se eu ganhar o dobro do que você me ofereceu.

Minha mãe me deu uma olhada tão fulminante que quase virei estátua.

— Essa é a minha proposta — eu terminei.

Walter riu, concordou e disse que pagaria meu salário em dobro. E qual foi minha reação depois de ter meu salário dobrado? Dobrei minha alegria? Voltei para Campinas triunfante? Celebrei minha conquista? Acertou quem disse "não" para as três perguntas, porque eu estava infelicíssima. Chorei três dias seguidos. Hoje, madura e devidamente analisada em terapia, entendo que o nível de exigência que aprendi a ter comigo mesma era absurdo. Eu tinha conquistado uma medalha de prata em uma olimpíada, por assim dizer, mas só conseguia pensar que tinha perdido a medalha de ouro.

E foi com cara de emburrada que saí de Campinas para ir à festa de apresentação do elenco de *Chorus Line* para a imprensa. Estava eu na festa, com nuvenzinhas negras sobre mim, quando, de repente, vejo uma cabecinha amarela vindo em minha direção. Era Roy Smith, o coreógrafo, dizendo que eu tinha ganhado o papel principal de Sheila Bryant, porque eles haviam oferecido o salário-padrão de todos os bailarinos para Clarisse e ela não aceitara.

Era totalmente compreensível que não tivesse aceitado. O elenco da versão brasileira não tinha estrelas, eram todos praticamente desconhecidos do grande público. Apenas dois bailarinos tinham uma carreira significativa e certo destaque, Thales Pan Chacon, protagonista do longa-metragem de Arnaldo Jabor *Eu sei que vou te amar* ao lado de Fernanda Torres, além de ser ator de novelas e minisséries da Globo, e J. C. Violla, que acumulava bons prêmios como bailarino e coreógrafo e havia assinado a preparação corporal de Elis Regina em *Falso brilhante*. A única pessoa famosa mesmo era Clarisse Abujamra, que fizera novelas importantes na TV Globo, como *Anjo mau*, *Escrava Isaura*, filmes como *Gaijin — Os caminhos da liberdade* e era uma bailarina muito requisitada e professora do Ballet Stagium. Ela estava em um patamar superior de salário em relação aos outros selecionados.

Assim que Clarisse rejeitou a oferta, eles imediatamente decidiram pelo meu nome. Por isso, Roy veio me contar a novidade tão logo me viu na festa, dizendo que seria eu a Sheila Bryant do *Chorus Line* brasileiro.

Comecei a gritar, dei um abraço nele, outro em minha mãe e falei, com aquele êxtase de quem sempre esteve certa:

— O papel é meu! Era pra ser meu!

Walter Clark se aproximou e perguntou se eu tinha gostado da surpresa. Foi minha vez de surpreendê-lo com minha indefectível cara de pau. Respondi:

— Adorei, mas meu salário continua o dobro.

Minha mãe quase teve um AVC e só não deu um chute mais forte na minha canela para não estragar meu pé de bailarina. Walter, um homem sofisticado e elegantérrimo, respondeu:

— Está bem, seu salário continua o dobro. O que foi combinado continua combinado.

Dona Odette tinha toda a razão em me chutar a canela. O que mais eu queria? Eu ia ser protagonista da versão brasileira de *A Chorus Line*, uma produção do renomado Walter Clark, ganhando salário em dobro, em uma chance de ouro em minha vida. E, de fato, foi um presente do Universo, pelo qual sou muito grata.

Desde o dia em que ganhei o papel, depois do vexame do lá-lá-lá regado a conhaque, passei a fazer aulas de canto duas vezes por dia. Eu fazia aula das oito às nove horas. De lá, ia para o ensaio, que terminava às dezoito horas. Saía do ensaio, voltava para a aula de canto e só depois ia para casa.

No dia 17 de janeiro de 1983, começaram os ensaios. Os quinze homens e as quinze mulheres, sob comando de Roy Smith e acompanhados pelo pianista Albin Konopka, agora eram oficialmente parte do elenco e tinham mais nove horas para ensaiar todos os dias. Na história de *Chorus Line*, desses trinta bailarinos que iniciam o espetáculo, doze são logo eliminados por Zach, o exigente coreógrafo, personagem que fica o tempo todo fora do palco, na plateia. O musical segue com os dezoito restantes, dos quais oito formarão a linha de coro. E, claro, como em todo encerramento grandioso, o último número, "One", traz todo o elenco em cena, com direito a muita luz, brilho e emoção.

Falando assim, parece simples, mas a empresa responsável pelo espetáculo, a C.N.A. (Clark, Neves e Arce Associados Ltda.), criada por Walter Clark e seus dois sócios para montar o espetáculo, teve um trabalho absurdo. Foram inúmeras as dificuldades para conseguir uma casa de espetáculos em São Paulo, a reforma do teatro, a contratação de 31 bailarinos, 25 músicos, os americanos que vieram com todas as despesas pagas, sessenta profissionais de áreas técnicas, a compra de mais de quatrocentos refletores, quatro canhões de luz e tudo o que teve que ser importado dos Estados Unidos, desde o espelho do fundo do cenário até os ingressos, passando por microfones, roupas, cartolas, pedrarias e os sapatos dos bailarinos para a cena final. Isso tudo sem contar que os figurinos foram enviados para Minas Gerais para serem bordados. E, como a entrega atrasou, um avião particular teve que ser alugado para buscá-los.

*Chorus Line* era a prioridade de todos. Até Walter Clark transferiu seu escritório da Faria Lima para o teatro. Ele acompanhava os ensaios, ficava na bilheteria e assistia ao espetáculo.

Tanta dedicação valeu a pena. O musical teve três pré-estreias para convidados, nos dias 10, 11 e 12 de março de 1983, e, em todas, foi muito aplaudido. Em uma delas, a peça foi interrompida vinte vezes por aplausos do público, que, nos dois minutos finais, bateu palmas em pé. A estreia em São Paulo aconteceu no dia 14 de abril, e o espetáculo ficou sete meses e meio em cartaz, com sessões de terça a domingo, sempre com casa cheia.

Minha personagem me lançou como comediante sem que eu me desse conta. Desde a infância, eu não gostava que rissem de mim, e de repente, fazendo a Sheila naquele show, aconteceu um fenômeno: eu abria a boca e as pessoas riam. Eu andava e as pessoas caíam na gargalhada. Sabe aqueles balõezinhos de história em quadrinhos, ligados na cabeça da gente por um monte de bolinhas? Dentro do meu, havia um pensamento: "Mas o que é que estou fazendo pra essa gente rir desse jeito?". As risadas pareciam legítimas, mas ficava sempre a suspeita de que podiam ser de deboche. Afinal, eu estava fazendo duas coisas que não dominava: cantar e representar.

Por isso, os aplausos eram tão recompensadores. Eles me diziam que todo o esforço dos ensaios e das aulas de canto tinha dado certo. Recebi comentários positivos de jornalistas, críticos de teatro, que publicavam meu nome com destaque, porque eu dançava, cantava, representava e fazia rir.

Nas horas vagas, eu namorava. Pena que elas fossem tão poucas. Além do pequeno caso que tive com o pianista Albin Kanopka, que era franzino, feioso e inteligentíssimo, quem mais me tocou foi Raul Gazolla.

Depois do encerramento da temporada paulistana e de uma breve pausa, em dezembro de 1983, partimos para a temporada no

Rio de Janeiro. Walter Clark reservou um vagão de trem na antiga Rede Ferroviária Federal e fomos todos juntos, o elenco todo. Foi uma farra — e mais uma genial sacada dele. Como todo grupo que convive dia e noite, o elenco tinha algumas arestas para aparar, e aquilo funcionou. Fica a dica: se algum dia você tiver problemas de convivência na família, na escola, no trabalho, na turma de ioga, bota todo mundo junto em um vagão de trem durante oito horas. Quando chegarem, vai estar tudo bem.

Agora, perceba o aperto da agenda do final de 1983:

**11 de dezembro** — domingo
Saímos da Estação da Luz, em São Paulo, à noite.

**12 de dezembro** — segunda-feira
Chegamos ao Rio às oito horas.

**14 de dezembro** — quarta-feira
Início dos ensaios na Unirio.

**2 de janeiro de 1984**
Estreia de *Chorus Line* no Teatro Tereza Rachel.

Tive que arrumar uma brecha na agenda para fazer aniversário e completar dezessete anos no dia 23 de dezembro.

Estreamos no Teatro Tereza Rachel encantados com a repercussão do espetáculo. Tudo no Rio, aliás, era potencializado. Muitos famosos iam assistir às sessões, como artistas, jornalistas, diretores, empresários e, como se dizia na época, o "*high society*". Sempre tinha um convite para fazer alguma coisa depois do espetáculo, um bar, um jantar ou uma esticada ao famoso *nightclub* da época, o Hippopotamus. O Rio era uma festa.

Além da consagração de *Chorus Line* em si, também passei a ser sempre citada na imprensa. Nunca tinha visto meu nome tantas vezes em jornais, revistas, sempre mencionando que eu era a mais jovem do elenco. Hoje, mesmo tendo feito mais de seiscentas capas de revista e incontáveis fotos e entrevistas, ainda me lembro da emoção que sentia sempre que via uma foto minha publicada com meu nome embaixo.

Eu amava tirar fotos e me ver nelas. E sempre achei algo muito fácil de fazer, muito natural, até o dia em que recebi um convite para um ensaio nu para a revista *Playboy*. Não foi tão fácil quanto pensei que seria.

Fui capa da edição de março de 1984, mas fui convidada ainda em 1983, quando assinei o contrato e fiz as fotos, na pausa depois da temporada paulista do espetáculo. A primeira coisa que fiz depois de receber o convite foi consultar minha mãe, que aprovou a ideia, me apoiou e disse que seria importante para minha carreira. Walter Clark, oficialmente meu tutor (já que eu era menor de idade), assumiu a parte jurídica para que eu fizesse o ensaio antes de completar a maioridade. Tudo parecia perfeito.

Um dos meus pedidos à revista foi fotografar nas dunas de Genipabu, uma das atrações turísticas próximas a Natal, capital do Rio Grande do Norte. Eles aceitaram e contrataram um dos maiores fotógrafos, J. R. Duran, para o trabalho. Depois eu soube que o próprio Duran tinha sugerido que eu fizesse um ensaio para a revista após me ver em *Chorus Line*.

Achei que ia ser divertidíssimo e muito fácil. Por ser bailarina, desde que nasci sempre tive uma relação totalmente natural, livre, com meu corpo. Não que eu fosse nudista ou andasse sem roupa pelos campos, mas nunca senti nenhum tipo de pudor corporal. Chegando às dunas de Genipabu para a primeira sessão de fotos, Duran pediu que eu começasse vestindo um lenço e fosse tirando o dito-cujo aos poucos. Só que eu travei! Comecei a chorar e disse que não ia conseguir. Entrei em pânico e não queria mais fotografar. Minha vontade era de desistir, mas lembrava que tinha assinado um contrato. Duran tentou me acalmar, teve a maior paciência do mundo comigo, mas foram três dias de tentativas fracassadas.

Foi a produtora Dulce Pickersgill quem salvou o ensaio. Ela teve a ideia de me levar para um estúdio de dança, que era meu hábitat natural. Realmente, embora belíssima, Genipabu não era "minha praia", e nas areias das dunas eu me sentia, literalmente, um peixe fora d'água.

No estúdio, eu podia me mover, dançar, suar; assim, tirar a roupa seria apenas uma etapa da "coreografia" que se transformaria em fotografia. Deu certo. Ficou uma coisa meio *Flashdance* e tudo transcorreu sem nenhum problema. Pelo menos até aquele momento. Porque eu já intuía que, depois de publicadas, as fotos teriam consequências ruins para mim, para minha mãe e, principalmente, para a academia de dança dela.

— Deixa que eu resolvo — foi tudo o que minha mãe comentou.

Resultado: ela perdeu 90% dos alunos. Todos os pais e mães tiraram suas filhas e filhos da academia. Os comentários moralistas eram do tipo "Pronto, agora virou prostituta" e todas as suas variações.

Dona Odette foi incrível nesse episódio. Segurou a onda, nunca me culpou nem me cobrou por nada e ainda mostrou a força de seu feminismo libertário, dizendo:

— Vamos em frente. É isso mesmo. Se essas pessoas saíram, não era para ficarem na minha escola. Essa gente também não me interessa.

A visão conservadora não era só dos pais e mães de alunos da escola de dança em Campinas, mas dos anunciantes. Fui rejeitada em muitas campanhas publicitárias por ter sido capa da *Playboy*. Uma diretora de elenco que sempre me indicava para fazer campanhas chegou a dizer com todas as letras na minha cara:

— Maria Claudia, você deveria procurar outra coisa para fazer. A televisão não gosta de você. Seu nariz é esquisito, você... não tem "cara" de televisão.

Ela disse isso assim, com essa frieza, para uma jovem de dezessete anos. Se não foi falta de profissionalismo, foi, pelo menos, de uma crueldade sem par.

Saí de lá desnorteada. Se eu não tivesse apoio familiar, sanidade mental, força de vontade e certeza dos meus sonhos, teria desistido da carreira.

Nesse ponto da minha vida entra, então, em cena, nosso amigo carma, esse querido. Muito tempo depois desse episódio, ela cruzou comigo novamente em uma gravação. Ela dirigia o elenco em uma campanha para a qual fui convidada como a protagonista; era da Staroup, uma marca de jeans muito conhecida na época. Era um comercial com um "cabo de guerra", com homens e mulheres vestindo apenas calças jeans, sem blusa, uma coisa sensual e bem ousada. Eis que a tal diretora de elenco me vê e diz:

— Claudia!

E eu:

— Claudia, não. Maria Claudia. Aliás, você disse uma vez que eu devia desistir da televisão, porque a televisão não gostava de mim. Que coisa, né? Olha eu aqui fazendo uma campanha para a TV! Agora, posso pedir um favor? Você poderia se retirar para eu gravar o comercial?

Hoje eu não agiria assim de jeito nenhum, mas foi o que fiz. Tive um ataque de "estrelismo", talvez pela minha pouca idade e pela falta de entendimento real do que fosse ser uma estrela, uma artista que brilha porque transmuta em luz o amor que recebe do público.

De qualquer forma, as estrelas estavam iluminando meu caminho, e eu continuava fotografando para campanhas, gravando comerciais, namorando e fazendo apresentações de *Chorus Line* nove vezes por semana, totalmente envolvida por meu trabalho, sem saber que meu coração seria arrebatado por uma paixão chamada Carnaval. Abram alas que eu quero passar! A Beija-Flor vai entrar na avenida da minha vida.

# PAIXÃO TÃO LOUCA QUE ARREBATA

Beija-Flor: minha escola, minha vida, meu amor.

Recebi muitos títulos na minha carreira: Musa do Verão, Rainha da Primavera, Primeira-Dama do Teatro Musical... Nem me lembro de todos eles. Mas alguns títulos, especialmente aqueles referentes ao Carnaval, são realmente inesquecíveis.

Digo isso com conhecimento de causa, pois, quando completei trinta anos desfilando pela Beija-Flor, fui escolhida pela comunidade para receber o título de Madrinha da Escola, uma homenagem que me tocou profundamente. Foi a consagração de uma paixão pela comunidade de Nilópolis, pelo trabalho social da escola, pelo querido Anísio Abraão, meu padrinho de casamento, e por toda a sua família. Meu caso de amor com a Beija-Flor, sim, merece um bom título, o de "O casamento mais longo da minha vida".

A primeira vez que desfilei no Carnaval foi no dia 18 de fevereiro de 1985. Fui convidada pela Beija-Flor para ser destaque no carro abre-alas da escola, como a Eva do Paraíso. O tema era "A Lapa de Adão e Eva", do icônico carnavalesco Joãozinho Trinta. Eu estava bem animada para desfilar no Sambódromo da Marquês de Sapucaí com minha fantasia, que consistia em uma espécie de *body* de corpo inteiro, feito de meia arrastão bege, com alguns apliques de lantejoulas douradas nas funções de tapa-sexo e tapa-mamilos. Afinal de contas, eu era Eva, e era natural que os adornos dos meus cabelos fossem maiores que minha roupa. Digo cabelos como forma de expressão, porque, além dos meus fios naturais, havia perucas e mais perucas compondo um penteado gigantesco assinado pelo *hair stylist* mais famoso dos anos 1970 e 1980, o maravilhoso Silvinho, o "cabeleireiro das estrelas".

Dois dias antes do desfile, no sábado de Carnaval, fui à tradicionalíssima Feijoada do Amaral, promovida há mais de quarenta anos pelo "rei da noite carioca", Ricardo Amaral. O evento é conhecido por seus convidados ilustres: socialites, empresários, artistas nacionais e internacionais. Em 1985, estavam lá a modelo e atriz Florinda Bolkan, o compositor francês Michel Legrand, o ator Robert de Niro e aquele que seria Adão e faria par comigo no carro abre-alas, o ator Alexandre Frota. Fomos apresentados naquela tarde, e você já sabe no que isso deu.

O primeiro desfile da vida a gente nunca esquece, e o meu foi realmente marcante. O Sambódromo, projetado pelo arquiteto Oscar Niemeyer, havia sido inaugurado um ano antes e estava lotado.

Quando vejo fotos antigas daquele dia, percebo pelo meu sorriso que eu estava em êxtase. A Beija-Flor não foi campeã, mas de cara ganhou meu coração. Outra coisa que se pode perceber pelas fotos é que Adão parece bem interessado em morder a maçã e cometer alguns pecados bem originais com Eva.

Alexandre era um jovem muito bonito, divertido e sedutor, mas infelizmente eu não entendia nada do que ele dizia, porque ele tinha um falar muito carioca, quase um dialeto local que dificultava um pouco a interlocução com uma garota paulista de Campinas. Toda vez que Alexandre falava, eu pensava: "Alguém traduz o que esse menino tá falando, por favor? Não consigo entender nada".

Mesmo assim começamos a sair, ainda sem namorar. Minha irmã Olenka ficou amiga de Alexandre e tem boa parcela de responsabilidade na nossa aproximação. Foi ela quem deu a ele os "dez mandamentos" para me conquistar. Ou seja, Eva, Adão, maçã, dez mandamentos, tinha que terminar em um encontro bíblico.

Eu ainda estava apaixonada pelo Jô, mesmo tendo levado um fora, e não queria me envolver com ninguém. Só me esqueci de que, especialmente aos dezenove, a gente não controla o corpo nem a mente, o coração, e muito menos a libido.

O tempo passou, eu continuei não entendendo muito do que Alexandre dizia, mas a atração física falava mais alto, e, quando vi, estávamos casados. Passamos alguns anos juntos e mais alguns outros tentando a separação, que terminou em um litígio muito complicado, com direito a momentos de grande fiasco, como a audiência em que, diante do juiz que falava comigo, Alexandre atirava bolinhas de papel na minha cara, como se estivesse na última fileira da sala de aula da quinta série.

Depois de três anos de vaivém, finalmente nos divorciamos, em 1989. Já meu casamento com a Beija-Flor continua até hoje, e as explicações para isso são muitas, a começar pela época em que essa relação começou. Era um tempo em que as pessoas tinham sua escola de samba e com ela permaneciam a vida toda de forma fiel, exatamente como se tem um time de futebol para a vida inteira. Não existia esse conceito de sair na escola só para aparecer no Carnaval e, no resto do ano, não ter nenhuma interação com a comunidade. A Beija-Flor não é uma escola de celebridades, tanto é que só quatro pessoas mais conhecidas saem todo ano: José Bonifácio de Oliveira Sobrinho, o Boni, Zico, Edson Celulari, que eu apresentei para a escola, e eu.

Nessas três décadas de Carnaval, fiz de tudo na minha Beija-Flor. Saí no chão sambando na avenida, em cima de carros alegóricos, desfilei em carros abre-alas e participei da comissão de frente. Já até improvisei na Sapucaí quando um carro em forma de cavalo quebrou. Minha paixão pela Beija-Flor contagiou também minha família: Enzo saiu com o pai na bateria, os dois já ficaram com Anísio na ala da diretoria, e houve um ano em que Sophia chegou a se preparar para substituir a filha de Anísio, que tinha adoecido, mas que felizmente ficou bem a tempo de desfilar.

Como em toda relação longa, houve também momentos de desentendimento. O mais sério aconteceu com Joãozinho Trinta. O trabalho dele na Beija-Flor foi sempre magistral, e pode-se dizer que a história da escola se divide em antes e depois de Joãozinho. Mesmo quando não ganhávamos, seu Carnaval revolucionava. Em 1989, o mundo ficou atônito com o enredo "Ratos e urubus, larguem a minha fantasia", quando a escola inteira entrou na avenida com alas e carros cheios de lixo, e um Cristo Redentor mendigo escancarando o choque entre o luxo das elites e a miséria dos necessitados. Eu o adorava, mas Joãozinho não era fácil de lidar. Tanto quanto era genial, era genioso.

Em 1988, ele tinha me prometido determinada roupa, mas, na hora da entrega, o traje era outro. Não me importo com mudanças, com problemas de produção; eu sou do teatro, e gente de teatro não tem frescura. Até nas gravações na TV sou assim. Se uma alça do vestido arrebenta, não espero a figurinista chegar: pego agulha e linha com a camareira, costuro na hora e, se não tiver tesoura, ainda corto a linha com os dentes. E Carnaval é teatro, é musical, é show, praticamente uma opereta com uma única apresentação. Eu jamais me importaria se Joãozinho me dissesse que precisou alterar algo no meu figurino. Mas prometer uma roupa e entregar outra não é aceitável. Quando ele me apresentou o figurino totalmente diferente do que eu esperava, eu disse, com toda a sinceridade:

— Joãozinho, não foi isso que nós combinamos. Eu não gostei dessa roupa.

Ele respondeu de forma muito grosseira:

— Se você não quiser, não desfila.

Fiquei transtornada com a forma como ele me tratou e fui falar direto com Anísio, que me deu razão, mas concluiu:

— Eu só não vou conversar com João agora porque vai sair briga e não vai ser bom pro nosso Carnaval.

— Então eu vou sair em outra escola — repliquei. — Fui chamada para ser destaque da Portela.

— Fique livre para ir, vá, sim, não tem problema.

Fui. Subi no carro da Portela, sambei, sorri para o público. A escola ficou em quinto lugar. Mas não tocou meu coração, não era a minha Beija-Flor. Fiz aquilo em um momento de raiva. Hoje, não faria. Eu sou Beija-Flor até debaixo d'água. E posso provar.

Em 2004, o enredo da Beija-Flor foi "Manôa, Manaus, Amazônia Terra Santa: alimenta o corpo, equilibra a alma e transmite a paz". Originalmente, eu sairia como destaque em um carro alegórico com uma roupa laranja e amarela, uma capa enorme de plumas e botas de salto altíssimo. Mas, quando o carro virou para entrar na avenida, o pedestal em que eu deveria me segurar quebrou. Eu só não caí porque Fernando Pagan, meu cunhado, meu anjo da guarda oficial, meu braço direito que está sempre ao meu lado no Carnaval e na vida, imediatamente me segurou.

O problema é que a minha bota não tinha antiderrapante na sola. Eu tentava ficar de pé e, sem o suporte do pedestal, caía de bunda. Caí seis vezes seguidas, parecia cena de desenho animado. Então decidi desfilar descalça, mesmo em meio a um toró. Fernando tentou me alertar sobre o chão ficar cheio de pedaços de fantasias e cacos de espelho de carros alegóricos, mas fui assim mesmo. Entreguei as botas para Fernando e, descalça, entrei na avenida, arrastando uma tromba-d'água atrás de mim. Por sorte, tudo aconteceu exatamente antes do início do desfile, e os jurados não descontaram nenhum ponto. E devem ter achado que os pés descalços faziam parte da fantasia amazônica. De qualquer forma, valeu o esforço, porque a Beija-Flor foi campeã do Grupo Especial.

Outra vitória inesquecível foi em 2011, com o enredo "A simplicidade de um rei". Só não levamos nota dez de ponta a ponta por dois décimos: a nota total da nossa escola foi 299,8 de possíveis 300 pontos. Para homenagear Roberto Carlos, a Beija-Flor levou para a Sapucaí nomes como Erasmo Carlos, Wanderléa, Alcione, Fafá de Belém, Rosemary, Fernanda Abreu, Hebe Camargo e Boni, além de cinquenta alas e 3.800 componentes. Eu me lembro de quando Roberto chegou à quadra, já para comemorar a vitória, e do que ele disse ter sentido quando ouviu o coro de 8 mil vozes da comunidade cantando "Emoções". Roberto sentiu a grandiosidade de uma comunidade comemorando a vitória de um ano de dedicação ao Carnaval e comentou: "Já tive muitas emoções na vida, mas essa foi coisa séria, realmente muito séria".

Minha participação naquele ano foi especial. Anísio Abraão teve a ideia de eu aparecer de surpresa na comissão de frente. Eu ia para a quadra todas as noites ensaiar a coreografia junto com Carlinhos de Jesus e alguns bailarinos, e chegava sempre à meia-noite, quando todo mundo já tinha ido embora, para não ser vista.

No dia do desfile, estava fazendo a novela *Ti-ti-ti* e respondi que não sabia em que horário eu conseguiria ensaiar, já que estava gravando todos os dias.

Anísio comentou que estava me consultando justamente por isso, porque eu teria que ensaiar à noite. Eu abriria o desfile do rei Roberto, como uma surpresa, e ninguém poderia saber que eu estaria na comissão de frente. Concordei, afinal eu não gravava à noite, mas teria que ser algo assim como... "Ensaiar à meia-noite", disse eu, brincando.

— Mas é meia-noite mesmo — confirmou Anísio —, quando todo mundo já tiver saído do barracão, para não estragar a surpresa.

E assim foram meus ensaios. Anísio, que é um amor de pessoa, um dos amigos mais leais e dedicados, como um pai para mim, mandava me buscar com um carro preto de vidros escuros, no qual eu ia escondida até chegar ao local do ensaio. Eu descia do carro, entrava no barracão, e, lá dentro, já estavam me esperando Carlinhos de Jesus, o coreógrafo, e todos os seus bailarinos, já ensaiados. Eu começava o ensaio com eles direto na minha parte. Todos os dias era assim. Ou melhor, todas as noites, que viravam dia.

Para manter a surpresa até o último momento, no dia do desfile fui para a Sapucaí usando uma máscara e com a cabeça coberta por um capuz, parecendo personagem de *Game of Thrones*; era impossível alguém me reconhecer. E chegou o grande momento.

O carro abre-alas consistia em um caminhãozinho de brinquedo, desses de madeira, em tamanho gigante, acoplado a uma plataforma em que havia um imenso rádio antigo sobre um suporte giratório. Esse rádio, na verdade, era uma grande caixa na qual, em um truque de ilusionismo, todos os bailarinos e eu desaparecíamos.

Era assim: um garoto representando Roberto menino subia na plataforma e interagia com o rádio, simbolizando sua paixão pela música na infância. Em seguida, junto com bailarinos vestidos de notas musicais, ele atravessava o painel da frente do rádio, onde havia uma cortina de painéis flexíveis, e entrava na caixa mágica. Então, a caixa se abria e... todos os bailarinos vestidos de notas musicais sumiam: a música tinha ido embora!

O menino saía de lá de dentro sozinho, e a caixa-rádio se fechava. Ele ia até o canto da plataforma e fazia uma oração, pedindo aos céus por inspiração e bênçãos para ter a música de volta. A caixa então se abria de novo, e lá estavam todos os bailarinos vestidos de notas musicais carregando a Musa da Inspiração de Roberto Carlos, euzinha, em um vestido longo, de brilhos e transparências, e um cabelo alto louro, com um arranjo magnífico. O público veio abaixo, prova de que a surpresa funcionara! A coreografia seguia com a gente descendo para a evolução na avenida. Então voltávamos à tal caixa, ela girava e dava a impressão de que desaparecíamos, num passe de mágica.

Fazer o truque dar certo, no entanto, era duríssimo. Para sumir, eu precisava sair do meio da caixa e ir até o canto me arrastando, de quatro, com aquele vestido pesado, todo bordado de pedrarias, e o arranjo enorme do cabelo enganchando em tudo. Daí eu me apertava ali escondida, enquanto a caixa se abria e parecia vazia, para logo em seguida ter de me arrastar de volta até o centro. Ela se abria novamente e eu ressurgia nos braços dos bailarinos. Naquela noite repeti isso catorze vezes! Evoluía no chão, subia na caixa, me arrastava do centro até o canto, ela abria, eu voltava de quatro, ela abria outra vez, eu descia para o chão e tudo recomeçava. Catorze vezes! Dá para imaginar prova maior de amor pela escola?

Uma das melhores coisas que o Carnaval me deu na vida foi poder fazer parte da família Nilópolis e ter a amizade de Anísio Abraão há mais de 35 anos. Eu sei que há muita polêmica em torno do nome de Anísio, mas não vou entrar nessa seara. O que importa aqui é dizer que ele é uma figura importantíssima em minha vida e tenho um grande respeito por ele. O trabalho social que ele faz em Nilópolis é louvável e transformador. Foi ele quem me ensinou que cada cidadão pode ser agente dessa transformação.

Anísio foi meu padrinho de casamento com Frota, e por isso eu o chamo até hoje de "padrinho". Sua segunda mulher, Fabíola, também ficou amicíssima minha e é minha comadre, madrinha de comunhão de minha filha Sophia. Os filhos do casal, Gabriel e Micaela, têm mais ou menos a mesma idade dos meus, de quem são grandes amigos. Somos todos muito grudados, como uma família só.

Anísio assistiu a todos os meus espetáculos, sempre respeitou minha carreira, meu trabalho, acomodando as necessidades da Beija-Flor com meus horários como atriz, e esteve presente em todos os momentos importantes da minha vida, inclusive a maior homenagem que já recebi: em 2016, a escola de samba paulistana Nenê de Vila Matilde me escolheu para ser tema de enredo, "Rainha Raia nas asas do Carnaval", e levou meus trinta anos de carreira para a avenida. Quando contei para Anísio, ele providenciou o envio para São Paulo de várias estruturas de carros alegóricos caríssimas, que só as maiores escolas cariocas têm, para a Nenê usar. E ainda ofereceu um carro para encerrar o desfile.

A homenagem foi uma emoção imensa, só perdeu em importância para o nascimento dos meus filhos. Estava tudo lá. Estavam todos lá. Sophia na comissão de frente, vestida de bailarina, me representando na barra de balé; o musical *Romeu e Julieta* que dancei em Buenos Aires; os carros da Broadway, de *Chorus Line*, *Sweet Charity*, *O beijo da mulher aranha*, das novelas; e o último, aquele cedido por Anísio, inteiro de beija-flores. Minha vida e obra contadas em carros alegóricos e fantasias de passistas, com os integrantes da escola, os meus amigos, mestres e família cantando o samba belíssimo em uma só voz. "São trinta anos de dedicação, nas raias da vida a consagração, Claudia, guerreira, a nos emocionar, e a Zona Leste canta forte para te exaltar!"

Essa é a força do Carnaval. A força de sua gente, das pessoas que fazem o maior espetáculo da Terra para durar apenas um desfile. Como diz outro verso do samba-enredo da Nenê: "É fantasia que dá e passa, paixão tão louca que arrebata".

Sabe outra paixão que arrebatou a mim e ao país inteiro? Uma novela que detém até hoje o título de "a mais assistida da TV brasileira", cujo último capítulo chegou a picos de cem pontos de audiência. Seu nome: *Roque Santeiro*. E eu estava lá.

Ninon e seu lobisomem de estimação.

# *ROQUE SANTEIRO*, MINHA PRIMEIRA NOVELA

A primeira *Playboy* que fiz, edição de março de 1984, foi um marco na história da revista até então: vendeu 300 mil exemplares em dez dias. Foi um recorde pessoal para mim também: meu primeiro cachê que durou mais que dez dias na minha conta. Era o valor mais significativo que eu já tinha recebido, porque meu salário em *Chorus Line*, mesmo "dobrado", mal dava para pagar o aluguel do meu apartamento em Copacabana. Eu morava na rua Souza Lima, na altura do Posto 6, bem perto da Galeria Alaska, onde se localizava o teatro que apresentava o famoso show de *strippers* masculinos chamado "A noite dos Leopardos", da travesti Eloina, espetáculo que vi muitas vezes.

Com o dinheiro ganho pelas fotos para a revista, pude, mais tarde, dar entrada em um apartamento que comprei na Lagoa Rodrigo de Freitas. Foi aí que me dei conta de que eu tinha batido outro recorde: o de maior dívida a ser quitada. Eu teria que "ralar" muito para pagar todas as prestações restantes.

Nunca tive medo de trabalhar; ao contrário, a coisa mais normal para mim é ser chamada de *workaholic*. Sempre tive confiança na minha disposição, na sorte e na minha paixão por novas experiências, o que me rendeu muita versatilidade na profissão. Àquela altura, minha carreira estava se desenhando com uma sequência de trabalhos de grande visibilidade em diferentes áreas: o musical *Chorus Line* no teatro, a revista *Playboy* nas bancas, o quadro com Jô Soares na televisão e o Carnaval da Beija-Flor na Sapucaí. Eu gostava dessa sensação de me encaixar em diferentes lugares, como um curinga.

Veio, então, o convite para fazer um papel na novela das oito da Rede Globo, *Roque Santeiro*, escrita por Dias Gomes e Aguinaldo Silva, que se seguiria a *Corpo a Corpo*. Era uma oportunidade única para crescer como atriz, aprender com grandes estrelas como Lima Duarte, José Wilker, Regina Duarte, Ary Fontoura, Paulo Gracindo, Yoná Magalhães, e ainda mostrar meu trabalho em rede nacional e pagar as prestações do meu apartamento. Aceitei, claro, e já estava animadíssima para começar a gravar, mas havia um detalhe que, como se dizia nos anos 1980, estava me deixando um pouco "grilada". Todos os trabalhos e personagens que eu vinha fazendo até ali — Sheila Bryant, Carola, a capa da *Playboy*, a Eva de *Pecado original* — reforçavam a imagem de "mulher gostosona", de *sex symbol*. Eu não tinha nenhum problema em ser vista como símbolo sexual, mas não queria construir minha carreira inteira em cima disso.

Minha preocupação tinha razão de ser, porque a personagem que eu faria, a Ninon, era uma jovem dançarina de uma boate que tinha o sugestivo nome Sexu's. Meu papel seria bem secundário, praticamente não tinha falas, quase uma figuração de luxo, que serviria de apoio para o papel de Yoná Magalhães, a dona da boate.

A parte da dança, eu faria com um pé nas costas, inclusive no sentido literal, se preciso fosse. Mas, se na dança eu era tarimbada, como atriz eu era estreante e tinha que pegar dicas e conselhos com os atores mais experientes que eu, ou seja, quase todos. Além de mim, só Mauricio Mattar e Patricia Pillar eram estreantes. Alexandre Frota, com quem eu já estava "mais ou menos namorando", também estava no elenco.

As gravações começaram em maio, com um ritmo de trabalho como o de toda novela. Quem assistiu não tinha ideia da complexidade que era gravar 209 capítulos, em uma época em que não havia todos os recursos tecnológicos de hoje. Para começar, a cidade fictícia de Asa Branca foi montada em Guaratiba, um bairro na zona oeste do município do Rio de Janeiro, a uma hora de viagem do centro do Jardim Botânico, onde ficavam os estúdios da Globo.

Além da distância, tinha o calor. Quando o sol nasce em Guaratiba, o calor vai do intenso ao insuportável, e você pede aos céus para que a tarde caia. Mas, depois que o sol se põe, o entardecer traz infinitos insetos prontos para picar, democraticamente, todos os seres, sem distinção de idade, credo, sexo ou classe social.

Algumas gravações eram absurdamente grandiosas. Na edição de 2 outubro de 1985 da revista *Veja*, que trazia *Roque Santeiro* como matéria de capa e referia-se à novela como "a mais bem-sucedida já aparecida no vídeo", o repórter acompanhou a realização do capítulo 87 e destacou que a produção envolveu "quinhentos figurantes, trinta técnicos, vinte atores e atrizes, seis guardas e quinze motoristas". Só para levar os figurantes, foram necessários quinze ônibus. Novela é uma indústria.

Para mim, o trabalho era prazeroso, tudo era novidade, aprendizado e descoberta. Eu queria ser atriz de verdade e esperava ter mais do que só um papel de "gostosa muda".

O primeiro alerta tocou quando eu e Isis de Oliveira fazíamos uma cena em que ficávamos debruçadas em uma janela. O trilho, que é colocado para que a câmera e o *cameraman* deslizem em um carrinho que grava a cena, havia sido montado não na nossa frente, para mostrar nossos rostos, mas atrás. A ideia era que as duas "meninas" da boate exibissem seus traseiros para a dupla de moralistas da cidade, dona Pombinha, vivida por Heloisa Mafalda, e Mocinha, interpretada por Lucinha Lins. Isis tinha alguma fala na cena, mas eu não dizia nada. No ensaio, quando a câmera passou, perguntei para mim mesma: "Que coisa, né? A minha cara está deste lado e a câmera está na minha bunda. Será que fazer novela é isso?".

Naquele momento, tomei a decisão de pedir uma reunião com o diretor da novela, Paulo Ubiratan. Eu não era ninguém, tinha acabado de sair de um quadro de humor do programa do Jô Soares, mas resolvi solicitar uma reunião com ele mesmo assim, porque estava me sentindo desconfortável com a forma como vinha sendo tratada. Marcaram minha reunião para dali a dois meses. Esperei calada. Quando o dia finalmente chegou, despejei meu baldinho:

— Olá, eu vim aqui para perguntar se fazer novela é só mostrar a bunda, porque, se for, prefiro voltar para a linha de shows. Lá, eu aprendo mais, convivo com comediantes maravilhosos, em vez de me exibir sem falar nada. É só isso mesmo?

— Não necessariamente. Começa na bunda, mas, se você tiver talento, um dia a câmera chega na sua cara.

A mensagem era clara. E pensei comigo: "Tenho dois caminhos: ou viro a gostosa e, aos 35 anos, minha carreira acabou, ou me torno uma atriz". Optei por me tornar uma atriz. Foi o caminho mais árduo, mas foi a melhor escolha.

Saí da sala do diretor decidida a fazer meu papel crescer e contando com a característica mais fundamental da minha personalidade: minha paixão por gente, minha vontade genuína de fazer amigos e de me relacionar.

Fiz amizade com Isis, com Yoná, com Ary Fontoura, meu amigo até hoje, e também com Regina Duarte, Lima Duarte, com toda a equipe técnica, as figurinistas, os maquiadores, todo mundo. Aprendi com minha mãe a sempre olhar nos olhos das pessoas, a dar bom-dia, a perguntar como os outros estão. E Walter Clark me ensinou que todos os que trabalham com a gente têm a mesma importância. Na Globo, brincam que Tony Ramos e eu somos os prefeitos do Projac, porque temos esse jeito de chegar como se estivéssemos em casa, cumprimentando todo mundo, da portaria ao estúdio.

*Roque Santeiro* estreou em junho, e fiquei três meses sem dizer nada no ar, como se estivesse interpretando em cinema mudo. Um dia, recebi o roteiro e... aleluia! Eu tinha uma fala, em uma cena com Regina Duarte, que se resumia a duas palavras: "Eu também".

Regina tinha um papel deslumbrante, carismático, engraçadíssimo, que virou um ícone na teledramaturgia brasileira, a Viúva Porcina. Ela tinha dezenas e dezenas de cenas por dia e, no meio de uma de suas falas, dava uma "deixa"; eu entrava, dizia o meu "eu também" e a câmera voltava para ela, que continuava seu texto.

Peguei aquele "eu também" com unhas e dentes, como um náufrago se agarra a uma boia. Eu treinava todas as possíveis inflexões: "Eu também". "Eu (pausa dramática) também." "Eutam bém." "Eu também." "Eu também!!!"

Depois de horas de treino, fomos todos para o *set* ensaiar. Regina começou a fala dela, foi emendando uma coisa na outra e, na hora da "deixa", quando eu deveria entrar, ela seguiu adiante com o texto, atropelou minha vez. Eu ia ficar muda de novo! Desesperada, tive coragem de falar para a Regina Duarte, com vinte anos de profissão:

— Ei, eu tenho um "eu também" aqui no meio, pelo amor de Deus!

Regina caiu na gargalhada. E, muito gentil, respondeu:

— Desculpa, Claudia, não foi de propósito.

Todo mundo começou a rir da minha ingenuidade e do meu desespero, certamente porque também começaram suas carreiras um dia e tiveram suas primeiras falas. Na hora de gravar a cena definitiva, quando chegava a hora do meu "eu também", eu caía na gargalhada, junto com os câmeras e toda a equipe. Ficamos quase uma hora para gravar, com aqueles ataques de bobeira de adolescente. Bem, aos dezoito anos, eu *era* adolescente.

Depois disso, meu papel começou a crescer muito por causa de uma criação de Dias Gomes: minha personagem, Ninon, se encantava por um lobisomem. A novela tinha esse delicioso ar de galhofa, misticismo, mistério e humor. E Aguinaldo Silva ainda incluiu um relacionamento entre Ninon e o delegado de Asa Branca, representado por Mauricio do Valle. A ideia era que o telespectador, vendo aquele homem comum com uma linda dançarina de boate, pensasse "se ele pode, por que não eu?" e embarcasse na história.

Quando a novela estreou, já na primeira semana alcançou 67% de toda a audiência nacional e logo foi virando um fenômeno. Ninon caiu nas graças do público, e eu era solicitada o tempo todo por fãs. Era muito novo e gostoso receber tanto carinho, mas meu salário continuava o mesmo, e meus boletos não paravam de chegar. E as prestações do meu apartamento, ao contrário do Lobisomem, não eram lenda.

A partir de meados de 1985, entrei em uma roda-viva de trabalho. Eu acordava cedo, ia até a Rede Globo no Jardim Botânico, do Jardim Botânico pegava uma kombi e rodava sessenta quilômetros pela rodovia Rio-Santos até Guaratiba, lendo o capítulo do dia. Fazia cabelo, maquiagem, vestia o figurino, ia para o *set*, ensaiava, gravava todas as minhas cenas de *Roque Santeiro*, pegava a kombi de volta para o Rio, passava no meu apartamento em Copacabana para almoçar ou tomar um suco, ligava para minha avó, tomava banho e ia ensaiar uma peça nova no Teatro da Praia. Lá, eu ficava até umas onze horas da noite e saía para fazer shows de dança na Pavuna, em Nilópolis e na Baixada Fluminense. Quer dizer, juntando tudo que eu fazia, eu dançava, cantava e interpretava, mas em três trabalhos diferentes, como em um musical eterno chamado *Ralando para sobreviver.*

Quando havia uma brecha na agenda, eu ia ao salão de beleza Docebeauté. As estrelas do salão eram meu maquiador Gilles, um querido na minha vida, que foi o primeiro amigo que fiz quando cheguei ao Rio de Janeiro, e o cabeleireiro Carlos Armando. Os dois cuidavam da parte do "*beauté*". A parte Doce era a dona do salão, uma portuguesa adorável casada com Manoel, que, por sua vez, foi o responsável pela reforma do meu apartamento da Lagoa e fez um preço supercamarada. E, se não fosse por isso, ela demoraria mais tempo que a igreja da Sagrada Família de Gaudí, em Barcelona, que está em construção há 140 anos, com previsão para terminar em 2026. Se não atrasar, claro.

Com a ajuda de uma imensa rede de profissionais como eles, que se tornaram pessoas essenciais em minha carreira, eu conseguia administrar meu tempo contando os minutos e sempre dando um jeito de encaixar minha malhação na minha agenda apertada. Cuidar do meu corpo e da minha saúde é um compromisso inadiável comigo mesma, sempre foi e sempre será. Quem me ajudava muito naquela época era meu *personal trainer* André Galvão, que durante quinze anos me orientou. Perto do meu apartamento em Copacabana havia uma academia de marombeiros, a única aberta 24 horas, onde eu conseguia fazer minha rotina de exercícios, chegando a dividir o treino em três vezes, para conseguir completar uma hora inteira, ou dividir cinquenta minutos na academia e mais dez minutos fazendo abdominais com Yoná Magalhães no camarim antes de gravar as cenas de *Roque Santeiro*. Meu nível de neurose em relação a não ficar sem treinar chegou ao ponto de eu fazer uma série de abdominais dentro da kombi que me levava para Guaratiba.

No meio dessa maratona, tive uma notícia maravilhosa: minha irmã Olenka e seu marido Fernando estavam esperando um bebê. A família ia aumentar, e eu ia estrear como tia.

E ainda tinha outra estreia: parte da maratona era porque, pela primeira vez, eu ia fazer uma peça de humor no teatro, ao lado de Carina Cooper, Paulo Celestino Filho e José de Abreu. Eu seria a feminista Isabel na peça *Gatão de estimação*, do diretor e cartunista francês Gérard Lauzier, com adaptação de Luis Fernando Verissimo e direção de Cecil Thiré. A peça estreou no dia 18 de outubro de 1985, com os 580 lugares do Teatro da Praia vendidos, o que se repetiria por toda a temporada.

Eu saía do Teatro da Praia umas onze horas da noite, comia e ia com meu produtor Fernando fazer meus shows. Eu começava depois da meia-noite e só terminava lá pelas três ou quatro horas da manhã. Voltava para casa, capotava, dormia por três ou quatro horas e já tinha que ir para a cidade cenográfica gravar a novela. Tudo para pagar meu apartamento.

Eu adorava fazer aquelas apresentações, que a gente chamava de "pacotinho" porque rendiam um pacotinho de dinheiro. Eu levava o playback, cantava ao vivo e dançava, e era tanta gente assistindo que eu simplesmente não conseguia passar pela porta de entrada e saída dos artistas. Lembro que, uma vez, eu tinha feito um show na Para Todos, na Pavuna, e queria ir embora, mas não tinha como passar pela multidão. Nem os seis seguranças davam conta. Vale lembrar que eu estava em uma novela que dava, em média, 74% de audiência. Dava para entender que os shows ficassem lotados.

Então, Fernando teve a brilhante ideia de usar o telhado como saída. Eu não estava acreditando naquilo, mas não era brincadeira:

ele realmente me mandou subir no telhado e, de lá, sair pela rua de trás da casa de shows. Entreguei minhas botas para ele, subi no telhado e fui cautelosamente andando sob sua orientação. Até que desci e consegui ir embora pela parte de trás, onde o quarto elemento de nosso quarteto, o motorista do radiotáxi, esperava Fernando, a fita cassete e eu.

Aquela loucura toda de trabalhar em jornada tripla, fazer campanhas, dar entrevistas, posar para fotos, ensaiar, namorar, ler roteiros e pagar prestações transformou minha vida em um moto-contínuo, com compromissos que arrastaram o final do ano de 1985 e me fizeram entrar em 1986 a mil por hora. Em fevereiro, o Brasil inteiro pararia por uma hora e meia.

No dia 22 de fevereiro de 1986, entre 20h25 e 22h, foi ao ar o último capítulo da novela *Roque Santeiro*. Durante sua exibição, o Brasil literalmente parou diante da TV. Não é exagero dizer isso, porque o capítulo final teve índices de audiência acima de 95%, com picos de 100%. Dizem que há contestações em relação a esses "picos de 100%", mas o fato é que houve até teatros que não fizeram espetáculos nessa noite por falta de público e restaurantes que só começaram a atender depois do final da novela porque não havia clientes. Até gente que não tinha acompanhado a trama parou para ver o fim de *Roque Santeiro*.

Quinze dias depois, eu também parei tudo, porque no dia 8 de março de 1986, Dia Internacional da Mulher, nasceu Kananda, filha de minha irmã Olenka e do Fernando, no Hospital Beneficência Portuguesa de Campinas. Fomos todos para lá, a família inteira em êxtase com a chegada daquela menininha linda, a primeira criança da minha vida, meu grande amor. Kananda desde pequena se revelou carismática, cheia de alegria, e cresceu para ser uma pessoa especial, justa e generosa. Kananda sempre teve muita musicalidade, é uma grande sapateadora e, arrisco dizer, numa família em que Jarbas, eu, Sophia e Kaian (irmão de Kananda) sapateamos e Enzo toca bateria, ela tem os melhores pés para o sapateado e o melhor senso de ritmo. Hoje, sinto que Kananda e eu fomos mãe e filha em outras vidas.

Em abril, a temporada de *Gatão de estimação* terminou no Rio e, imediatamente, começou em São Paulo, de quinta-feira a domingo, no teatro Hilton, até julho. Oficialmente, com o final de *Roque Santeiro*, eu estava sem contrato com a Rede Globo. O diretor Roberto Talma me chamou para fazer uma prostituta em uma novela, e então aquele velho alarme disparou de verdade. Não aceitei o papel. Minha mãe ficou doida comigo.

— Como assim, não vai aceitar o papel? Pelo amor de Deus, minha filha, é mais um ano de contrato com a Globo! Você precisa desse dinheiro!

Respondi, com a maior certeza do mundo:

— Mãe, se eu fizer uma prostituta agora, nunca mais vou me livrar desse estigma.

Parecia que alguém soprava isso no meu ouvido. Eu estava certa de que aquele era o melhor caminho a seguir, mas minha mãe tinha razão em uma coisa: eu precisava daquele dinheiro. Tinha comprado um apartamento na Lagoa e estava fazendo uma pequena obra nele. Continuei fazendo outros trabalhos, como um especial chamado *Cida, a gata roqueira* e uma participação na novela *Cambalacho* (do meu amado Silvio de Abreu), e fui convidada pelo Aguinaldo Silva para fazer uma personagem chamada Edwiges na novela *O outro*, que entraria no ar no ano seguinte.

Foi no meio desses trabalhos que Alexandre eu nos casamos, em dezembro. E, como meu apartamento na Lagoa ainda estava em obras, na volta da lua de mel fomos morar na casa da mãe dele durante alguns meses. Mas aí bateu aquele desespero. Sem um contrato longo e com apartamento para pagar, fui pedir ajuda para Maria Augusta Mattos, a Guta, que cuidava do elenco na Rede Globo. Disse a ela que eu estava precisando de trabalho, me sentindo aflita e com medo de perder o apartamento. Ela pediu que eu me acalmasse e me deu o telefone de um advogado que também era agente de atores, o dr. Sérgio Dantino, que tinha escritório em São Paulo. Ela me deu o dinheiro da passagem de ônibus, agendei uma reunião e fui falar com ele.

Dantino me levou para comer no Rodeio, um restaurante muito badalado e sabidamente caríssimo de São Paulo. Fiquei apavorada só de pensar que teria que pagar minha parte depois de chegar com o dinheiro do ônibus emprestado. Durante o almoço, Dantino foi muito gentil, disse que seria meu agente, que arrumaria trabalho para mim e, para que eu não ficasse aflita, me adiantou uma quantia em dinheiro e combinou que, quando pudesse, eu devolveria.

Fiquei chocada e disse a ele:

— Mas como assim? Você nem me conhece, quer dizer, acabou de me conhecer. Como você me adianta esse dinheiro sem nem saber direito quem eu sou?

— Mas dá pra ver nos seus olhos, no seu jeito, que você é uma pessoa honesta. Gente honesta dá pra reconhecer na cara. Eu tenho certeza de que você vai me pagar. Só preciso que você me dê seus dados para eu começar a te agenciar.

Sérgio Dantino fez tudo aquilo sem que eu assinasse um documento, um contrato, um papel, nada. Fiquei sensibilizada com a confiança que ele depositou em mim, assim como haviam feito Walter Clark e Jô Soares, pessoas que terão eternamente minha gratidão.

O dinheiro que ele me emprestou equivalia a duas parcelas da minha dívida do apartamento, uma que eu já tinha deixado de pagar e outra que já estava vencendo. Fiz um compromisso comigo mesma de que eu trabalharia o quanto fosse para pagar tudo de volta o mais breve possível.

Dali para a frente, entrei em uma fase ótima, inclusive com vários trabalhos que Dantino conseguiu para mim. Eu estava louca para pagar tudo de volta, mas ele não tinha pressa. Às vezes, eu queria entregar o cachê inteiro de um trabalho, e ele dizia que só queria 50% para quitar parte do meu débito, senão eu ficaria sem dinheiro outra vez.

Foi uma longa fase, em que eu sempre fazia teatro, TV e shows ao vivo, além de campanhas publicitárias, festas de debutante e desfiles no Brasil inteiro. Claro que os perrengues também aconteciam.

Lembro-me de uma vez em que fui contratada para fazer um *pocket show* no Acre. Como eu fazia aqueles shows com minha fita cassete, imaginei que seria a mesma coisa. Quando cheguei em Rio Branco, descobri que o local do espetáculo era uma boate. De striptease! Falei para o contratante, um coronelzão com arma na cintura:

— Não posso fazer o show aqui, não tem condição.

— Mas você vai ter que fazer — disse ele. — Porque eu já paguei.

— Eu devolvo o dinheiro, a passagem, tudo, mas não vou fazer — respondi.

Ele botou a mão na arma e insistiu:

— Você assinou um contrato, vai ter que fazer, é o meu nome que vai ficar exposto.

Era claro que eu estava enfrentando um cara barra-pesada, e minha intuição me apontou outro caminho:

— Bom, então não sei o que fazer, acho que só me resta chamar um jornal e dizer que fui enganada, porque o combinado era uma coisa e, quando cheguei aqui, era outra; e que estou me sentindo ameaçada, porque você bota a mão na sua arma para falar comigo. Vou fazer um telefonema para um jornal agora e contar tudo isso.

Se a arma dele era um revólver, a minha era ter acesso à imprensa. Não foi fácil falar tudo aquilo, especialmente porque ele era bem o tipo machista abusivo. Devolvi o dinheiro, mas tive que ficar um dia inteiro na cidade até conseguir a passagem para voltar. Mas engrossar a voz com ele funcionou. Acho que já era Tonhão, meu delicioso personagem no *TV Pirata*, que fincou meu pé no humor naquele fim dos anos 1980. Agora, *bello, bella, segura os meu melão pra mim que eu me vou ali te contar pra você as coisa que eu fiz* quando virei Tancinha.

Minha obstinação capricorniana
me levou a ser uma operária da arte.

# A FÉ ESCALA MONTANHAS

No Piemonte, parte italiana dos Alpes, vive um mamífero da família das cabras-selvagens chamado *Capra ibex*, ou apenas íbex. Lá, em busca de sais minerais, nutrientes essenciais para sua saúde, essas cabras escalam um paredão quase vertical da barragem Diga del Cingino, com mais de cinquenta metros de altura. As imagens são inacreditáveis, porque elas ficam penduradas, desafiando a lei da gravidade.

Na minha vida, a barragem representa as dificuldades; os sais, o meu sustento; e a cabra italiana sou eu, com cidadania e tudo. Sou mesmo uma capricorniana piemontesa que escala esse paredão muito íngreme, quase vertical, lambe o sal, desce e, quando está no chão, só pensa em subir de volta. É a minha natureza.

Em busca do meu salário, uma palavra que, curiosamente, vem do latim *salarium*, do tempo em que os soldados romanos eram pagos com sal, tive que escalar muitas barragens na garra, na unha, nas quatro patas, em geral em cima de saltos altíssimos. É verdade que contei sempre com a sorte, mas, ao longo da minha carreira, muita gente não botou fé em mim.

Em *Chorus Line*, eu era a adolescente que provou que podia fazer o papel de uma mulher madura; em *Roque Santeiro*, a bunda calada que batalhou para ter falas e cair nas graças do público — e também da crítica, porque, naquele ano, pelo meu desempenho como Ninon, recebi da Associação Paulista dos Críticos de Arte, a APCA, o prêmio de atriz revelação.

No programa *TV Pirata*, na Rede Globo, entrei totalmente desacreditada e estigmatizada pela imagem da "gostosona fútil". E tanto foi assim que, inicialmente, eu ia ter o papel de uma dondoca.

A mesma coisa aconteceu com a personagem que mais alavancou minha carreira como atriz popular, a Tancinha, de *Sassaricando*.

Quando Silvio de Abreu me convidou para fazer a novela, chamou também Alexandre, não só porque éramos um casal na vida real, mas porque ele queria fazer um par romântico na trama e achou que seríamos perfeitos.

Silvio me apresentou a personagem Tancinha como uma moça superitaliana do Brás, um dos redutos dos imigrantes da Itália em São Paulo, muito simples, analfabeta, que trabalhava em uma feira livre com a família vendendo melões. Para compor o jeito de falar com sotaque arrastado, típico dos moradores daquele bairro, passei a fazer aulas com uma das melhores professoras de prosódia, Íris Gomes da Costa, que me trouxe gravações de imigrantes italianos para que eu assimilasse seus falares. Além dessas aulas, conversei com feirantes e fui conversar com moradores do Brás, fazendo o que chamamos de "laboratório". No começo, eu achava impossível que alguém se expressasse daquele jeito, como Tancinha, mas aquelas pessoas existiam.

*Sassaricando* estreou em 9 de novembro de 1987, criada e escrita por Silvio de Abreu, dirigida por Cecil Thiré, Lucas Bueno e Miguel Falabella. Já eu, como Tancinha, estreei achincalhada pela crítica. A alegação era que meu sotaque era forçado, que ninguém falava daquele jeito, que a personagem era artificial e irreal. Silvio me ligou e disse para que eu não mudasse nada e continuasse fazendo a personagem exatamente daquela maneira, porque em dois meses o Brasil inteiro não só adoraria Tancinha como falaria do jeito dela. Eu me mantive naquela linha, e, como Silvio previu, em pouco tempo ela virou de fato uma febre nacional.

Durante uma novela, os atores passam quase o tempo todo estudando e gravando diariamente suas cenas, ao longo de meses, muitas vezes por mais de um ano, e só percebem a repercussão do trabalho quando os capítulos vão ao ar. Eu sentia essa aprovação popular de Tancinha quando tinha um tempo para sair às ruas e as pessoas carinhosamente vinham falar comigo, imitando aquele jeito italianado de falar, pedindo autógrafos, brincando comigo. Vale lembrar que, naquela época, não existia internet, sites sobre televisão, muito menos redes sociais.

Portanto, só tive a real dimensão desse afeto por Tancinha quando fui apresentar um bingo beneficente no Estádio Mané Garrincha lotado, em Brasília, três meses antes do fim da novela. Quando entrei no palco, 80 mil pessoas me ovacionaram, ou melhor, ovacionaram a Tancinha de *Sassaricando*. Foi um daqueles momentos de auge, quando a gente lambe o sal da montanha a cinquenta metros do chão.

Eu me dedicava muito à Tancinha, porque o texto dela era quase um dialeto próprio. Eu criava palavras erradas naquele "tancinhês", como "parteleira" para prateleira, e anotava tudo numa "cardeneta", para manter a coerência e a credibilidade da personagem.

Meu horário de decorar os textos era sempre à noite, em casa, mas, à medida que a personagem foi crescendo, algo esquisito começou a acontecer. Toda vez que eu pegava os capítulos para ler, Alexandre me pedia alguma coisa. Eu lia uma página e ele:

— Amor, me traz um suco?

Eu largava o script com o capítulo, me levantava, pegava um suco pra ele, voltava e retomava. Virava a página e vinha outro pedido:

— Amor, pega uma água gelada pra mim?

Comecei a perceber que era recorrente. Todos os dias, sempre na hora em que eu estava estudando para o meu papel, ele me pedia coisas. E eu me perguntava: "Que tanto ele me pede coisas bem na hora em que eu estou estudando?".

Era claro que ele queria desviar minha atenção do trabalho. Mas por quê? Estava incomodado com o sucesso de Tancinha?

Sei que a competição pode acontecer, especialmente quando o casal tem a mesma profissão, no meu caso, dois atores que dividiam a mesma raia. Mas, como nunca fui competitiva, não saberia reconhecer esse sentimento nele. O que eu menos queria era brigar com Alexandre e, por isso, em vez de trazer o assunto à tona e esclarecer aquele comportamento, fiz o que milhões de mulheres imaturas, apaixonadas ou submissas erroneamente fazem: eu me adaptei a ele.

Sem falar nada, mudei meu horário de estudo. Passei a acordar duas horas mais cedo para ler meu roteiro e estudar, trancada no banheiro. Tudo para não estragar meu casamento por causa do sucesso da novela.

Não funcionou. O sucesso de Tancinha tinha saído do controle. Quando saíamos à noite, para qualquer lugar, vinha uma avalanche de gente em cima de mim comentando sobre a personagem, imitando seu jeito de falar, me elogiando pelo trabalho. Alexandre estalava os dedos e dizia:

— Vamos, vamos, vamos!

Toda sem graça, eu pedia licença, dizia um "vou ali e já volto" e ia embora com ele. Era um desgaste enorme, uma trabalheira, eu estava sempre tentando colocá-lo para cima, impedir que ficasse chateado. Ele também fazia sucesso, mas Tancinha tinha virado uma paixão nacional, não tinha como evitar, e nem era o caso de comparar. E ele era meu marido, eu esperava que ele ficasse orgulhoso de mim.

*Sassaricando* me trouxe coisas muito boas, como um contrato de cinco anos com a Globo, com salário todo mês para pagar as prestações do meu famoso apartamento na Lagoa Rodrigo de Freitas — onde eu já estava morando com Alexandre —, e novos amigos, como Marcos Frota. Também me aproximei mais de Edson Celulari, que era meu irmão na novela.

Depois que *Sassaricando* terminou, passei a ser respeitada como atriz e comediante na Globo. Foi uma conquista difícil, porque sempre existiu o preconceito de que uma comediante não pode ser vistosa ou bonita como mulher, como se sua aparência determinasse se pode ou não trabalhar com humor.

Por causa de Tancinha e da mistura feliz de sensualidade e comédia, o diretor Daniel Filho, que, junto com Boni, mandava em tudo na Globo, decidiu que eu entraria para o elenco de *TV Pirata*. Eu, assim como Ney Latorraca.

E lá foram a cabra e o cabrito subir mais uma parede para provar nossas habilidades de alpinistas. Já chegamos sendo malvistos, pois éramos "da dramaturgia", e não "da comédia". O grupo "da comédia" do *TV Pirata* era composto por atores incríveis: Regina Casé e Luiz Fernando Guimarães, ambos vindos da trupe de teatro Asdrúbal Trouxe o Trombone, de Hamilton Vaz Pereira, além de Diogo Vilela, Débora Bloch, Cristina Pereira, Louise Cardoso, Marco Nanini e Guilherme Karam. O diretor do *TV Pirata* era Guel Arraes, que não me queria no elenco (tampouco o Ney). Ficava aquele desconforto de estarmos ali só porque Daniel e Boni mandaram.

Eu já era próxima de Ney havia muitos anos, pois ele fora um dos meus primeiros amigos no Rio de Janeiro. E também da mãe dele, uma mulher incrível, ex-vedete de teatro de revista, que me deu cama, comida e praticamente me adotou nos meus primeiros tempos na cidade. Ela era ótima negociadora e me ensinou tudo sobre contratos. Até hoje sou eu quem negocio os contratos de trabalho do Ney. Uma vez, ele tinha que negociar com o Boni e estava superinseguro. Então, fiz uma "cola" para ele, com todas as coisas que ele teria que dizer pra conseguir um bom contrato. Ney cruzou a perna na cadeira, escondeu a cola no assento e foi lendo tudo o que eu havia escrito, ponto por ponto. Chegou uma hora em que o Boni parou e disse:

— Ney, você tá falando igual à Claudia Raia.

E o Ney:

— Claro! Foi ela que escreveu a cola! — E mostrou o papelzinho para o Boni.

Um dia, no *TV Pirata*, Ney me chamou e falou, com aquele jeito dele:

— Eu e você somos estepes aqui. Estepes — pronunciando "ixxxxxxtépis", com seu sotaque carioca carregado, embora seja santista.

— Eu notei. Eu sempre faço a gostosa e você, o velhinho — respondi.

— Vem cá, eu preciso te contar uma coisa — ele falou, já me puxando para entrar no camarim 100 do Teatro Fênix, que era o da Xuxa.

Ney me botou no banheiro do camarim e fechou a porta, como quem ia contar um segredo. Acontece que na água do vaso do banheiro tinha um cocô boiando. Ele me posicionou de um lado da privada, ficou do outro e disse, muito sério:

— Você está vendo esse cocô? Esse cocô é da Marlene Mattos, e ele vai ser testemunha do que eu vou falar. Anote: Deus existe. E nós dois vamos ser o maior sucesso desse programa. Eu juro por esse cocô. E nós vamos comemorar isso juntos um dia!

Contrariando a tudo e a todos, inclusive Guel Arraes, deu supercerto. O diretor não queria de jeito nenhum que eu fizesse o personagem de uma presidiária lésbica chamada Tonhão, mas eu insisti tanto que ele deixou. E fiz como se fosse a versão lésbica de um Alexandre Frota. No final do ano de 1988, as vinhetas da Globo tinham dois personagens do *TV Pirata*: Tonhão e Barboza, interpretado pelo Ney. Tonhão dizia "Feliz 89!", e Barboza repetia "oitenta e noooooove". Aquele juramento sobre o cocô funcionou mesmo.

Aos poucos, fomos nos integrando um pouco mais, até porque convivíamos todas as segundas e terças-feiras, das dez e meia da manhã até as duas da madrugada. O trabalho era muito gostoso, porque cada um fazia algum quadro em que era protagonista e todos faziam figuração para todos. O ritmo de criação era tão intenso que parecia uma pizzaria: "Sai uma velhinha tarada! Sai uma gostosa desdentada!".

Guilherme Karam ficou muito meu amigo. A gente saía junto todas as noites, falava horas ao telefone, tinha nossos próprios códigos. Eu era a diva que ele sempre quis ter, e ele era o melhor amigo que eu sempre sonhei. Quando Karam começou a fazer espetáculos com Miguel Falabella, como *Sereia da Zona Sul*, fiquei muito amiga também de Miguel, que virou um irmão. Ele sempre foi hilário, uma das pessoas mais cultas e engraçadas que conheço.

Ney continua na minha vida até hoje. Em 2018, ele foi homenageado no Festival de Cinema de Gramado. Larguei todos os meus compromissos, peguei um avião, fui até lá e consegui prestigiá-lo.

Depois de muito tempo de amizade, descobrimos que ele me conheceu quando eu tinha onze anos de idade, quando ele foi fazer um comercial em Campinas no qual eu fazia figuração. Na ocasião, fizemos uma foto juntos, que ele guardou a vida inteira, mostrando para os outros, com orgulho, e dizendo que aquela menina virou "a Claudia Raia". Há pouco tempo, ele me ligou desesperado para dizer que tinha perdido a foto. Ele tinha tanto apego àquela fotografia que resolveu guardá-la dentro de um livro, para que ela não amassasse. Mas não sabia mais qual era o livro. Ney disse que estava abrindo e chacoalhando todos os livros da casa em busca da foto que, aparentemente, desapareceu.

No segundo semestre de 1988, enquanto eu fazia *TV Pirata*, produzi uma peça de teatro dirigida por Wolf Maya chamada *Splish Splash*, de Flávio Marinho. Era uma graça e lotava todas as sessões. Eu nem queria atuar nela, mas Wolf pediu e eu fiz a vilã, Wanda, que namorava o *bad boy* interpretado por meu ex-namorado, Raul Gazolla. A protagonista era Lucinha Lins, minha amiga, que fazia par romântico com Alexandre, meu marido. Não preciso dizer que os dois se odiavam por minha causa, mas depois ficaram amigos.

A peça ia muito bem, o Teatro Ginástico estava sempre lotado. Alexandre e eu tivemos a ideia de criar horários alternativos, com sessões às sete horas da noite, para que o pessoal saísse do trabalho e fosse ver o espetáculo. Ganhamos muito dinheiro com *Splish Splash*.

Mas, se o espetáculo estava em alta, meu casamento estava muito em baixa. Alexandre se envolveu com uma menina do elenco diante do meu nariz, na peça que eu produzia. Era muita falta de respeito, não dava mais para aguentar. Primeiro, saiu a menina, depois eu decidi sair da produção e da peça. Passei o papel para a Monica Torres, que teve de decorar tudo em quatro dias, mas eu não tinha mais condições emocionais de continuar. Entreguei a produção para o Alexandre, não quis dinheiro nem nada. Só quis ir embora.

Ao longo de todo esse processo complicado de traição, com meu amigo Eduardo Martini me avisando sobre o que estava acontecendo, fui convidada pelo cineasta Ruy Guerra para fazer o longa-metragem *Kuarup*, baseado no livro *Quarup*, de Antonio Callado. Eu sempre tinha querido muito fazer cinema, ainda mais com um diretor tão renomado e em um filme que seria rodado no Parque Nacional do Xingu. Ao mesmo tempo, estava apavorada porque tinha medo dos bichos, dos insetos e não queria abandonar as gravações na TV. Ruy insistiu muito, disse que não ia ter bicho nem inseto, e eu aceitei.

Sem nenhum conhecimento da realidade do Xingu, arrumei as malas de acordo com minha fantasia de ser a Meryl Streep em *Entre dois amores*, com roupas em tons cáqui, botas, sapatos e chapéus. Por medo de ficar sem comer, também levei uns canapés e umas pastinhas de camarão e de siri, sem imaginar que a produção era tão gigantesca que um avião exclusivo levava seiscentos quilos de comida por semana para que a equipe se alimentasse.

Nem os índios camaiurás quiseram provar minhas pastinhas. E minha bagagem ficou tão grande que não pôde ser levada comigo no avião e teve que ser enviada depois.

Achei que estaria protegida de tudo, porque tive que tomar vacina contra febre amarela, tétano e febre tifoide, mas, assim que cheguei no Xingu, fui picada por três abelhas e minha mão inchou. O calor era infernal, pois o parque nacional fica no norte do Mato Grosso. Não dava para calçar nem sapatos, quanto mais botas de couro. À noite, eu quase não conseguia dormir, não só por causa dos insetos e do medo de pegar malária, mas também porque tinha muito barulho de bicho e das barracas abrindo e fechando, em uma clara demonstração da alta atividade sexual noturna no acampamento. Eu podia até não gostar do barulho, mas não podia reclamar das minhas instalações, pois, das setenta barracas montadas, a minha era a única dupla, para comportar meu tamanho, minhas pernas e minha bagagem. E ainda tinha um deque.

Um dos índios figurantes, chamado Raul, foi com a minha cara logo que cheguei. Em todo lugar que eu ia, Raul ia atrás. Quando eu ia para o rio Tuatuari para tomar banho, Raul aparecia e me perguntava, interessadíssimo:

— É casada? Tem marido?

Se eu fosse no banheiro, do nada brotava Raul:

— É casada? Tem marido?

Mal sabia Raul que eram perguntas difíceis de responder àquela altura, porque eu estava casada, mas não tinha lá muita certeza se eu tinha marido.

Logo depois de chegar e ser ferroada, pedi para Ruy Guerra para que as primeiras cenas não fossem as de nudez, porque eu precisava me ambientar e, apesar de ninguém acreditar, eu sentia vergonha de filmar nua. Ruy disse que as cenas de nudez estavam programadas para a manhã seguinte. Eu estava apavorada, na verdade, porque, além de ficar sem roupas, eu tinha que fazer cenas dentro de um rio. E rio, no Xingu, é sinônimo de dois tipos de ataque aquático: de piranhas, que já chegam mordendo, e de candirus, aqueles peixinhos minúsculos que penetram em todos os seus orifícios corporais. Eu, que sempre fui uma criatura urbana, que nunca decorei os afluentes nem do lado direito, nem do lado esquerdo do rio Xingu, naquele momento não podia conviver com a ideia de ser devorada por fora e por dentro por causa de um filme. Ruy me acalmou e mudou as cenas para outro dia.

O medo dos bichos não foi embora, mas filmei as cenas no rio, nadei, e tudo isso com Raul me olhando e mentalmente perguntando: "É casada? Tem marido?". No meu primeiro dia de folga, resolvi conhecer uma tribo próxima.

Disseram que seria de bom tom levar uma sacola com pilhas e sabonetes, porque os indígenas querem "*cambirá*", ou seja, trocar objetos por artesanatos e coisas que eles produzem. Disseram também que as índias não têm pelos no corpo, porque usam uma planta para fazer uma espécie de gel que faz com que os pelos deixem de crescer por dez anos. Fiquei interessadíssima na tal planta. Imagine se eu patenteasse esse gel que elimina pelos por uma década? Ficaria riquíssima.

Cheguei à taba com minha sacola para fins "cambiráveis", vi a índia-chefa e fui logo perguntando:

— Oi, como é esse negócio da pastinha que faz com a planta e tira todos os pelos?

Ao que ela me respondeu algo como:

— *Nite ne jawa'iawa ko'ypy.*

Resolvi repetir, porque eu queria muito saber sobre a tal erva depiladora. E ela:

— *Jawa'ipaip ehe'a jajuw a'e.*

Em seguida, ela falou alguma coisa em português, ou seja, a índia devia estar entendendo tudo o que eu dizia e estava me sacaneando. Aí a cabra teimosa que existe em mim botou os chifres para fora, e comecei a insistir muito. E ela foi se irritando. De repente, a índia puxou minha sacola com as coisas que eu levei, indignadíssima, e falei em um tom mais alto:

— Que é isso? Você tá louca?

E puxei a sacola de volta. Ela puxou de novo com agressividade e... enfiou um soco na minha cara!!

Caí nocauteada no chão, onde fiquei, feito um tucunaré defumado. Desmaiada mesmo. Tive que ser arrastada desacordada e com um olho inchado. Ainda por cima, ela levou minha sacola. Quer dizer, na minha primeira "*cambirá*", acabei trocando dois sabonetes por um soco.

O ano de "oitenta e nooooove", como dizia o personagem Barboza, de Ney Latorraca, começava menos promissor do que prometia a vinheta da Globo.

Quando as filmagens de *Kuarup* no Xingu terminaram, ainda havia algumas cenas a serem rodadas em Recife. Eu não estava mais fazendo *Splish Splash*, e a produção do *TV Pirata* estava em férias. Também apresentei o *Globo de Ouro* com César Filho, cumpria minha agenda com participações em programas, fazia comerciais. No horizonte, eu tinha as filmagens de *Boca de Ouro* e o projeto de um novo programa, um show de talentos, ainda em fase piloto, que se chamaria *Não fuja da Raia* e que, depois de ser adiado mil vezes, acabou nunca acontecendo.

Em março de 1989, começaram a sair notas na imprensa que comentavam dois assuntos bem complicados na minha vida: minha amizade com o casal Rosane e Fernando Collor de Mello e minha separação de Alexandre Frota. Era tudo verdade. Eu era mesmo amiga de Rosane e Fernando desde a turnê de *Gatão de estimação* pelo Nordeste, quando conheci o casal em Maceió. No camarim, ele me deu uma camiseta de sua campanha para governador, fizemos uma foto e ficamos amigos. Depois disso, fiz um desfile beneficente na cidade a convite de Rosane.

Nessa época, Collor foi com Rosane ao Rio, para buscar aproximação com artistas que apoiassem sua candidatura para a primeira eleição presidencial direta no Brasil depois do fim da ditadura militar. Fernando, Rosane, Alexandre e eu fomos jantar no Antiquarius, mas a verdade era que esse "Alexandre e eu" já não existia mais.

Nunca traí Alexandre, nunca fiz nada para destruir meu casamento. Ao contrário, sempre acreditei na nossa união e sonhava em reproduzir o modelo dos meus pais, tanto que fiz questão de um véu gigante e uma festa pomposa, exatamente para imitar o casamento de minha mãe, que tinha parado a cidade de Campinas. Eu queria um casamento feliz, amoroso, com filhos, do tipo "até que a morte os separe".

Mas Alexandre era um mulherengo compulsivo, e eu estava cansada de ouvir alertas de amigos e amigas sobre suas traições. Quando minha mãe me parou, na porta de entrada da igreja da Candelária, no dia do meu casamento com ele, e disse "não case com esse homem", ela já devia ter conhecimento disso, pois, como descobri anos mais tarde, ela havia contratado um detetive para saber da vida de Alexandre. Apesar de tudo isso, foi ele quem pediu a separação, o que deu um nó na minha cabeça. Foi uma frustração gigantesca ver, aos 22 anos de idade, meu castelinho de sonhos desmoronando, uma sensação horrível de fracasso.

Fiquei muito mal e me agarrei ainda mais à minha irmã Olenka; ia ao cinema com ela para chorar em seu ombro, porque, no resto do tempo, nem chorar eu podia; tinha que segurar a onda e trabalhar, para que tudo o mais também não desmoronasse junto.

Para piorar, depois de pedir a separação, Alexandre se recusou a deixar meu apartamento. Passou-se um mês, passaram-se dois, e ele ali, entrando e saindo como se nada tivesse acontecido. Aquilo me deixava totalmente transtornada. Peguei todas as roupas dele, desci e joguei tudo na lagoa.

Não na rua, não no lixo. Joguei na Lagoa Rodrigo de Freitas, mesmo. Na água. Foi meu inconsciente revidando aquele dia na lua de mel no cruzeiro pelo Havaí, quando Alexandre jogou todos os meus chapéus no oceano Pacífico.

Quando ele voltou, não encontrou mais nada. Em seguida, troquei a fechadura da porta. Ele não pôde mais entrar, mas o porteiro não tinha sido avisado e deixou que ele subisse. Ele ficou chorando do lado de fora da porta, e eu chorando do lado de dentro. Foi complicado, eu ainda gostava dele, mas não abri.

Alexandre fez da minha vida um inferno. Comecei a sair com outras pessoas, tentando seguir em frente. Certa noite, eu estava jantando com um cara no Baixo Leblon, e ele ficou me procurando pela cidade inteira. Meu *date* pediu uma massa, parecia tudo normal, quando Alexandre surgiu no restaurante, me viu acompanhada e abordou o cara:

— Vem cá, você sabia que está jantando com a minha mulher?

— Eu não sou mais a sua mulher! — retruquei.

— É, sim, porque a gente não assinou o divórcio — disse Alexandre, enquanto enfiava a cara do rapaz dentro do prato de macarrão. Foi horrível.

Em outra noite, eu estava na minha casa com uma pessoa. Às duas da manhã, a campainha tocou. Era Alexandre. Com um coco nas mãos. Certamente, eu tinha esquecido de atualizar meu status marital para o porteiro. E, daquela vez, abri a porta.

— Eu não acredito que você está aqui. Vai embora, Alexandre — falei.

— Deixa eu entrar? — pediu Alexandre.

— Não. Vai embora — repeti —, eu estou aqui com uma pessoa.

— Quem é? Que pessoa? — Alexandre perguntou.

— Vai, Alexandre, são duas da manhã! — insisti.

— Eu trouxe uma água de coco pra você, eu sei que você gosta. — E me entregou o coco.

— Está entregue — respondi, pegando o dito-cujo e fechando a porta.

Começou então um longo período de muito vaivém, brigas, disputas, ele dizendo "não vou assinar o divórcio", eu dizendo "não quero nunca mais ver sua cara" e vendo o rosto e o corpo dele muitas vezes. Entre o começo de 1989 e o documento final de averbação do divórcio ser assinado, com firma reconhecida em cartório, em novembro de 1990, foram quase dois anos de suplício.

Mas em abril tive alguns bons momentos e notícias. *Kuarup* foi o único representante brasileiro escolhido para a mostra competitiva do festival de Cannes, e *Splish Splash* comemorou duzentas apresentações com uma grande e tumultuada festa. Mas eu não estava fazendo novela, o *Não fuja da Raia* não saía, e eu, que não consigo ficar parada, resolvi botar a produtora que existe em mim para trabalhar: fui montar a versão brasileira de *The Little Shop of Horrors*. Com adaptação de Flávio Marinho, direção de Wolf Maya e coreografia de minha irmã Olenka Raia, *A loja dos horrores* era uma comédia de humor negro sobre uma planta que come gente, não no sentido Alexandre Frota do termo, mas no de planta carnívora mesmo.

Eu não queria atuar no musical, até porque não tinha nenhum papel para mim na história. A protagonista teria que ser uma soprano, eu era contralto — e o que eu queria mesmo era aprender a produzir sozinha. Junto com um sócio, comprei os direitos americanos do espetáculo e toda a construção da planta carnívora, que ia crescendo durante o show e devorava todos os personagens. Era uma coisa gigante, e tive que mandar trazer a dita cuja de Nova York até aqui em um avião da Transbrasil. Chamei toda a imprensa para lançar a peça, mostrando que a planta estava chegando direto da Broadway.

O musical em si era muito bom, mas tinha um problema sério: era ingênuo demais para o público adulto e um pouco assustador para o público infantil. O resultado é que foi um fracasso de público. Wolf ficou desesperado, mas, como tínhamos investido muito dinheiro, não queríamos desistir. A atriz Stella Miranda estava querendo deixar o elenco, e Wolf achou que seria perfeito se eu entrasse. Isso aconteceu, mas não mudou nada, a peça não funcionava. Levei minha primeira grande rasteira profissional, despenquei da barragem, mas fiquei ainda mais estimulada a aprender e fazer outras produções.

No final de maio daquele ano, a revista *Amiga* publicou que Alexandre e eu estávamos separados, dizendo que havia dois meses que ele estava morando em um apart-hotel na Barra da Tijuca. Na imprensa como um todo, no entanto, eram os assuntos de trabalho que prevaleciam, como as gravações de *TV Pirata* nos estúdios Renato Aragão com a nova personagem Maria Inspiração, o sucesso de *Splish Splash* e o filme *Matou a família e foi ao cinema*, de Julio Bressane, cujo roteiro eu ainda estava lendo. *Sassaricando* estava explodindo em Portugal, e começou aí uma relação de paixão entre mim e os portugueses. Passei alguns dias muito agradáveis lá na terrinha e em seguida voltei para o Brasil.

E então começou um período diferente na minha vida, quando as notícias do meu trabalho artístico se alternavam com as de cunho político.

Em novembro de 1989, um jornal anunciava minha saída do *TV Pirata* e outro me entrevistava para saber como eu havia conhecido Fernando e Rosane Collor e como era minha amizade com o casal (e ela já era muito próxima). Rosane e eu ficamos amigas, fazíamos eventos beneficentes e saíamos juntas. E Fernando me parecia um bom político. Fiquei bem impressionada quando o conheci, por ele ser jovem, culto, articulado, inteligente. Acreditei de fato nele e por isso o apoiei e emprestei a ele minha imagem, trabalhando de graça na campanha.

O tempo provou o quanto eu e mais 35 milhões de eleitores brasileiros fomos enganados com sua proposta de ser "o caçador de marajás", de combater a corrupção, de ajudar os mais pobres, de fortalecer a cultura. Foi uma das maiores decepções da minha vida e certamente o pior investimento que fiz, porque apliquei tempo, energia, boa vontade e tive prejuízos inenarráveis, tanto no campo artístico quanto no financeiro, jurídico, físico, mental e psíquico.

Fernando Collor de Mello foi eleito presidente do Brasil no dia 17 de dezembro de 1989. Seis dias depois, completei 23 anos e, nos três anos que se seguiram, senti na pele, na carne, no bolso e na alma o que é ser discriminada, desprezada, vaiada e caluniada injustamente.

Posso contar nos dedos de uma das mãos as coisas que me salvaram nesse período: o amor da minha família, o apoio dos amigos, a paixão por meu trabalho, a certeza da minha espiritualidade e a teimosia da minha natureza caprina. O episódio Collor, para o Brasil em geral e para mim em particular, foi desastroso, um verdadeiro abalo sísmico, de derrubar a cabra-alpina do alto do muro da represa.

No entanto, nunca perdi a fé, que sempre me acompanha, essa inabalável fé que, se não remove, certamente escala montanhas.

Tonhão, o presente que me deu a desconstrução da diva.

# A ENTREVISTA DEFINITIVA

Não sei dizer com quantos jornalistas, repórteres e entrevistadores falei no período entre a posse e a renúncia de Fernando Collor de Mello. Nem quantas vezes expliquei as coisas horríveis que aconteceram na minha vida nessa fase.

Assim, para descrever os anos de 1990, 1991 e 1992, nada melhor que uma entrevista-síntese, definitiva, com uma repórter fictícia, em uma conversa inventada, mas que poderia ter acontecido no meu apartamento na Lagoa, no dia 30 de dezembro de 1992.

**Repórter**: Antes de mais nada, parabéns pelo aniversário. Foi quarta-feira passada, você fez 26 anos, é isso?

**Claudia**: Obrigada. Isso mesmo, sou capricorniana do dia 23 de dezembro e, como nasci em 1966, sou Cavalo de Fogo no horóscopo chinês. Por isso sou tão pé no chão, só de patas são oito.

**Repórter**: Bom, Claudia, eu queria começar nossa entrevista falando sobre a data histórica de ontem, com a renúncia do agora ex-presidente Fernando Collor de Mello, diante do impeachment. Você, que o apoiou, que fez campanha para ele, como se sente hoje?

**Claudia**: Eu ainda estou pasma com tudo isso, foi muito traumatizante. Eu me decepcionei muito, junto com os 35 milhões de brasileiros que votaram nele e acreditaram que ele ia combater a corrupção e acabar com aquela loucura toda de inflação galopante. Fiz campanha para ele sem nenhum interesse pessoal, apenas porque ele tinha um bom plano de governo e era um homem inteligente, culto, com experiência política, determinado. E porque éramos amigos. Eu já conhecia a Rosane e ele desde que ele era candidato a deputado federal, e tudo me levava a crer que seria a pessoa certa para ocupar o cargo de primeiro presidente eleito pelo voto direto. E aí ele assumiu; no começo, achei que estava tentando acertar, até que começaram a vir à tona toda essa sujeira, essa corrupção, os esquemas com PC Farias, esse horror. Inclusive, fui a favor do impeachment. Hoje, só quero ver todas essas pessoas que roubaram na cadeia, é isso que eu quero.

**Repórter**: Logo depois que Collor ganhou a eleição, você saiu do *TV Pirata*. Foi por causa da pressão política dos seus colegas ou para evitar o patrulhamento?

**Claudia**: Nenhuma das duas coisas. Saí por causa dos meus compromissos. Não houve nenhum problema com o elenco, nem com direção, nada, sou amiga de todo mundo. Tem até uma coisa curiosa; você está me perguntando de *TV Pirata* e Collor e, na verdade, tem uma ligação entre essas duas coisas, um elo espiritual muito incrível, já que foi por causa do *TV Pirata* que conheci a Cristina, uma pessoa muito importante na minha vida e que acabei recomendando para o Collor.

**Repórter**: Como assim, "recomendando para o Collor"? Quem é Cristina?

**Claudia**: Cristina Fadul, minha mãe espiritual. Foi ela que me apresentou ao budismo. A história é meio comprida, não sei se você está com tempo.

**Repórter**: O tempo que você precisar. Estou aqui para saber de tudo.

**Claudia**: Ótimo. Bom, a Cristina é paranormal, quinto grau Rosa Cruz, uma coisa impressionante. Ela lê cartas, como taróloga, mas é só para não assustar as pessoas, porque, na verdade, ela ouve tudo e fala com os espíritos. Conheci a Cristina pelo Diogo Vilela, do *TV Pirata*, quando eu ainda estava casada com o Alexandre Frota. O Diogo tirava cartas com ela, e, um dia, em uma consulta, ela falou:

— Você tem uma amiga muito alta, magra, muito jovem, que vai se separar, em uma separação bem chata. Mas fala pra ela que tudo bem, porque ela já viveu cinco vidas com esse cara.

O Diogo ficou desesperado, porque logo entendeu que aquela amiga era eu, e perguntou para a Cristina:

— Coitada, mas eu não posso avisar para ela?

— Não, porque não tem o que fazer. Ela vai se separar. Diz para ela que, quando ela estiver mal, para ela vir aqui que eu cuido dela.

E o Diogo, superpreocupado:

— Mas eu vou esperar ela ficar mal?

— Não tem o que fazer, ela vai se separar.

**Repórter**: Mas ele guardou tudo isso para ele ou contou para você?

**Claudia**: Ele guardou para ele, porque a Cristina falou que não ia adiantar nada. Bem, um tempo se passou e, um dia, eu chego no *TV Pirata*, abro a porta do estúdio aos prantos, e o Diogo vem e me pergunta na cara:

— Se separou?

E eu:

— Credo, você estava esperando eu abrir a porta para falar isso?

E aí ele me contou toda a história, de que a Cristina tinha acertado tudo. Ele me deu o telefone dela e eu liguei.

Ela é uma gaúcha superdespachada, uma querida, mas que fala sem rodeios, sem meias palavras, vai logo chutando o balde. Telefonei e falei:

— Oi, Cristina, é a Claudia Raia.

E ela, assim, meio na grosseria, respondeu:

— Já sabia que você ia ligar.

Marquei de me encontrar com ela na hora do almoço. Assim que cheguei, ela já começou dizendo:

— Essa novela que você pensa que vai fazer não vai existir, não vai ter.

Eu ia ser protagonista da novela das seis, Daniel Filho havia me convidado. Fiquei chocada e duvidei:

— Como assim? Já fiz prova de roupa e tudo.

— É, mas vai ser cancelada. E você é amiga de um cara que vai ser presidente da República.

— Sim, o Fernando Collor — falei —, mas ele só tem 2% de intenção de voto.

— Mas ele vai ser presidente, vai mudar este país, se fizer tudo certo. Mas não sei se ele vai fazer tudo certo.

Ela me mandou fazer um mantra budista, o *Nam Myoho Rengue Kyo*, que é o fundamento do budismo, a lei de causa e efeito. Saí de lá chocada, pensando que aquela mulher era maluca. Só que cheguei em casa e tinha um recado do Daniel Filho dizendo o quê? Que a novela tinha sido cancelada. Desde então, nunca mais deixei a Cristina. Ela me guia em tudo que faço na vida. Eu amo a Cristina.

**Repórter**: Mas você contou isso para o Collor, depois que ela previu que ele ia ganhar?

**Claudia**: Lógico que contei. E ele ficou louco, procurou a Cristina imediatamente, e ela passou a ser o braço direito dele. Aonde ele ia, ela ia junto. A Cristina falou todas as verdades na cara do Collor, disse que tinha gente do lado dele que estava indo por um caminho muito errado, que, se ele seguisse por esse caminho, ele ia se dar mal. Ela avisou tudo. E, quando ele começou mesmo a se desviar, ela falou que não ia mais ficar, que lavava as mãos, e se afastou, exatamente como eu me afastei também.

**Repórter**: Nossa, eu nunca tinha ouvido essa história. Mas, então, você e a Cristina acompanharam isso mais ou menos juntas, ao lado do Collor?

**Claudia**: Sim. Ela percorreu tudo comigo, a casa da Dinda, o Planalto, tudo. E isso tudo foi porque o Diogo Vilela me apresentou a Cristina, quer dizer, ele é meu amigo mesmo. Não teve nada de briga política. Tanto é que voltei para o *TV Pirata* em março. Cheguei a levar a Rosane Collor para ver uma gravação. Ela veio ao Rio e queria ver como eram os bastidores e foi supertranquilo, foi bem tratada. A gente está em uma democracia, conquistada a duras penas, todo mundo tem direito de se expressar como quiser.

**Repórter**: Mas teve gente que se expressou dizendo que você teve um *affair* com o Collor...

**Claudia**: Aí não é se expressar, aí é uma mentira, um delírio. Porque eu nunca tive *affair* nenhum com Fernando Collor. Ele e Rosane eram meus amigos; quando eles vinham ao Rio, íamos jantar, ele e Rosane, Alexandre e eu. Mas nunca tive nem teria nada com ele, e, verdade seja dita, ele nunca nem se insinuou ou me cantou. As pessoas inventam coisas na cabeça delas, sempre foi assim, sempre vai ser. Elas veem uma foto em que estou mais próxima dele ou em um ângulo desfavorável, ou abraçando como amigo, e já tiram conclusões, porque querem acreditar naquela fantasia. Eu me esqueci de falar quando estava contando da Cristina: chegaram a oferecer para ela um saco de dinheiro, uma bolsa com 150 mil dólares, para ela dizer se eu era ou não caso do Fernando. E ela falou, com aquele jeito direto dela:

— Primeiro: não é verdade, não existe caso nenhum. Segundo: isso de me oferecer dinheiro para falar uma coisa dessas é um absurdo, isso não existe.

**Repórter**: Disseram também que depois da eleição você viajou com o Collor para as Ilhas Seychelles.

**Claudia**: Olha, sem querer fazer trocadilho, é muita viagem. Teve alguém que até ligou para mim, eu atendi e a pessoa perguntou:

— Ué? Mas você não foi para as Seychelles?

Um absurdo.

**Repórter**: Entendi... E quando o Collor assumiu em 15 de março de 1990 e, no dia seguinte, baixou o Plano Collor, confiscando a poupança, deixando todo mundo com a conta congelada, com 50 mil cruzados novos e nada mais... Isso te afetou?

**Claudia**: Lógico! Afetou a mim e a todos. Eu não tinha dinheiro nem para comprar cigarros. Foi um período bem difícil para mim, em todos os sentidos. Em março, houve o congelamento, eu tinha me separado havia poucos meses, minha avó Ernestina, que me criou e que eu adorava, faleceu, e em junho o Collor extinguiu a Embrafilme. O longa que eu fiz, *Matou a família e foi ao cinema*, com o Neville de Almeida, ficou parado, e em novembro saiu meu divórcio. Só não afetou o filme que eu fiz com o Walter Avancini, a refilmagem de *Boca de Ouro*, de Nelson Rodrigues, porque já estava pronto. O ano de 1990 foi pesado para mim, porque, com tanta coisa, fiquei bem desequilibrada e engordei. Quando comecei a gravar *Rainha da sucata*, eu estava acima do meu peso. Assim, para meus padrões de bailarina, eu estava pesada.

**Repórter**: Mas você engordou a pedido do Silvio de Abreu para fazer a Adriana, não foi? Para fazer a cena da Marilyn Monroe saindo do bolo? Toda a imprensa deu isso, ele mesmo falou.

**Claudia**: Ai, abafa... Bom, vou contar um segredo pra você, e espero que o Silvio não fique chateado quando isso for publicado. Mas, assim, *Rainha da sucata* foi uma das coisas boas que me aconteceram, foi ao ar de abril a outubro, um sucesso, como toda novela do Silvio de Abreu. Outra coisa boa foi que, em setembro, nasceu meu sobrinho querido, o Kaian, filho de minha irmã Olenka e Fernando Pagan, que é meu braço direito. Foram duas coisas boas de 1990.

Mas, voltando, *Rainha da sucata* foi um acontecimento maravilhoso, eu me sentia em casa, porque estava entre um autor que eu amo, o Silvio de Abreu, e o Jorginho Fernando, meu diretor favorito, uma pessoa que eu adoro. Eu estava emocionalmente desestabilizada com a separação, com a falta de dinheiro, e engordei. Eu estava fazendo jus à capa da *Veja* de abril, que me chamou de "namoradona do Brasil". Aí, quando Silvio me viu, roliça daquele jeito, ele logo percebeu que eu estava desconfortável com aquele peso. Então, teve a ideia de dizer que tinha sido um pedido dele para que eu engordasse, para ter uma barriguinha e ficar menos bailarina e mais Marilyn Monroe. E ainda capitalizou isso para dizer como eu era corajosa como atriz para engordar e fazer o papel. Era segredo até agora...

**Repórter**: Olha! Eu mesma acreditei... mas, na posse do Collor, você parecia magra...

**Claudia**: E lá vamos para o Collor de novo... Bem agora que eu estava falando de trabalho! Sem problemas, vamos lá. Sim, eu já tinha emagrecido, na base da dieta e de muita malhação. É que a posse do Collor foi em 15 de março, e essa cena da Marilyn foi gravada em fevereiro, na boate Gallery, a gente grava sempre adiantado. Então, deu tempo de voltar ao meu peso de sempre para a posse.

**Repórter**: Entendi. Agora, Claudia, vamos falar um pouco do grande sucesso que é o seu espetáculo *Não fuja da Raia*, que você produziu e protagonizou. Você acha que esse é o trabalho mais importante da sua vida?

**Claudia**: Bom, da minha vida até aqui, porque eu só tenho 26 anos... Mas acho, sim, porque o *Não fuja da Raia*, nome que o Boni criou para ser um programa infantil, eu ia apresentar aos sábados na Globo e acabou não acontecendo. O Boni, aliás, sempre dizia que brasileiro não gostava de musical, que aquilo não ia dar certo, mas me deu o nome mesmo assim.

A verdade é que deu supercerto! Quer dizer, até o Boni pode errar. Mas o *Não fuja da Raia* tem tudo o que eu sou, o que gosto de fazer, que é cantar, dançar e representar, além das pessoas que eu amo, e é um sonho fazer, uma mistura de Broadway com teatro de revista brasileiro, um entretenimento que tem uma produção de primeira e, ao mesmo tempo, é popular. Tem o texto do Silvio de Abreu, que é perfeito; direção do Jorginho Fernando; tem a minha irmã Olenka, que fez todas as coreografias incríveis; o Fernando, que administra tudo pra mim; a Magali, que entrou para a minha equipe no ano passado; tem direção musical do gênio Zé Rodrix; dois atores que são meus amigos maravilhosos, o Eduardo Martini e o Ruben Gabira; além de dez ótimos bailarinos. Eu estreei no ano passado em São Paulo, em fevereiro, e a temporada toda foi perfeita, no Teatro Procópio Ferreira, com filas que davam a volta na rua Augusta e na Oscar Freire, sempre com casa lotada. Depois, em janeiro deste ano, eu estreei aqui no Rio, no Teatro Ginástico, e vamos ficar em cartaz até o ano que vem. E, por enquanto, eu tenho certeza de que é uma das minhas produções mais caras.

**Repórter**: Cara no sentido de querida ou de custosa?

**Claudia**: Os dois! É um trabalho que eu amo e custou caríssimo, porque estreou sem patrocínio. Por causa da recessão, o patrocinador desistiu vinte dias antes da estreia, dizendo que tinha "fechado as torneirinhas". Só consegui montar porque fiz muitas permutas. Para você ter uma ideia de quanto tive que me empenhar para montar o espetáculo, precisei suplicar, de joelhos, por vinte metros de veludo em uma loja de tecidos na 25 de Março.

**Repórter**: Já que você falou em "ficar de joelhos", ouvi dizer que quem ficou de quatro por você foi o Faustão. Vocês chegaram a namorar pra valer?

**Claudia**: Faustão é um amigo queridíssimo, uma das pessoas mais generosas que conheço. A gente não chegou a namorar, por assim dizer, mas se queria bem, tinha muita afinidade. Ele queria muito, mas eu o tinha como amigo e não aconteceu de fato. Ele sempre foi muito galante comigo, muito amoroso, sempre fez coisas lindas por mim. Em um dos ensaios de *Não fuja da Raia*, ele mandou um telegrama cantado, com uma mulher vestida de coração e pessoas tocando violino e cantando "Eu sei que vou te amar"! Os bailarinos todos ficaram parados, olhando pra mim e perguntando: "O que é isso?". Eu adoro o Faustão, adoro a família dele, que é de Campinas, como eu.

**Repórter**: Mas se, por um lado, você tinha muitos pretendentes apaixonados, por outro, o fato de apoiar o Collor deixou uma porção de gente contra você, como, por exemplo, as pessoas que estavam no Festival de Brasília. Você tem problema em falar sobre isso?

**Claudia**: Sobre a vaia, você quer dizer?

**Repórter**: Isso, sobre a plateia que vaiou você. Foi a primeira vez que você foi vaiada?

**Claudia**: Primeira e, se Deus quiser, a última. Foi horrível. Eu fui para o Festival de Brasília com o Neville de Almeida, para divulgar o longa *Matou a família e foi ao cinema*, um filme bem autoral que eu protagonizei com a Louise Cardoso. Eu estava em um festival de cinema em Brasília e tinha feito campanha para o Collor, que tinha extinguido a Embrafilme. Não deu outra: fui vaiada por 3 mil pessoas. Não tinha o que fazer. Pela primeira vez, senti minhas pernas tremerem. Foi bem difícil, mas isso nem foi o pior que me aconteceu. Nada foi pior do que a mentira, a calúnia, que aquele médico irresponsável inventou sobre mim.

**Repórter**: Eu acompanhei isso tudo. O infectologista Ricardo Veronezzi tinha ido visitar o ex-presidente Jânio Quadros no Hospital Albert Einstein, encontrou jornalistas no saguão e disse que você estava com aids, não foi isso?

**Claudia**: O Collor tinha emagrecido muito. Todo mundo comentava, levantava suspeitas sobre aquela perda súbita de peso. E, ao mesmo tempo, tinha aquele boato sobre o qual você me perguntou, de eu ter um caso com ele, e bem nessa época eu estava muito magra, porque o *Não fuja da Raia* tem 26 números musicais e eu havia perdido peso. Então, quando perguntaram para esse médico sobre o Collor estar tão magro, ele veio com a história de que eu era HIV positivo. Disse que eu tinha feito dois exames e ambos tinham dado positivo para aids, que a informação tinha sido transmitida por um amigo, um coronel-médico de Brasília, e pediu para os jornalistas que não divulgassem seu nome, mas que era verdade. Olha a insanidade! Assim que esse senhor lançou essa calúnia, o boato começou a se espalhar. Isso foi no começo de fevereiro deste ano. Eis que eu, que não tinha aids, que nunca tinha feito exame nem nunca tinha pensado nisso na vida, estava em uma feijoada de Carnaval com meu ex-marido, o Alexandre, quando a imprensa chegou me perguntando sobre a doença, sobre os exames, dizendo quando eu tinha testado positivo para HIV, e eu chocada, sem entender nada. Eu só pensava: que exame eu poderia ter feito? Que resultado era aquele? Será que eu estava mesmo doente? Como eu tinha feito um exame de rotina para a Rede Globo, desses que todo funcionário faz, achei que podia ter sido isso e fiquei preocupadíssima. Fui para casa, queria marcar um teste de laboratório, mas levaria duas semanas para ter o resultado. A notícia se espalhou, os jornalistas cercaram meu prédio, minha mãe soube dessa mentira pela imprensa e quase teve um problema cardíaco. A coisa foi se avolumando de tal forma que meu teatro esvaziou, ninguém ia ver o musical, cheguei a fazer o espetáculo para quinze pessoas. Tive que falar com umas pessoas conhecidas do laboratório Bronstein para fazer o exame e ter o resultado rapidamente; deu negativo, claro, e tive que mostrar o exame na capa da revista *IstoÉ*, em várias matérias, para provar que eu não tinha aids. Foi tudo um absurdo, eu não me conformo com esse boato maldoso, porque esse irresponsável prejudicou minha carreira, minha vida, minha família, minha intimidade, tudo. Eu entrei com três processos contra ele, isso sem contar o tanto que ele piorou todo o estigma que já existia contra os portadores do vírus HIV. Nesse processo todo de ser acusada de ser amante do Collor e de ter HIV, houve o episódio de quebrarem meu carro, destruírem tudo, vasculharem todas as minhas contas bancárias, uma agressão, sabe, uma coisa invasiva! Foi um pesadelo, um pesadelo! Felizmente, tenho minha fé que me segura, me levanta e me faz ir adiante.

**Repórter**: Ainda bem! Claudia... você falou em feijoada de Carnaval. Você fez uma plástica no nariz no Carnaval deste ano, meio sem avisar ninguém. Por que quis mexer no seu nariz? Era algum problema para respirar ou só uma questão estética?

**Claudia**: Era estética, psíquica e espiritual, porque aquele nariz não me pertencia! Foi um engano, certeza que era de outra pessoa. Era masculino, mal desenhado, tinha uma ponta pra baixo. Eu falava isso quando namorava com o Jô, e ele achava graça do ódio que eu tinha do meu nariz e recomendou um cirurgião plástico, dr. Marcos Szpilman, que é saxofonista e toca com ele. Jô me levou para uma consulta com ele, que logo fez uma primeira intervenção: colocou uma plaquinha de silicone em L para levantar a ponta, uma coisa facílima de fazer, que deixa uma cicatriz de ladinho e pronto. Melhorou, porque a ponta do nariz não caía daquele jeito, mas o todo ainda não estava bom. Eu continuava reclamando, o Jô falou pra eu ir falar com o dr. Ivo Pitanguy, e eu fui. E aconteceu uma coisa inacreditável: ele disse que não ia operar meu nariz porque era muito arriscado, porque eu era uma mulher grande, de traços fortes, eu não tinha uma carinha, uma boquinha, e não fazia sentido ter um narizinho. Fiquei passada.

**Repórter**: E você foi embora ou ficou e insistiu? Foi ele quem fez sua plástica?

**Claudia**: Fui embora chorando! Se havia uma certeza que eu tinha na vida era de que eu não podia continuar com aquele nariz. Meu amigo Eduardo Martini, que está em *Deus nos acuda* comigo e faz o *Não fuja da Raia* comigo e fez também *Chorus Line*, *Splish Splash*, faz tudo comigo, também tinha um nariz indecente e foi operado pelo dr. Carrato. O nariz dele continuava grande, mas ficou reto, não tinha mais aquela curvatura. Aí, um dia, naquele vai e volta em que eu estava com o Alexandre depois da separação, ele me convidou para ir a um churrasco em Niterói. Eu fui, mas falei:

— Olha, Alexandre, eu tenho espetáculo às seis da tarde no Teatro Ginástico, tenho que estar lá às quatro da tarde. E hoje, especialmente, eu não posso me atrasar, porque a Bárbara Heliodora (que é a maior crítica de teatro do Brasil) vai estar na plateia para escrever uma resenha sobre o espetáculo.

O Alexandre falou com aquele jeitão dele:

— Tranquilo, a gente fica lá uma meia horinha e volta.

O churrasco era na casa de um cirurgião plástico, Wagner de Moraes, e, quando cheguei, fiquei um tanto intrigada ao conhecê-lo, porque ele tinha um carro branco com luzes de neon, estava usando um terno de Tergal, era bem baixinho e praticamente não tinha nariz, pois havia perdido em um acidente. Quando ele me viu, falou:

— Claudia, como você é linda! — E eu fiquei procurando de onde vinha aquela voz, porque ele batia na minha cintura. Mas a frase perfeita foi a que ele disse em seguida: — Eu só mexeria em uma coisinha em você. Seu nariz.

Eu me joguei aos pés dele! E aí ele me levou para o consultório dele.

**Repórter**: Mas você foi do churrasco para o consultório?

**Claudia**: Sim! Ele tem dois consultórios, um em Ipanema e outro em Niterói mesmo, e a gente foi neste. Porque ele tinha uma máquina que quase ninguém tinha, na qual você colocava o rosto e ele projetava o nariz que você deveria ter. Quando eu me vi com outro nariz, pensei: "Agora não tem pra ninguém, eu vou ficar maravilhosa assim, me dá esse nariz agora!". Isso tudo foi em um domingo, e eu marquei com ele já na segunda-feira. A essa altura,

Alexandre me avisa que já eram duas e meia e que eu ainda tinha que voltar de Niterói e ir para o teatro. E eu, que estava encantada com a coisa do nariz, saí flutuando, tranquila até com o horário. Porém, ao chegarmos na ponte Rio-Niterói, vimos que ela estava completamente parada. O tempo passava, e nada de sairmos do lugar. Fui começando a me desesperar. Peguei um lápis preto e um batom vermelho, que era tudo o que eu tinha na bolsa, e fiz minha maquiagem inteira só com aquilo, ali mesmo, dentro do carro, que nem uma louca, enquanto pensava como eu ia sair dali e de que maneira avisaria a produção. O Fernando, que cuida de tudo pra mim, sem notícias minhas, já no teatro, começou a ligar para Cristina, a minha amiga paranormal de quem falei pra você, e telefonou também para o Jorge Fernando, para todo mundo. Para completar meu desespero, eu só pensava na Bárbara Heliodora, na plateia justamente naquela sessão, e eu lá, presa na ponte Rio-Niterói. Enquanto isso, pelo telefone, a Cristina tentava acalmar o Fernando e dizia:

— Calma, ela não foi sequestrada, ela está presa sem conseguir sair, eu estou vendo ela em um lugar de concreto.

Eu fiquei três horas presa naquela ponte, já estava quase enfartando.

**Repórter**: Eu também estou já quase enfartando, Claudia, me conta como você saiu da ponte!

**Claudia**: Conto. Quando eram quase seis horas, eu comecei a vomitar, a passar mal mesmo, de desespero. Enquanto isso, lá no teatro, depois eu soube, o Jorginho foi fazendo um número com o público, entretendo a plateia, para ganhar tempo. De repente, eu vejo uma moto na ponte. Não tive dúvidas: saí do carro, me joguei na frente da moto, falei para o motoqueiro que eu dava meu anel, meu relógio, dinheiro, qualquer coisa, para ele me levar na garupa para o Teatro Ginástico. Ele falou:

— Sobe.

Eu subi e gritei:

— Vai!

Larguei Alexandre no carro no meio do congestionamento. Cheguei às seis e meia, vesti o figurino em três minutos e, com a maquiagem que eu fiz no carro mesmo, entrei em cena, nem sei como. Eu não sabia se meu coração estava parado ou disparado. E fiz o espetáculo normalmente. Nunca tinha me acontecido nada parecido.

**Repórter**: Mas e o nariz?

**Claudia**: Então, na segunda-feira, que já era o dia seguinte, fui ao consultório dele em Ipanema, meio escondida, daquele meu jeito bem incógnito, com um macacão pink da Glória Coelho, uma sandália altíssima do Fernando Pires, cabelão e levando a tiracolo meu amigo Eduardo Martini. Eu o carreguei comigo porque a ideia era dizer que ele ia se operar, não eu. Quando a gente chegou, a secretária ficou toda confusa, porque a ficha dizia que eu era a paciente, mas eu falava que era o Eduardo. A gente entrou, marquei o dia da cirurgia e disse para o Eduardo que ele ia operar também, que eu estava oferecendo para ele de presente. Ele ficou passado, falou que não queria, que já tinha feito o nariz, mas eu insisti, disse que não estava bom e o convenci a fazer a cirurgia no mesmo dia que eu. Ele aceitou e marcamos. Adivinha quem levou a gente para a cirurgia? Exatamente, Alexandre Frota. Eu não contei pra ninguém, nem pra minha mãe. Fui, operei, e, em seguida, o Eduardo operou. Quando eu acordei da anestesia, Eduardo estava comendo um sundae, como se não tivesse acontecido nada, e eu vomitando, com dor de cabeça, toda cagada. Tentei me levantar para ir até o banheiro, pedi ajuda para a enfermeira e, quando me olhei no espelho, achei que eu era um porquinho-da-índia, que o médico tinha errado no arrebitado do meu nariz e acabado com a minha cara! E eu ia sair na Beija-Flor alguns dias depois! Fui para casa me recuperar, estava com a cara roxa, o nariz cheio de tampões. Quando tudo passou, o nariz dele estava uma merda e o meu ficou maravilhoso! Eu não sei se foi o cirurgião que errou o dele ou se foi um assistente dele que fez meu nariz, um oriental que trabalhou como assistente do Pitanguy. Só sei que o meu ficou perfeito, e o Eduardo teve que fazer mais duas plásticas para consertar. Ele odeia essa história, mas a gente ri muito disso hoje em dia.

**Repórter**: Mas você fez uma cirurgia no nariz, sendo atriz, com musical em cartaz, com um médico que você não conhecia e a poucos dias de desfilar no Carnaval?

**Claudia**: Foi exatamente isso. Eu nem conhecia o médico e nunca tinha visto alguém operado por ele. Só sei que, quando encontrei Miguel Falabella no desfile da Beija-Flor, ao subir no carro alegórico, ele me olhou e falou:

— Bebê, fez um nariz, hein?

Eu não queria que ninguém soubesse, mas não tinha jeito. Para esconder as olheiras e os hematomas, fiz uma maquiagem toda verde por baixo, para tirar o roxo, e passei a base em cima. Mas começou a chover, a maquiagem escorreu, eu botava a mão na frente sensualizando e tentando me esconder, para a Globo não me mostrar nas câmeras. Quando cheguei em casa feito um pinto molhado, e ainda no pós-operatório, Eduardo estava me esperando com leite quente, açúcar queimado e própolis, um amor!

**Repórter**: Bom, eu sei que hoje é dia 30 de dezembro, você deve ter mil coisas pra fazer, mas, antes, só mais duas perguntas clássicas, que não podem faltar em uma entrevista. Eu quero saber como está o coração e quais são seus planos para 1993.

**Claudia**: Ah, o coração está sempre bem, igual ao nariz! Mas, para 1993, quero continuar produzindo meus musicais, terminar a novela, fazer cinema, trabalhar muito, amar muito e estar perto de todas as pessoas que amo. Mas a Cristina disse que eu vou encontrar um grande amor de olhos claros e vou ter dois filhos, talvez três...

**Repórter**: Vou acompanhar para ver se a Cristina vai acertar. Muito obrigada, Claudia. Feliz Ano-Novo pra você!

**Claudia**: Eu é que agradeço. Feliz 1993!

Cerimônia budista do meu segundo casamento, com Edson Celulari: simplicidade verdadeira.

# FELIZ AMOR NOVO

Exagerada. Eu era assim, intensa na vida, megalomaníaca no trabalho, excessiva nos looks. Miguel Falabella dizia uma frase ótima sobre meus antigos figurinos:

— Gente, essa mulher não se veste, ela usa trajes típicos!

Ele tinha razão. Nos anos 1980, eu era uma árvore de Natal, uma coisa enorme, com muito cabelo, muito brinco, muito batom vermelho, tudo muito. Aquela menina que fez tratamento para não chegar a um metro e noventa de altura e ficou com um metro e oitenta ainda assim fazia de tudo para ser maior.

Quando os anos 1990 chegaram, trazendo o baque da separação, o impeachment do presidente da República, as vaias, agressões e calúnias contra mim, entrei em um processo de introspecção e autodescoberta que me levou a tirar os excessos. Comecei a me lapidar. Cortei os cabelos bem curtos, emagreci, fui aparando minhas arestas, em um processo contínuo de redimensionamento, e entendi qual era o "espaço" que eu queria ocupar no mundo. Quando me apaixonei por Edson Celulari, em 1993, eu já estava do meu tamanho, do tamanho certo para receber esse novo amor na minha vida.

Quem primeiro conheceu Edson foi minha avó Ernestina, que sempre fora muito fã dele e, quando o encontrou no Teatro Sérgio Cardoso, onde *Chorus Line* estava em cartaz, foi logo se apresentando e fazendo amizade. Edson era casado com a coreógrafa Tânia Nardini, e os dois tinham ido ao espetáculo para ver a irmã de Tânia, Nádia Nardini, que dançava no musical e era minha amiga. Minha avó disse para Edson ficar de olho na neta dela, que dançava muito bem. Isso foi em 1983. Não sei se ele reparou em mim no palco, só sei que não nos vimos e absolutamente nada aconteceu.

Três anos depois, em 1986, Silvio de Abreu me convidou para fazer um papel na novela *Cambalacho*, que tinha direção do Jorge Fernando. Edson tinha um papel importante; e eu, uma pequena participação como a personagem Maria Antonieta Félix y Armendariz, suposta milionária contratada para enganar o personagem do Roberto Bonfim. Fazíamos parte da mesma novela, mas nunca chegamos a contracenar e, assim, não tinha como alguma coisa acontecer.

No ano seguinte, 1987, Edson e eu éramos os irmãos Guel e Tancinha em *Sassaricando*. Como irmãos, atuamos e, como amigos, nos relacionamos. Nada mais.

Em 1990, Silvio de Abreu tinha certeza de que Edson e eu tínhamos uma química e lutou para que atuássemos juntos em *Rainha da sucata*, mas Edson não podia, pois estava em cartaz com a peça *Calígula*, de Albert Camus, e eu acabei fazendo par com Antonio Fagundes.

Dois anos depois, em 1992, Silvio finalmente atingiu sua meta inconsciente de cupido e escolheu Edson e eu como núcleo romântico da novela *Deus nos acuda*, como Ricardo Bismarck e

Maria Escandalosa. Finalmente, tudo começou a acontecer. Sim, porque logo descobri que o amor à primeira vista tem uma prima lerda chamada paixão em câmera lenta.

A novela era uma delícia, com texto de Silvio de Abreu, Alcides Nogueira e Maria Adelaide Amaral, e direção-geral de Jorge Fernando. O elenco era todo estrelado: Glória Menezes, Francisco Cuoco, Marieta Severo, Dercy Gonçalves, Ary Fontoura, Cláudio Correa e Castro, Aracy Balabanian, Louise Cardoso, Diogo Vilela, Marisa Orth, Raul Gazolla, todos meus amigos, além de Jorge Dória, a pessoa que me descobriu no *Chorus Line*, meu "pai" na carreira de TV e que, em *Deus nos acuda*, fazia papel de... meu pai, Tomás. Foi a conjunção cósmica perfeita para que coisas boas acontecessem na minha vida.

Jorge era um grande amigo, uma pessoa divertidíssima, excelente ator e comediante, que, por esse papel, ganhou o prêmio APCA de melhor coadjuvante de 1992. Era também um grande fanfarrão que vivia aprontando com os colegas.

Em junho daquele ano, dois meses antes de a novela estrear, Dória, Edson e eu fizemos uma viagem de seis dias para o Caribe, para gravar 32 cenas da novela a bordo do transatlântico *US Norway*. Na trama, os personagens Tomás e Maria, pai e filha trambiqueiros, estavam no navio porque haviam ganhado a viagem em um sorteio. Ricardo, playboy riquíssimo e elegantérrimo, estava a bordo para se recuperar de uma decepção amorosa. A princípio, ela pensa em dar um golpe nele, mas acaba se apaixonando. Se Maria Escandalosa se apaixonou por Ricardo de uma vez e como um todo, eu comecei a me apaixonar por Edson aos poucos — e pelos pés.

Sim, sou louca por pés, uma podólatra assumida, e, por extensão, também amo sapatos. Sou do tipo que, mesmo em uma situação *caliente*, ao ver um par de pés horríveis, visto a roupa e vou embora. Pé feio é uma das coisas mais brochantes para mim.

Quem sabia dessa minha paixão por pés era meu figurinista Marquinhos, o Marco Aurélio, que trabalhou comigo em *Roque Santeiro*, fez todos os musicais *Raia* e era também muito amigo de Silvio de Abreu e Jorginho Fernando. Ele já tinha me alertado sobre os belíssimos pés de Edson e prometeu que ia colocá-lo de sandálias só para que eu os apreciasse. Marquinhos estava certíssimo. Realmente, além de ser um homem alto, lindo, de olhos azuis translúcidos, Edson tem pés perfeitos.

Veio então, a seguir, o toque de mão, que nem foi por iniciativa minha, mas novamente do Marquinhos. Em um dos dias de gravação, Jorginho e eu estávamos aflitos para acabar as cenas, porque queríamos muito assistir a um musical que seria apresentado naquela noite no navio. Jorginho correu com as gravações para terminar a tempo, mas acabamos bem em cima do horário e, por isso, fomos ao show com nossos figurinos dos personagens, que estavam vivendo um momento de glamour. Eu estava com um vestido verde de veludo lindíssimo e um *bois* de plumas, e Edson vestia um terno *summer* branco chiquérrimo. Marco Aurélio, que estava sentado ao meu lado, pegou minha mão e colocou-a em cima da perna do Edson. Congelei. Naquela época, eu estava solteira, vivendo relacionamentos pelo método da tentativa e erro, buscando encontrar algum acerto no meio de uma ampla amostragem. Ainda estava um pouco confusa sobre meus sentimentos e, sem saber bem o que queria, fiquei ali, com a mão na perna dele, sem fazer nada. Edson, um lorde, colocou a mão dele em cima da minha. Eu já tinha visto os pés e tocado na mão, e todos os quesitos mereciam nota dez.

Seguimos o trabalho e, em outro dia, fomos fazer uma cena na piscina do navio. Com o deque totalmente vazio, eu tirava o roupão e nadava nua. O personagem de Edson, deprimido e de óculos escuros, via aquela mulher sem roupa na água e, quando ela estava para sair da piscina, pegava o roupão e o entregava para ela, de olhos fechados, até que ela o vestisse. Uma outra câmera havia sido montada embaixo d'água, para mostrar minha nudez durante o mergulho, e Jorge Dória ficou observando a cena pelas escotilhas.

Corta para o café da manhã no dia seguinte, na vida real. Eu, morrendo de sono (porque dormíamos três ou quatro horas por noite), de bobes no cabelo, às cinco da manhã, quase cochilando enquanto comia meu ovo, vejo Doria virar e falar para o Edson:

— Você viu que pele tem essa mulher? Parece uma maçã.

Edson, muito comedido, depois de dar duas garfadas em seu prato de ovos mexidos, ou melhor, *scrambled eggs*, respondeu:

— Maçã, não. Pêssego.

Voltamos da viagem e, no começo de agosto, começamos a gravar nos estúdios Herbert Richers, na Tijuca, onde todo o interior do navio, corredores, cabines, estava fielmente reproduzido cenograficamente, pois seria impossível gravar nas apertadas cabines de um navio. Se não cabiam nem um casal e uma chapeleira, imagine uma equipe inteira com luzes e câmeras.

Assim que cheguei, com meu tradicional jeito de cumprimentar todo mundo, da portaria ao *set*, fui avisada de que um ramalhete de flores havia sido entregue para mim. Estranhei muito, porque a novela ainda não estava no ar e quase ninguém sabia que estávamos ali gravando. Recebi as flores, que eram muito diferentes de tudo o que eu já tinha visto, e procurei por um bilhete ou um cartão, mas não havia nada.

Entrei na maquiagem com o buquê e vi que Edson estava lá, sentado na cadeira e sendo maquiado. Aquele homem era nota dez de ponta a ponta: pés, mãos, olhos, estatura, e ainda por cima usava um perfume Davidoff, com um aroma fresco de oceano e notas cítricas de verão.

Cumprimentei todo mundo, e Edson comentou sobre as flores. Eu disse que tinham sido entregues sem cartão, que talvez fossem de algum fã anônimo, e comentei:

— São lindas, mas eu nem sei que flores são essas!

Edson levantou a cabeça, virou-se para mim e disse:

— São de pêssego. — E encostou novamente na cadeira de maquiagem.

Captei imediatamente a mensagem e fiquei quieta. Fomos para o estúdio, e aquele frisson que já vinha acontecendo começou a se intensificar. No dia seguinte, ele me convidou para ir ao Fashion

Mall tomar um café. No terceiro dia, fomos gravar em Petrópolis, no Quitandinha, e ali começou a rolar uma historinha entre nós. Eu já estava querendo saber que nota teria o quesito "beijo na boca", pois na novela só tinham rolado beijos técnicos, que são menos entusiasmantes do que a chupeta que eu perdi em Nova York.

Edson chegou todo sedutor, mas a coisa não se desenvolvia. Conversamos, contei do meu primeiro casamento, da lua de mel, da chapeleira e, na hora de ir embora, veio um beijo na bochecha. "Mas, meu Deus do céu, será que ele é gay?", pensei, porque não fazia sentido um beijo na bochecha àquela altura do campeonato. De gay, porém, ele nunca teve nada. Era apenas discreto, não queria se envolver com seu par romântico na novela para não atrapalhar o trabalho.

No dia seguinte, acordei com um presente enorme sendo entregue em casa. Era uma chapeleira. Até hoje não sei como Edson conseguiu comprar aquilo com tanta rapidez. Claro, ele era um ator conhecido que tinha acesso a figurinistas e aderecistas na Rede Globo, pessoas que poderiam passar um contato ou o endereço de uma loja especializada, mas vale lembrar que estávamos em 1992 e não existia Google para pesquisar.

A chapeleira era linda, feita de palha, perfeita para o verão. Fiquei sem ar, passada, achei aquele gesto uma atitude de total dedicação. Edson era, de fato, o príncipe encantado e encantador que Cristina havia previsto.

Enquanto eu tentava dar início ao meu conto de fadas, uma história de terror chegava ao final. Lembro que um dia eu estava na maquiagem e alguém me chamou, dizendo:

— Claudia, telefone para você, da Presidência da República.

Fiquei possessa, porque sabia que só poderia ser Fernando Collor, o que era um absurdo, já que eu tinha ido ao Planalto pessoalmente e cortado relações com ele de forma oficial; na visita, havia deixado bem claro que ele tinha se mostrado uma pessoa execrável e que eu não tinha nenhum interesse em continuar sendo amiga dele.

Fui atender ao telefone e ele estava aos prantos, dizendo que ia sofrer um impeachment, que estava arrependido de tudo o que havia feito, que deveria ter acreditado em mim quando eu o avisei e falei das profecias da Cristina e blá-blá-blá. Respondi apenas:

— Não posso fazer absolutamente nada por você porque eu estou trabalhando. — E desliguei.

Quem me conhece sabe que para eu chegar ao ponto de falar nesse tom é porque a pessoa fez algo de muito grave. Foi a última vez que falei com Collor. Voltei para a maquiagem porque, além de ter cenas para gravar, eu tinha decidido que ia agarrar Edson.

Para isso, contei com a ajuda do camareiro dele, um cara maravilhoso que era muito meu amigo. O plano era simples: eu entraria no camarim, o camareiro vigiaria a porta para ninguém entrar e também para Edson não sair.

Colocamos o plano em prática, e, quando entrei, Edson estava com um jeans vermelho, um All Star vermelho e uma camiseta branca, falando ao telefone. Esperei, ele fez um "oi", continuou a falar e desligou. Agarrei-o imediatamente e parti para o ataque. Deixei-o bem desnorteado e, quando estávamos quase chegando na hora H, parei e falei:

— Estou indo. A gente se vê depois. — E saí.

Nem consegui agradecer ao camareiro de tão tonta que eu estava, mas saí com a certeza de que Edson tinha ficado atordoado também. Chegamos a um ponto em que só Deus para nos acudir mesmo.

Depois de dar um *check* em pés, mãos e boca, uma boa geral, a coisa realmente começou a se avolumar, mas ainda demorou uns meses para engatar de verdade. Ainda faltava ganhar o jogo por completo, saindo das preliminares e chegando às vias de fato, mas eu precisava de uma boa desculpa, alguma coisa plausível, que parecesse natural. Tive a ideia de pegar as fitas com os capítulos prontos da novela, que ainda não tinham ido ao ar, para assistirmos juntos na minha casa. Como Jorginho era meu amigo e Silvio, meu cupido, pedi ajuda para os dois. Deu certo.

No aconchego do meu apartamento, aconteceu um longo beijo. Quando achei que, finalmente, eu ia botar meu bloco na rua e a Beija-Flor ia entrar na avenida, ele se levantou e disse:

— Eu vou embora.

— Como assim?!?— perguntei, indignada.

— Porque eu não tenho camisinha — disse Edson.

— Espera um pouquinho — respondi e comecei a procurar um preservativo como uma louca pela casa inteira. Fiquei desesperada, porque, no fundo, eu sabia que não tinha camisinha nenhuma, pois raramente levava alguém para minha casa. Mesmo sendo uma mulher livre, dona do meu corpo, senhora da minha sexualidade e CEO da minha vida, faltava essa, digamos, independência. No meio do desespero, lembrei de uma camiseta que eu usava para malhar e tinha uma espécie de bolsinho, onde estava escrito "em caso de emergência, quebre esse plástico", com uma camisinha dentro. Como era mesmo uma emergência, rasguei o plástico, peguei a camisinha, que estava totalmente ressecada, joguei um óleo mineral Nujol na coitadinha e fui correndo mostrar a coisa velha, oleosa, horrível, para ele.

Aquele homem alto, elegante, ponderado, gentil e, sobretudo, sensato só olhou para minha mão com a desgraça da camisinha pingando e, mesmo reconhecendo todo o meu esforço, falou, com sinceridade:

— Não, né? Não dá. — Ele me deu um selinho e foi embora.

Realmente, não dava, não dei, não demos, não deu. Imediatamente, liguei para minha irmã Olenka chorando, para desabafar e dizer que eu não sabia mais o que fazer. Eu estava totalmente disponível para ele, dando farol verde, e ele só parado no sinal.

Só depois entendi a estratégia do Edson. Ele agiu com muita inteligência. Sabia que eu era uma mulher cobiçada e que, se fizesse tudo o que eu queria, todas as minhas vontades, ele me perderia na mesma hora. Assim, investiu pesado para me deixar enlouquecida, despertando meu desejo, me fazendo ficar apaixonada por ele, para que tivesse uma continuidade. Funcionou. No final de 1992, enquanto Collor renunciava e os desinformados inventavam fofocas, Edson e eu saímos vencedores no nosso delicioso jogo de sedução, sem que quase ninguém soubesse.

Quando chegou fevereiro, Jorginho deu uma semana de folga para o Carnaval, porque estávamos bem adiantados com as gravações. E, então, Edson me mostrou duas passagens para Veneza. Fiquei boquiaberta, não sabia o que fazer, ou melhor, sabia: as malas.

Ele diz que se lembra da minha cara ao empurrar o carrinho quando chegamos ao aeroporto Marco Polo, em Veneza, em pleno inverno, porque no meio das minhas malas Louis Vuitton havia uma chapeleira de palha de alto verão, que destoava do resto da bagagem. Chegamos a Veneza de lancha, direto do aeroporto, desembarcamos e, assim que pisei em terra firme, comecei a espirrar loucamente. Edson ficou apavorado, porque eu realmente não conseguia parar, e perguntou:

— Pelo amor de Deus, o que é que você tem?

— Se até amanhã não passar, é gripe. Mas acho que é alergia, porque aqui é muito úmido — respondi.

Claro que era alergia. Sou muito alérgica a umidade e estava em uma cidade que fica praticamente dentro d'água. Saímos para jantar, e ele disse que tinha algo a me dizer. Fiquei curiosíssima para saber, mas ele não falou nada.

No dia seguinte, fomos jantar de novo. Saímos bem tarde do restaurante e caminhamos praticamente sozinhos pela praça São Marcos, já às duas e meia da madrugada. Ouvíamos nossos próprios passos, tendo apenas alguns pombos como testemunhas dos meus espirros. De repente, entre um passo e outro, Edson pegou a câmera para me fotografar, parou e disparou:

— Quer casar comigo?

Tenho a foto desse momento: eu olhando pra ele, sorrindo e aceitando o pedido. Tínhamos até uma brincadeira de casal: ele dizia que, na verdade, quando fez o pedido, eu espirrei e ele entendeu meu "atchim" como se fosse um "ah, sim".

Em Veneza, Edson também fez questão de me presentear com uma chapeleira de inverno, para combinar com minhas malas. Éramos assim um com o outro, sempre cheios de festas, presentes e produções.

A partir desse momento, nossa relação passou a ser real e oficial. Ele foi conhecer minha mãe, e os dois se encantaram um com o outro. Minha avó Ernestina, que morreu aos 86 anos durante a novela *Rainha da sucata*, dissera que já podia partir porque sabia que minha vida estava encaminhada, que eu tinha uma carreira de sucesso, era forte e que meu grande amor estava vindo. Ela se foi sem me ver junto com Edson, mas previu sua chegada.

Mamãe ficou muito amiga de Edson, e minha irmã Olenka o amou também. Edson é muito família e ficou íntimo de todos, a tal ponto que minha irmã e Fernando viajaram com a gente na nossa lua de mel. Fomos os quatro para a Itália, como não poderia deixar de ser. Tudo nos remetia à Itália. Sempre que viajávamos por qualquer país europeu, passávamos por Roma e, se desse tempo, íamos de novo para Veneza.

Eu também me aproximei muito da família dele. Edson juntou todos os parentes na casa da família em Teresópolis para me conhecerem. O pai dele, Edno Celulari, era um homem muito peculiar, que simpatizava com raríssimas pessoas. Edson tomou o cuidado de me alertar e dizer que, caso seu pai não trocasse nenhuma palavra comigo, eu não deveria levar para o lado pessoal, porque aquele era seu jeito. Pois, assim que cheguei, o senhor Edno começou a conversar comigo e ficamos umas quatro horas batendo papo. Tudo o que ele não falou a vida inteira, resolveu falar comigo naquele dia. Todo mundo ficou chocado, porque ficamos íntimos instantaneamente. Eu me dei bem com todos. Na verdade, amo muito a mãe do Edson, Enoy Celulari, uma avó amorosa com meus filhos, uma pessoa muito querida. Quando eu estava entre essas pessoas, eu me sentia tão à vontade que meu bordão bem poderia ser o mesmo da Maria Escandalosa de *Deus nos acuda*: "Quando eu me espalho, ninguém me junta!".

Lembro que gravamos cenas finais da novela em Cancún e esticamos durante alguns dias até Orlando, junto com Glória Menezes e Francisco Cuoco, uma viagem divertidíssima. Em março, quando *Deus nos acuda* terminou, nosso relacionamento já era público.

Eu continuava trabalhando loucamente, e Edson também era muito ocupado, sempre requisitado. O sucesso da nossa relação baseava-se também nessa compreensão do trabalho de cada um, porque éramos dois atores e, quando se está no ar com uma novela ou em cartaz com uma peça de teatro, o trabalho passa a ser prioridade, porque é um compromisso gigantesco, já que um protagonista não pode ser substituído.

Naquele primeiro semestre, eu já estava ensaiando um novo show, *Nas raias da loucura*, dessa vez em uma versão mais compacta, com apenas cinco pessoas, três cantores, Marcos Tumura e as duas backing vocals, Andrea Marques e Thalma de Freitas, mais dois bailarinos e eu. Era um espetáculo muito coeso e enxuto, com o qual eu viajei para mais de trinta cidades do Brasil. Dito assim, parece simples, mas viajar para trinta cidades diferentes levando cenários, figurinos, elenco, técnica e equipe de apoio é uma operação muito complexa. Antes de a produção chegar, é preciso ter uma pessoa de frente, que no meu caso sempre foi o Carlinhos Dorigatti, que começou como secretário da academia da minha mãe, virou bailarino (porque minha mãe descobriu que ele tinha um pé perfeito para o balé) e, depois de desistir de dançar, tornou-se meu produtor, um "frentista", a pessoa que vai a cada um dos lugares onde os shows vão acontecer e prepara tudo antes, faz a pré-produção, resolve questões que vão desde os hotéis, restaurantes e teatros até a mídia para divulgar o show.

Carlinhos trabalhava diretamente com Fernando, que, além de ser um irmão mais velho, um pai e braço direito, é o rei da logística. Ele é o realizador de todos os meus sonhos e loucuras. Em uma turnê, entre outras coisas, ele faz com que os dois caminhões da produção que rodam pelas estradas com catorze toneladas de equipamentos e meu nome e foto estampados cheguem a todos os destinos, no momento preciso, com tudo pré-calculado e adaptado para cada teatro, ginásio, casa de show, e que absolutamente tudo funcione com precisão quando o elenco chega para os ensaios. Magali Elena é meu outro braço, que sabe de todas as coisas da minha vida e cuida de tudo para mim. Se Fernando é o bruxo que empurra a noite para o dia nascer, Magali é a maga que garante que o sol vai brilhar.

Quando Edson e eu fizemos um ano de namoro, ele me levou para um hotel em Salvador que ficava em cima de um penhasco, com uma vista deslumbrante para o mar. Eu estava em cartaz na cidade, e um amigo baiano indicou o lugar. Edson, então, fez toda uma produção para comemorar nosso primeiro aniversário. Cheguei no restaurante pequenininho, lindo, de muito bom gosto, e fiquei encantada. Quando terminamos nossos pratos, ele sugeriu que pedíssemos sobremesa. Em geral, não curto doces, mas pedi uma mousse de chocolate. Edson já tinha combinado a surpresa da noite com os funcionários da casa. E lá estou eu comendo a mousse, quando coloquei uma colherada na minha boca e senti um saco plástico. Reagi, claro:

— Credo! Que absurdo, um restaurante chique desses com um plástico na mousse!

— Deixa eu ver — disse Edson, pegando o saquinho plástico.

— Não pega, está todo babado de chocolate! — alertei.

Edson, então, abriu e me mostrou um anel de brilhante, que eu quase havia engolido. Ele disse que eu dei um sorriso achocolatado de pura felicidade.

Tínhamos um relacionamento alegre, colorido e tranquilo, diferente do ritmo do meu trabalho. Minha vida profissional era extremamente corrida e, ainda por cima, eu não conseguia dizer "não", muito menos quando recebia convites de diretores como Guel Arraes. Contando com o início de nossa parceria, no *TV Pirata*, trabalhei quase dez anos com ele, fizemos muita coisa juntos, seriados, casos especiais, comédias. Guel me chamava para fazer tantos trabalhos interessantes que conseguiu me afastar das novelas por quase seis anos, o que era impensável para mim. Era ele me chamar, e lá ia eu.

Foi o que aconteceu quando eu estava para estrear a turnê de *Nas raias da loucura*, em Porto Alegre, e ensaiando diariamente. Guel queria que eu fizesse um episódio de *Caso Especial*, "Lisbela e o prisioneiro", mas eu não tinha como ir e voltar para Paudalho, no interior de Pernambuco, onde aconteciam as gravações. Ele sugeriu que eu fizesse todos os closes em uma parede, nos estúdios do Renato Aragão, no Rio de Janeiro, e ele daria um jeito de colocar uma dublê de corpo nas cenas em Paudalho. Aceitei, fiz os closes e, como tudo o que Guel faz, "Lisbela e o prisioneiro" ficou sensacional, mas dei muita risada quando vi o episódio na TV, porque tive várias dublês e, em cada cena, tenho um corpo diferente, ora mais alta, ora mais baixa, às vezes mais gorda, outras mais magra. Felizmente, quem assistiu não notou nada: só a dona do corpo percebe.

Estreei *Nas raias da loucura* em Porto Alegre, com críticas muito positivas e a casa lotada, sempre com notas nos jornais e muitos famosos na plateia, que muitas vezes aplaudia em pé. O musical era moderno e interessante, com trocas de figurino em cena, mostrando os bastidores da produção.

Em seguida, fiz outro trabalho com Guel Arraes, um dos mais bacanas, desta vez um especial de fim de ano chamado *Nunca houve uma mulher como Gilda*, com apenas três atores: Luiz Fernando Guimarães, Marco Nanini e eu. Fazíamos todos os papéis.

Edson e eu estávamos noivos, com casamento marcado para o final do ano, e planejamos uma cerimônia simples, só para pessoas muito íntimas. Mas o senhor Edno estava muito doente, e os prognósticos não eram nada bons. Infelizmente, quando chegou o mês de novembro, ele faleceu, aos 86 anos; diante do nosso luto, adiamos nosso casamento.

No dia 23 de dezembro, fiz uma pequena reunião de aniversário dos meus 27 anos, mas Edson não pôde estar presente, pois estava gravando *Fera ferida*, novela em que era o protagonista. Atencioso como sempre, falou comigo por telefone no intervalo das gravações e me mandou de presente um solitário de diamante.

Passamos o réveillon em Búzios e, no dia 6 de janeiro, voltei à turnê de *Nas raias da loucura*, com apresentações marcadas para Recife, Aracaju, Ilhéus e Salvador. Só fiz uma breve e importante pausa no começo do mês seguinte, porque no dia 5 de fevereiro de

1994, às dez horas da manhã, em uma cerimônia budista no centro Soka Gakkai, em Botafogo, Edson e eu nos casamos.

Nós dois vestimos roupas azuis bem claras, assinadas pela estilista Liz Machado. Eu tinha nas mãos um buquê de orquídeas, sem arranjo nos cabelos, que estavam curtos. Presentes, havia nossas famílias e amigos mais próximos, apenas cinquenta convidados ao todo, e sem cobertura de imprensa. Edson entrou de mãos dadas com a mãe dele, Enoy, e com a minha, Odette. Entre os padrinhos, estavam minha mãe, junto com meu maquiador e amigo querido Gilles Ferreira; minha irmã Olenka e Fernando; os irmãos de Edson, Emílio e Elvira, com dona Enoy. Estavam também meus amigos Jorge Fernando, meu cupido Silvio de Abreu, meu "cocupido" e figurinista Marco Aurélio, Fernando Pires, Eduardo Martini e Raul Gazolla. A recepção foi um brunch japonês no pequeno salão ao lado. A parte surpreendente foi descobrir mais tarde que um dos garçons da recepção era um fotógrafo da revista *Caras* que estava disfarçado para conseguir fotos do casamento.

Cortamos o bolo de três andares ao som de "La barca", de Luis Miguel, tema de amor de nossos personagens em *Deus nos acuda* — e nosso também. Depois da festa, embarcamos para a Europa em uma breve lua de mel, acompanhados de Olenka e Fernando. Foi uma viagem perfeita, na Itália e em Portugal, com hotéis maravilhosos, restaurantes incríveis, tudo tão deslumbrante que, se eu mesma não tivesse vivido tudo aquilo, acreditaria que estava em um sonho.

Durante a lua de mel, cumpri um compromisso de agenda, participando do Carnaval de Sines, no Alentejo, em Portugal. Saí em cima de um carro alegórico minúsculo, vestindo um macacão de lã, em um cortejo que passava pelas ruas da cidade de menos de 15 mil habitantes.

Achei muita graça quando uma revista brasileira noticiou o fato dizendo que no Carnaval de Sines eu não "mostrei meu corpo" porque agora era "uma senhora casada". Faltou avisar o repórter que era inverno, fazia um frio de nove graus, e eu não era "senhora" de ninguém, até porque casei só pelo budismo, não assinei nenhum papel em cartório e continuei com meu nome original.

Na Quarta-Feira de Cinzas de 1994, voltei para minha vida "normal", porque *Nas raias da loucura* estava prestes a estrear em São Paulo.

A rotina de ensaios era insana. Eu fazia uma hora de malhação, uma hora de sapateado, uma hora de vocal, uma hora de dança clássica e quinhentos abdominais por dia. Os dois bailarinos que dançavam comigo, Jorge Teixeira e Adalberto Souza, eram meus parceiros nesses abdominais e, quando completamos 150 mil deles, fizemos uma comemoração. E não eram abdominais comuns! Havia uma pegadinha: para ganhar fôlego e não ofegar durante o espetáculo, criei uma técnica de treinar cantando. Além do nosso "festival de abdominais", tínhamos também um concurso de piruetas. Era uma forma de um estimular o outro para nossa dura rotina e resistir às exigências da turnê.

No palco, meu grande parceiro era Marcos Tumura, um dos maiores talentos da história dos musicais no Brasil, bailarino e cantor da melhor qualidade. Ele começou a trabalhar comigo como bailarino ainda menino, em *Splish Splash*. Era de Curitiba e, todos os dias, chegava com uma mala para os ensaios. Um dia, perguntei por que essa mala estava sempre com ele, e Tumura explicou que não tinha lugar fixo para ficar e o jeito era ir de casa em casa, conforme alguém oferecesse lugar.

O apartamento onde eu morava com Alexandre tinha dois quartos, e, assim, levei-o para morar com a gente. Ele ficou um ano e meio lá, virou quase meu filho, mesmo sendo apenas dois anos mais novo que eu. Um dia, no fim do espetáculo, quando eu estava quase indo embora, ouvi uma voz cantando e perguntei:

— Quem está cantando aí?

— Sou eu, Maria Claudia, eu canto de brincadeira, mas só no chuveiro! —respondeu Tumura.

Era uma voz linda, impressionante.

— Pois a partir de agora você vai cantar no palco — afirmei, e fui embora.

E assim foi. Botei Tumura para compartilhar aquele dom com todos, e ele se tornou a maior voz do teatro musical no Brasil. Fez comigo *Splish Splash*, *Não fuja da Raia*, cantava um solo em *Nas raias da loucura*, fez *Caia na Raia*, *Cabaré*, *Crazy for You*, sempre, sempre ao meu lado. Era meu amigo, meu companheiro de vida, um filho, um irmão. Eu negociava todos os contratos para ele, inclusive em grandes papéis, como Jean Valjean na primeira montagem de *Les Misérables*, Lumière em *A bela e a fera* e o Engenheiro em *Miss Saigon*. Em *Raia 30*, o musical que celebrou meus trinta anos de carreira, foi o narrador, contando a minha história. Seu último trabalho foi *Forever Young*, dirigido por Jarbas Homem de Mello, meu marido. Em 2017, Tumura teve um infarto fulminante e nos deixou.

A década de 1990 toda, na verdade, foi marcada por grandes parcerias que a vida me trouxe ou consolidou. Silvio de Abreu e Jorginho já faziam parte da minha família afetiva e se tornaram ainda mais próximos, naquele nível máximo de sintonia em que um lê o pensamento do outro, uma cumplicidade que se consegue com poucas pessoas ao longo da vida. Silvio tem o DNA da chanchada, foi assistente de Carlos Manga, conhece todos os musicais. Ele revolucionou as novelas das sete, trazendo um humor delicioso, apaixonante e popular. Chamava-me para tudo o que fazia na TV, e o que não podia fazer na televisão, fazia comigo no teatro. Silvio é aquele parceiro que estimula, tira da zona de conforto, provoca com amor para que você cresça na vida. Tenho certeza de que em outra encarnação fui filha dele.

Não foi só o palco que me trouxe grandes parcerias de vida, mas também a plateia. Uma das minhas melhores amigas, Roseli Ramalho, era uma fã que conheci quando fazia *Não fuja da Raia* em São Paulo. Formada como instrumentadora cirúrgica, é uma pessoa muito sensitiva, foi ver várias vezes os espetáculos que fiz e levava a família, os irmãos, sempre prestigiando meus trabalhos. Um dia, ela viu o show e foi embora, não ficou para pegar autógrafos nem nada. A partir daí, ela começou a sonhar por cinco noites consecutivas que eu tinha machucado o pé direito e chorava muito. Roseli decidiu comprar um cristal para me proteger de qualquer acidente. Foi ver mais uma vez o *Não fuja da Raia*, me esperou depois do espetáculo, contou sobre o sonho recorrente e me entregou o lindo cristal, dizendo que eu tomasse cuidado com meu pé direito.

Sempre fico impressionada com essas coisas, porque sou muito espiritualizada. Qualquer coisa que vem do além me deixa atenta. Abracei Roseli, agradeci o presente e, quando peguei o cristal, senti uma energia boa. Ela saiu e fiquei pensando no quanto ela era bonita, com aquele cabelo ruivo. Eu estava quase acabando de atender todos os fãs quando Magali chegou correndo e falando:

— Nossa, que loucura o que aconteceu com aquela moça que deu o cristal pra você!

— Como assim? — perguntei.

— Ela estava indo embora e, quando foi pegar o carro dela, ele estava inteiro arrebentado, todos os vidros quebrados, acho que quiseram roubar o carro e levaram o toca-fitas. Agora o carro está sem vidros e ela tem que ir até a casa dela em Guarulhos.

Fiquei muito apreensiva e intrigada, porque ela tinha acabado de me dar um cristal de proteção e teve aquele incidente. Fernando ajudou Roseli, tirou todos os cacos do carro, se ofereceu para ir com ela até Guarulhos, mas ela não quis e foi dirigindo daquela maneira mesmo. Fiquei com aquilo na cabeça. Isso tudo foi em uma sexta-feira. Fiz o espetáculo no sábado, e no domingo, do nada, o cristal que ela me deu estourou. Simplesmente trincou inteiro, partindo-se em pedaços.

Na segunda-feira, peguei a ponte aérea e fui para o Rio de Janeiro. Lá pelas cinco horas da tarde, fui até o salão Docebeauté para encontrar Gilles. Eu estava de roupa de malhar e tênis, e parei meu carro no estacionamento do prédio. Quando abri a porta para sair, torci o pé direito, caí em cima dele e rompi um ligamento. E tive que ir rastejando até o elevador porque não conseguia ficar em pé. Eu só chorava.

Roseli, que tinha trabalhado a noite inteira em um plantão, voltou para casa às seis horas da manhã, tomou café e foi dormir.

Às cinco da tarde, no momento em que eu torci meu pé, ela acordou desesperada, chorando, porque tinha "visto" a cena do meu acidente.

Gilles foi quem me acudiu e me levou para uma clínica. O ortopedista, dr. Arnaldo Santiago, que me tratou na ocasião, disse que o rompimento havia sido parcial, mas que eu precisaria ficar em repouso. Tive que cancelar o espetáculo por algumas semanas, arcar com todas as despesas de elenco, de aluguel, de tudo, sem ter seguro para cobrir os custos e sem poder arrecadar nada. E isso em uma temporada de casa cheia, com ingressos vendidos antecipadamente.

Roseli estava aflita com a visão do meu acidente, mas não sabia como me encontrar e, a cada dois dias, ia até o teatro Procópio Ferreira e via que o show tinha sido cancelado, sem data para voltar. Ela não tinha meu telefone, não existiam e-mails, mensagens de celular ou redes sociais como hoje, e ela não tinha como me encontrar ou entrar em contato.

Durante meu repouso em casa, eu também queria falar com Roseli, mas não sabia onde procurá-la. Quando finalmente me restabeleci e subi ao palco para fazer o primeiro *Não fuja da Raia* no meu retorno, vi que ela estava na plateia. Fiquei tão emocionada que, no meio do espetáculo, do alto do palco, eu olhava para ela e, falando sem som, apenas movimentando a boca e fazendo mímica, dizia: "Preciso falar com você! Me espera!".

Falei para o Pepê, que estava comigo:

— Pepê, segura essa ruiva, não deixa ela sair, eu preciso falar com ela!

No final do espetáculo, encontrei Roseli devidamente resgatada por Pepê, mostrei meu pé direito enfaixado e cheio de esparadrapos, disse que ela tinha feito aquela previsão para mim e que eu queria ser amiga dela. Ela me abraçou, e nossa amizade começou ali. Somos amigas há trinta anos e, até hoje, se acontece qualquer coisa comigo, imediatamente ela me liga. Assim como minha irmã Olenka, Roseli tem uma sensibilidade extrema e consegue criar um escudo de amor e proteção em volta de mim, que retribuo com toda a alegria e gratidão.

Gratidão também é uma palavra que expressa meu sentimento por Denise Saraceni, diretora talentosíssima com quem trabalhei no final de 1994 em uma das experiências mais importantes da minha carreira. Em *Engraçadinha*, seriado adaptado do romance de Nelson Rodrigues, tive a primeira oportunidade de fazer um trabalho como atriz dramática.

Conseguir o papel, no entanto, foi bem complicado. Carlos Manga, diretor-geral do núcleo que comandava esse projeto, foi quem me convidou para o seriado, para fazer uma participação apenas. Fiquei interessada na oferta, mas pensei: "Por que ele não me chama para fazer o papel da Engraçadinha mesmo? A personagem é minha cara". Eu tinha 27 anos e Engraçadinha, 38, mas eu já tinha interpretado uma mulher mais velha em *Chorus Line* e poderia fazer o mesmo mais uma vez. Aceitei fazer a participação, que também era boa, porque estar naquele projeto me interessava muito.

Logo em seguida, Denise Saraceni entrou em contato comigo e disse, com toda a sinceridade, que ela gostaria que eu fizesse o papel principal, mas que Manga não me queria como protagonista, pois eu era uma comediante e bonita demais para fazer uma mulher comum, como são as personagens de Nelson Rodrigues.

Denise foi muito parceira e, por acreditar em mim como atriz, planejou gravar um teste comigo, à revelia de Manga, para provar que o papel poderia ser meu. Combinamos que eu iria escondida para a rua Von Martius, onde ficavam os estúdios da Globo, às onze da noite, sem que ninguém soubesse. Eu me arrumei e fui. Passei pela cancela praticamente de quatro, rastejando como um réptil noturno, para não ser vista pelas câmeras de segurança. Cheguei e, ao encontrar com Denise, ela colocou uma peruca sobre meus cabelos curtinhos. O seriado tinha vinte capítulos, sendo que nos três primeiros Alessandra Negrini vivia Engraçadinha quando jovem e, nos outros, eu seria a personagem mais velha.

Na hora do teste, fiquei muito emocionada. Era uma cena com uma carga dramática muito grande, em que Engraçadinha, uma mulher religiosa, vê a filha vestindo uma calcinha preta e arranca a peça de roupa da menina, por todo o seu simbolismo de sexualidade. No seriado, minha filha foi representada por Mylla Christie, mas nesse teste era a própria Alessandra Negrini que estava comigo em cena.

Enquanto estávamos nos concentrando para gravar, comecei a cantarolar "Segura na mão de Deus", sem saber que era um hino batista. Denise me dizia para olhar para minha filha como se me visse refletida nela e, por ter me tornado batista, não pudesse permitir que o satanás, o demônio, tentasse a menina. Entrei em cena cantando esse hino baixinho, como um mantra, quase falado, e fui me emocionando, me envolvendo, e arranquei a calcinha dela de uma forma visceral, muito intensa.

Quando acabamos, eu ainda estava chorando muito. Não tinha quase ninguém no estúdio, só o câmera, o iluminador, alguém da técnica, algumas pessoas no *switcher*. E, então, olhei para o lado e vi uma pessoa de branco que passou e olhou de volta para mim, sorrindo. Perguntei:

— Quem é essa pessoa que passou aqui, de branco?

Os meninos da técnica responderam:

— Não passou ninguém, só tem a gente aqui no estúdio.

Quem eu vi aparecer para mim foi Nelson Rodrigues. Ninguém viu, só eu. E, com essa certeza, fui embora.

Denise havia gravado seis testes antes, com atrizes muito boas, como Louise Cardoso, e o sétimo comigo. Ela ficou preocupada em levar uma bronca de Manga na hora de exibir os testes para ele, porque ele já havia vetado meu nome. Depois de mostrar os seis testes, Denise falou:

— Manga, tem mais um. Mesmo contra sua vontade, eu gravei um teste com a Claudia Raia.

— Mas eu já disse que a Claudia Raia é uma vedete, uma comediante, uma mulher exuberante, não tem como fazer uma mulher de Nelson Rodrigues! — ele falou.

— Tá bom, Manga, mas assiste. — E deu o *play*.

Ele, que sempre foi uma pessoa muito teatral, foi vendo a cena e caindo de joelhos, emocionado. E, chorando, começou a repetir:

— Eu achei a Engraçadinha! Claudia Raia é a Engraçadinha! Meu Deus, como eu errei! Que bom que você foi atrás dela e trouxe isso pra mim! Eu achei a Engraçadinha!

Corta para mim, na minha casa. Toca o telefone, e é a secretária de Manga pedindo para que eu fosse até a Globo falar com ele. "Ah, estou ferrada!", pensei. "Fui descoberta pelas câmeras de segurança, vão saber que gravei escondido e vão me demitir."

Cheguei na Globo, Manga abriu a porta e imediatamente começou a me pedir desculpas:

— Me perdoe se eu te subestimei, você é uma atriz! Pode fazer o que quiser! — E saiu da sala gritando para o Boni: — Achei a Engraçadinha, é a Claudia Raia!

Denise foi parceira e cúmplice, porque ganhei o papel na marra. Foi ela que fez toda a preparação para tirar o melhor de mim para viver a Engraçadinha de Nelson Rodrigues, uma mulher infeliz que há vinte anos não sente prazer, escondida de seu passado e de sua sexualidade na prisão de sua religião e do casamento, totalmente oposta ao que sou. Denise preparava os atores e comandava uma equipe de mais de cem homens, buscando a perfeição em cada detalhe.

A cena que fiz na chuva com Alexandre Borges, uma das mais icônicas da minissérie, tinha lama, água, uma equipe imensa, e Alexandre e eu, totalmente nus, de madrugada. No meio de toda aquela dramaticidade, uma coisa engraçada aconteceu. Eu usava peruca o tempo todo, porque meu cabelo estava curtíssimo. No momento em que Engraçadinha e o personagem de Alexandre Borges iam transar, e ela ia gozar depois de vinte anos, Denise colocou uma câmera em minha mão, para que eu, no meio da chuva, pegasse a imagem da lama no chão. Começamos a gravar e, quando fui me levantar da lama, a peruca ficou e eu subi só com uma meia na cabeça. Foi uma quebra de clima total! Tivemos que voltar com a peruca, voltar com a concentração, com a chuva, com a lama e com a cena. Até hoje, Denise e eu temos essa brincadeira, uma piada interna entre nós, que é "com peruca ou sem peruca?".

Aquela cena era bem complexa, demorou quatro noites para ser finalizada, e as gravações eram feitas em Paraty. Eu fazia a minissérie e ao mesmo tempo estava em cartaz com *Nas raias da loucura*. Para chegar no *set*, era uma epopeia. Eu saía tarde da noite do Teatro Ginástico depois do espetáculo e pegava estrada, depois uma lancha, tudo naquele breu da noite, e chegava ao *set* horas depois para gravar pelo restante da madrugada.

Meu joelho já vinha me incomodando havia um bom tempo, e meu ortopedista, dr. Carlos Henrique Bittencourt, ia toda noite no teatro, amarrava a rótula com esparadrapo, criando uma tensão para que eu dobrasse menos a perna, mas exigiu que eu marcasse uma cirurgia. Pedi a ele que esperasse até eu terminar de gravar *Engraçadinha*.

No último dia de gravação, Engraçadinha cai de joelhos diante do filho, feito pelo Carmo Dalla Vecchia, pedindo seu perdão. A minissérie terminaria com um close meu. Isso era o que Denise queria. Manga, porém, havia mexido um pouquinho naquela cena e alterado os diálogos. Fomos gravar, e deu problema no foco da câmera. Na segunda tomada, a luz ficou estourada. Na terceira vez, outros problemas aconteceram. E a gente não conseguia sair daquela cena não terminada.

E, de novo, vi aquela pessoa de branco passando e me olhando e, desta vez, ele não sorriu para mim.

Pelo microfone, perguntei para Denise se eu podia falar com ela. Ela concordou, saí da cena e fui, com o joelho todo amarrado, até ela, que felizmente é muito espiritualizada, e falei:

— Denise, eu não contei nada para ninguém porque fiquei com vergonha, mas tive uma visão do Nelson Rodrigues. Eu acho que a gente deveria fazer a cena final como ela é, senão a gente não vai sair daqui.

— Eu também acho — respondeu Denise. — Vamos mudar.

E voltamos para o diálogo original. Denise queria que eu fizesse o final na parte de fora da casa, olhando para o céu e terminando com um close bem fechado do meu rosto. Fizemos a cena de primeira e algo muito estranho aconteceu. Quando olhei para a luz e fixei o olhar, Denise disse:

— Para, não se mexe, vou colocar a câmera mais perto de você, porque apareceu uma estrela dentro do seu olho. Não saia dessa posição.

*Engraçadinha* terminou assim, com um superclose do meu rosto olhando para o céu e, refletida bem dentro do meu olho, uma estrela brilhando.

A gravação terminou e eu fui para o hospital operar o joelho. Quando o último capítulo foi ao ar, no final de maio de 1995, eu já estava dançando, cantando e sapateando de volta no palco do Teatro Ginástico.

*Engraçadinha* foi um grande divisor de águas em minha vida e um dos papéis mais importantes da minha carreira. Era uma produção primorosa, que foi vendida para mais de dez países da América do Sul e América Central, e ainda Portugal, Bulgária e Finlândia.

Não foi só em *Engraçadinha* que Nossa Senhora dos Últimos Capítulos sorriu para mim. Ainda em 1995, atuei no penúltimo episódio da primeira temporada de *Comédia da vida privada*, mais uma vez com direção de Guel Arraes e em uma participação muito especial a convite do gênio Silvio de Abreu. Na época, a novela *A próxima vítima*, uma das poucas que não fiz com ele, era um sucesso total. Silvio e eu temos uma relação aberta e sem compromissos, tão alegre e sincera que nem ele tem obrigação de me chamar para todos os seus trabalhos, nem eu tenho que aceitar todos os seus convites. O que acontece é que temos tanto prazer de trabalhar juntos que ele quase sempre me chama e eu quase sempre aceito.

Corta para uma manhã de novembro daquele ano, eu na minha casa, acabando de acordar. O telefone tocou, e achei que poderia ser mais alguém me perguntando se eu sabia o final de *A próxima vítima*, que iria acabar dali a dois dias. Todo mundo sabia que eu era muito amiga do Silvio e, por isso, talvez soubesse. Eu não sabia, mas tinha gente me perguntando aquilo o dia inteiro, em todo lugar. Mas, daquela vez, era o próprio Silvio.

— Claudia, eu preciso de um superfavor seu, um favor de irmão, de amigo.

— Claro, Silvio, do que você precisa? — perguntei.

— Preciso que você vá a um clube que tem em São Conrado, o Gávea Golf, perto do Fashion Mall. Você se veste com um vestido preto curto, tipo um tubinho, bota um escarpim, se maquia, nada de mais — disse Silvio, falando baixinho.

— Tá bom, eu vou — respondi, ainda coçando os olhos de sono.

— Você vai fazer tudo isso escondido de todo mundo, até do Edson. Não deixa ninguém saber aonde você está indo. Você entra no clube e vai ter uma câmera lá pra você, Jorginho não vai estar lá, só o câmera. Você vai indo normal, em direção à câmera, e de repente você leva um tiro e *pá!*, cai morta no chão. O resto deixa comigo — explicou Silvio.

— Mas isso tudo é o quê? — perguntei, intrigada.

— Essa é a cena final, que todo mundo quer saber. Como eu te amo, mesmo sem ter feito a novela, você vai estar em toda a mídia nacional — disse Silvio, rindo.

— Mas, Silvio, que doido isso! Mas... tá bom, você manda, eu faço.

Fui tomar banho, vesti o tal vestido preto, me maquiei e, quando estava saindo, Edson me pergunta:

— Você tá indo pra onde?

— Pro Fashion Mall — respondi.

— Mas assim tão cedo, toda bonitona, arrumada, de salto? — insistiu ele.

— Eu vou pegar uma encomenda minha lá, e deu vontade de me arrumar. Já volto, beijo. — E saí.

Fui até o clube, encontrei o câmera, esperei o operador dar o "gravando!", andei, levei o tiro e caí. Fim da novela.

Como Silvio havia previsto, todos os jornais e revistas perguntavam: "Quem matou Claudia Raia?". Porque Silvio não revelava o assassino, e a saga continuava. Eu fiz um minuto da novela e virei assunto! Ele me ligou dizendo:

— Você tem alguma dúvida de que eu te amo?

Nunca duvidei, e a recíproca sempre foi verdadeira.

Antes que 1995 acabasse, ganhei mais um presente da vida e da Rede Globo, pelos meus dez anos de casa: Boni decidiu chamar Silvio de Abreu, Jorginho e eu para fazermos, como especial de final de ano, o musical *Não fuja da Raia*. Foi uma surpresa emocionante. Se o especial fosse bem de audiência, ainda havia a possibilidade de virar uma atração fixa na programação de 1996.

O programa foi ao ar no dia 27 de dezembro, com sessenta participações, entre pessoas íntimas da minha vida, como o Edson, minha sobrinha Kananda, então com nove anos, Tarcísio Meira, Tony Ramos, Xuxa, que era minha amiga desde os anos 1980, e mais dezenas de convidados. Ficou muito bom, ou pelo menos é o que Boni deve ter concluído, porque em janeiro o especial foi reapresentado e entrei no ano de 1996 com a notícia de que seria atração semanal a partir de março.

Voltei para a estrada com *Caia na raia*, um *medley* dos meus dois outros espetáculos, gravei alguns programas até junho e fui realizar um sonho: um cruzeiro de quarenta dias pelo Mediterrâneo com Edson, Silvio de Abreu, sua mulher, Maria Célia, e a filha deles, Juliana, passando pelas cidades consideradas como berços da civilização no Egito, Israel, Turquia e Grécia. Mas, na verdade, tínhamos outro "berço" em mente: Edson e eu planejávamos ficar grávidos durante essas férias.

Silvio já tinha feito aquela viagem com Maria Célia e, por isso, ficou responsável pelo roteiro, que terminaria com uma temporada no apartamento deles em Nova York. Como a viagem foi muito cara, achei que seriam dias chiquérrimos e levei muitas malas com roupas, apliques variados para meu cabelo curto, com rabo de cavalo, coque, meia peruca, todo o arsenal. Tão logo entramos a bordo, porém, Silvio olhou ao redor e falou um:

— Que navio é este? Pelo amor de Deus, não foi isso que eu comprei!

Eu, que estava com um vestido justo e um casaquinho, toda de verde-limão, com um aplique em rabo de cavalo, parecendo uma

Sophia Loren, olhei à minha volta e percebi que destoava totalmente dos outros passageiros, como se tivesse me vestido para uma festa de gala e fosse teletransportada para um churrasco.

Não havia o que fazer, a viagem estava paga e o jeito era relaxar e curtir. Fomos para nossas cabines, felizmente maiores que aquelas da minha primeira lua de mel, mas, em compensação, o navio mexia muito. Estávamos em temporada de furacão, e o mar estava agitado. O tempo todo, meus apliques saíam do lugar e o rabo ia parar na orelha, a meia peruca, na nuca, o coque, no meio da testa, e Silvio ficava rindo da minha cara.

A primeira parada foi no Egito, e eu tinha escolhido todos os tons de roupa para combinar com a paisagem. Só não me contaram que eu teria que me aventurar subindo em um camelo, que é um bicho terrível, vive sentado com as patas encolhidas e um olhar blasé, igual a gente de moda. Você sobe na corcunda e ele levanta a bunda, fazendo com que você role para a frente. Quando você está quase caindo pelo pescoço, ele desdobra as patas da frente, dá um tranco para trás, e você é arremessada de volta para a bunda dele, em uma montanha-russa, só que egípcia.

Silvio falou que cada um iria no seu próprio camelo, mas protestei veementemente. Eu estava no deserto com meu príncipe; o certo seria ir de tapete voador, mas, na falta deste, iríamos pelo menos no mesmo camelo.

— Ah, não, Claudia, era só o que faltava, você ir no camelo do Edson. Olha o seu tamanho, você nem cabe no camelo do Edson.

Subi no meu, morrendo de medo. Na foto, dá para ver meu pé agarrado na sandalinha, como um papagaio no poleiro. Chegamos até uma das pirâmides, desmontamos dos camelos e seguimos. O tempo todo, a gente brincava, era uma zoeira só. Uma das brincadeiras recorrentes era falar com Silvio de Abreu como se eu fosse Silvio Santos, que tinha chamado Abreu para romper seu contrato com a Globo e ir para o SBT. Se eu visse uma tiara, uma coroa, dizia, em tom de deboche:

— Ma oeeeeee! Silvioooo, eu quero essa coroa para mimmmmm!

Quando estávamos chegando na pirâmide de Quéops, quem estava parado na porta da entrada? Sim, ele, de short verde e camisa florida: Silvio Santos. Tivemos um ataque de riso incontrolável, imaginando que pudesse ser uma miragem decorrente do calor. Mas a ilusão se desfez quando Silvio Santos gritou:

— Claudia Raia, Silvio de Abreu, Edson Celulari!

Confesso que fiquei um pouco decepcionada, porque eu tinha a expectativa de que, quando ele chamasse meu nome, entrasse a musiquinha "A Claudia Raia... é coisa nossa!". Como se estivéssemos no Egito em um programa de televisão ao vivo comandado por Silvio Santos, que nos convidou para a pirâmide dizendo:

— Vamos entrar, vamos entrar!

Entramos todos na pirâmide, uma coisa louca, porque são corredores baixos, estreitos, e todo mundo tem que ir meio abaixado e em fila, pois só passa um de cada vez. Lá fora fazia uns cinquenta graus e, dentro, uns cem. Silvio Santos foi na minha frente, o que, tecnicamente, significava que minha visão interna da pirâmide de Quéops era a bunda verde do Homem do Baú. Eu não conseguia me concentrar na emoção que era estar percorrendo o coração da grande pirâmide de Gizé, a mais antiga das Sete Maravilhas do Mundo Antigo, construída há mais de 4,5 mil anos. Eu só conseguia pensar: "Eu não estou acreditando que o Silvio Santos está andando com a bunda pra cima na minha frente!".

Quando chegamos a um lugar onde dava para se levantar um pouco, nem Silvio Santos, nem Edson, nem eu, que somos altos, conseguimos ficar eretos. Silvio Santos, com o cabelo todo molhado, talvez com pequenas gotas de tinta acaju escorrendo, disse para Silvio de Abreu, muito simpático:

— Estou esperando você no SBT, hein?! A hora que você quiser! E pode trazer a Claudia Raia e o Edson Celulari!

Surreal.

Fomos embora do Egito logo depois que um homem tentou me comprar oferecendo cem camelos para Edson, que recusou a oferta dizendo:

— Não vendo minha mulher nem por todos os camelos do mundo e mais as pirâmides.

Do Egito, fomos para Israel, e tive a comoção que acomete muita gente quando chega a Jerusalém. Eu só chorava. Aquela cidade tem uma energia e uma intensidade espiritual absurdas.

Fomos ao Muro das Lamentações, onde homens e mulheres vão para áreas separadas e tendo que cobrir as partes expostas do corpo. Escrevemos nossos desejos em pequenos rolinhos de papel e os colocamos nos vãos das pedras. Não sei dizer o que aconteceu, mas, quando encostei a testa no muro, levei um soco, vindo não sei de quem, não sei de onde, e caí desmaiada no chão. Maria Célia deu um grito, Juliana também gritou e foi chamar o pai e Edson, que vieram, me deram água, me fizeram cheirar álcool (que arrumaram não sei como) e voltei a mim. A primeira coisa que pensei foi: "Se o Xingu não fosse tão longe, eu ia achar que a índia que me socou a cara está em Jerusalém".

De volta ao navio, tivemos a pior noite de nossas vidas, de tanto que ele balançava. O pior lugar para ficar nessas horas é a cabine, e eu queria sair dali para não vomitar. Fui andando completamente tonta, com o coque de aplique no meio da testa. Quando Silvio me viu, ainda conseguiu fazer uma piada, dizendo que meu coque estava tão nojento que era por isso que as pessoas estavam vomitando.

Felizmente, o mar se acalmou e, na manhã seguinte, chegamos à Turquia, onde fomos conhecer uma cidade submersa há milênios. Depois, seguimos para a ilha de Creta, primeira cidade que visitamos na Grécia. Mas eu estava tão enjoada que comecei a achar também que minha barriga estava grande, inchada, e que eu estava grávida. Eu tinha parado todos os meus trabalhos, me organizado toda para engravidar durante a viagem e, se não desse certo, ia desorganizar tudo — como se a gente tivesse controle sobre a vida e sobre a concepção de um filho.

Depois de Creta, visitamos Santorini, onde descobri a origem da inspiração divina para criar os olhos de Edson, da cor do mar

Egeu. Em Londres, fiquei menstruada, e meu sonho de gravidez se desfez. Resolvi não lutar contra a natureza, pensando: "Deixa pra lá, se tiver que ser, será". Fomos em seguida para Nova York, no apartamento de Silvio de Abreu e Maria Célia, e lá, em um quarto que tinha um quadro com um casal de anjinhos em frente à cama de casal, Enzo foi concebido.

Eu só soube que estava grávida depois que já tinha voltado para o Brasil. Tive uma mistura de sentimentos, vontade de rir e chorar, de celebrar e de entrar em pânico. Eu nunca brinquei de boneca, de casinha, de papai e mamãe, nunca pensei de fato em ter um bebê. Eu tinha medo de não ser uma boa mãe, dúvida que Edson também tinha, pois sempre fui muito independente e privilegiei meu trabalho acima de tudo.

Continuei trabalhando até o sexto mês de gravidez, com *Caia na raia* no teatro e mais dois programas *Não fuja da Raia* na Globo e, no sexto mês de gestação, parei de trabalhar. Relaxei e tive uma gravidez maravilhosa; como um bom ariano, Enzo começou a dar sinais de que viria ao mundo quinze dias antes do previsto.

Comecei a sentir as primeiras contrações em casa, quando estava com minha amiga querida Adriana Lima cuidando de mim. Imediatamente, ela disse para eu ficar calma e que ia ligar para o médico e para Edson.

— Você não vai ligar para o Edson de jeito nenhum, Adriana. Ele está na Bahia, em uma gravação [para a série *Dona Flor e seus dois maridos*] dificílima — eu disse.

— Você está louca? Ele é o pai da criança, eu vou avisar, sim — respondeu Adriana.

— Adriana, você não está entendendo. Edson vai gravar pelado e de turbante, fazendo papel de espírito, com 5 mil figurantes! Não tem como parar nem cancelar essa produção, nunca que eles vão juntar toda essa gente de novo! — insisti.

— Eu vou ligar — repetiu Adriana, pegando o celular.

— Eu sou bailarina, essa criança não vai nascer de repente, vai demorar ainda, vai dar tempo de ele chegar — falei mais uma vez.

Eu imaginava que não seria um parto normal, porque toda bailarina tem uma musculatura pélvica muito rígida, e o médico já tinha me avisado que seria difícil fazer a abertura. Passei aquela noite suando frio, sentia dor, depois a dor parava e voltava duas ou três horas depois. O médico pediu para ir monitorando esses intervalos, mas tudo indicava que não ia acontecer tão depressa. Perguntei se eu poderia esperar até o dia seguinte para avisar meu marido, e ele achou que sim.

Edson terminou a gravação umas cinco horas da manhã. Às dez, liguei para ele e contei, e ele não sabia o que fazer. Andava de um lado para o outro, dizia que ia pedir um helicóptero para ir mais depressa até o aeroporto, que faria de tudo para chegar o mais rápido possível.

Fui fazer uma ultrassonografia para ver como estavam as coisas, e Enzo já estava ficando com menos líquido. Fui para o hospital com minha mãe e minha irmã, as duas falando sem parar e mais desesperadas que eu. Edson chegou bem antes de o parto começar.

O médico me deixou em jejum da uma hora da tarde até a uma da manhã. Fiquei com ódio dele, porque sou uma pessoa acostumada a vida inteira a comer de três em três horas. Um jejum de doze horas, para mim, é a morte. Mas ele me avisou que teria que ser uma cesariana. Edson se preparou para acompanhar a cirurgia, ficou comigo em todos os momentos. Era uma criança muito desejada por todos nós, pela família inteira.

E às 00h52 do dia 15 de abril de 1997, com 3,310 quilos e 59 centímetros, nasceu meu filho. Edson colocou-o no meu peito, olhei para a carinha dele e soube que aquele milagre era o Enzo.

Foi o dia mais feliz da minha vida. Foi quando descobri que vim ao mundo para ser a mãe dele, e ele veio para fazer deste mundo um lugar mais justo, mais humano e mais cheio de amor.

Meu primogênito, meu homenzinho, minha paixão.

# CARTA PARA MEU FILHO ENZO

*Rio de Janeiro, 23 de março de 1998*

*Meu amado filho Enzo,*

*Daqui a pouco você vai completar seu primeiro ano de vida. Não vejo a hora de ver sua carinha linda diante do seu primeiro bolo de aniversário, apagando a velinha e acendendo nossa alegria.*

*Eu sei que você ainda é muito pequenininho para ler esta carta ou entender o tamanho da felicidade que trouxe para nossa família, mas sei que, de alguma forma, você sabe, assim como eu sei, o quanto você é especial. Você é uma luz, meu filho, que nos ilumina e faz brotar o melhor de cada um de nós.*

*Quando fiz trinta anos e estava grávida de você, papai me fez uma festa surpresa em um lugar que você vai amar conhecer um dia, o* Teatro Municipal. *Na hora do almoço, em casa, seu pai me deu uma joia muito linda, um colar de brilhantes. Mas a joia mais valiosa era você, crescendo dentro de mim.*

*Seu nome era para ser Lorenzo, por nossas raízes italianas e porque foi na Itália que seu pai me pediu em casamento. Mas, quando olhei sua carinha, vi que você era Enzo. E agora todo mundo já sabe disso também, porque mostraram você no* Jornal Nacional! *É nisso que dá ter pais que trabalham na televisão.*

*E tem uma coisa que eu nunca contei, mas que você vai gostar muito de saber, sendo o menino generoso que é: mamãe teve muito leite quando você nasceu, mais do que você conseguia mamar, então amamentei outros bebês que nasceram antes do tempo. Fiquei muito orgulhosa dessa nossa parceria, porque, além de me transformar em sua mãe, você me fez mãe de leite também.*

*Quando você era bebezinho, toda vez que mamava, seu pai dizia: "O arrotinho é meu!", e botava você no ombro dele. Pelo menos um de nós dois sempre está com você, e ainda tem seu anjo da guarda, a Célia, que tem por você um amor enorme também.*

*Ficar com você esse tempo todo tem sido um renascimento. Com você, descobri o milagre da vida, o poder infinito do amor incondicional e minha missão neste mundo. Ser sua mãe também me trouxe uma energia diferente, que gera vidas. Eu nem sabia que tinha todos esses poderes e agora que sei vou usá-los para fazer o que tanto amo, que é ser atriz, ser artista.*

*Escrevo esta carta porque hoje mamãe vai voltar a trabalhar, a gravar uma nova novela; papai está nessa novela também, mas já está tudo organizado: a Célia vai levar você para encontrar a gente, eu vou dar de mamar, você brinca um pouquinho ali por perto, depois todo mundo se encontra de novo. Vai ser o amor de sempre, só que com a mamãe ainda mais feliz, porque está fazendo uma coisa que ela adora.*

*Você vai ficar muito bem, mamãe é que está um pouco ansiosa porque vai ser a primeira vez que vou ficar longe de você um pouquinho, mas vou tentar não chorar muito.*

*Mamãe vai interpretar uma mulher muito malvada nessa história, mas é só de mentira. De verdade verdadeira, sou mesmo esse coração apaixonado e muito grato pelo presente que você me deu: ter me escolhido para ser sua mãe aqui nesta vida.*

*Te amo, meu filho!*
*Um beijo muito grande,*
*Da sua*
*Mã*

Minha princesa Sophia, minha tão esperada menina, chegou e se deparou com uma mãe doida, que amamentava maquiada de vampira.

# PSICOPATA, ARANHA E VAMPIRA-MÃE

No primeiro dia de gravação da novela *Torre de Babel*, tive que retocar a maquiagem várias vezes. Até tentei não chorar, mas nunca tinha ficado tantas horas longe do Enzo. Os hormônios não ajudaram nem a personagem Angela Vidal, um dos papéis mais instigantes que fiz e também um dos mais difíceis da minha carreira. Sou muito teatral, cheia de caras, bocas e gestos, e ela era uma mulher totalmente oposta a mim.

Angela era fria, contida, uma mulher dura. Vestia calças e tailleurs, tinha os cabelos sempre curtos, não usava maquiagem, não tinha grandes gestos. Quando alguém chamava seu nome, ela virava o corpo inteiro, como um monobloco. Não bastasse tudo isso, era uma psicopata.

Fiz muitos laboratórios com psicanalistas e psiquiatras para saber a origem da psicopatia, o mecanismo da maldade, e compor essa mulher insaciável, focada exclusivamente no seu prazer, que matava sem o menor escrúpulo. Adorei fazer Angela Vidal, foi uma prova de confiança gigantesca de Silvio de Abreu em mim.

Felizmente, eu estava entre pessoas que tenho como família, como Glória Menezes, Tarcísio Meira, Tony Ramos e Denise Saraceni, que dirigia a novela. Além disso, eu fazia par com Edson, ou seja, estava em casa. Ao mesmo tempo que eu adorava o desafio de fazer a personagem, passar 203 capítulos como uma psicopata assassina na televisão aberta, em rede nacional, tem seu preço: bastava eu entrar com Enzo em uma piscina e todas as mães saíam correndo, como se um tubarão tivesse entrado na água. No mercado, era só eu dar um "oi" pra uma pessoa e ela saía em disparada com o carrinho. Eu entendia perfeitamente essas reações, porque também sentia a energia ruim dessa personagem que eu incorporava diariamente por dez, doze horas seguidas.

Quando a novela acabou, eu queria arrancar aquela entidade de cima de mim e falei para Edson:

— Vou colocar um aplique no meu cabelo, mudar o visual, viajar e me despedir dessa demônia!

Coloquei o aplique que, na época, era um *megahair* todo colado e amarrado no cabelo, feito pelo único cabeleireiro que oferecia essa técnica no Rio de Janeiro, e fomos para Nova York.

Estava eu um dia passeando com Edson pelo Central Park, empurrando Enzo no carrinho, toda faceira, quando, de repente, passo por uma árvore baixa, bem velha, e um galho seco atravessa meu cabelo, me deixando presa. Edson foi andando em frente e, quando deu por nossa falta, virou-se, me viu ali segurando o carrinho sem sair do lugar e perguntou:

— Que foi? Você não vem?

— Eu estou presa — respondi.

— Presa como? Vem, você tá segurando o carrinho do Enzo no lugar — Edson insistiu.

— Você não está entendendo! Não consigo sair, um galho entrou no aplique e não tem como sair, e o aplique não tem como sair da minha cabeça!

Fiquei ali sem poder me mexer por uns vinte minutos, até que Edson conseguiu ajuda para serrar o galho e me libertou daquele vexame. Não duvido que isso tenha sido obra de Angela Vidal tentando se vingar de mim por tê-la abandonado, pois, na mesma viagem, quebrei o salto do meu sapato Prada novinho, choveu na minha maquiagem e quase fui eletrocutada no corrimão de um restaurante.

Para compensar esse encosto, depois da novela fiz *Cinco vezes comédia* no teatro, com Luiz Fernando Guimarães, Diogo Vilela, Patrícia Travassos e Fernandinha Torres, todos amigos maravilhosos.

Era uma delícia de espetáculo, com direção de Hamilton Vaz Pereira. Na peça, cada comediante tinha seu monólogo, dirigido e escrito por outros autores. O meu texto era do Miguel Falabella, meu amigo-irmão, do tipo que entra no banheiro quando você está fazendo número dois sem bater na porta, gritando "Bebê!", porque é assim que ele me chama. Ensaiávamos na minha casa e, muitas vezes, almoçávamos todos juntos. Morríamos de rir o tempo todo, porque Miguel criava personagens e histórias espetaculares a partir de qualquer coisa, até de um cabrito assado que mamãe servia à mesa. Um gênio.

Minha personagem em *Cinco vezes comédia* era uma mulher hilária de Copacabana, que vendia drogas nas gôndolas do supermercado, coisas da cabeça de Miguel. Um dia, durante o espetáculo, eu estava muito gripada, toda entupida, quando uma produtora passou com uma bombinha de asma e eu, em um impulso, arranquei o remédio da mão dela — que, em vão, tentou me avisar que eu não devia usar aquilo. E cometi o mesmo erro do teste de *Chorus Line*, com a diferença de que desta vez quase morri. Eu, que não sou asmática, apertei algumas vezes, inalei e, como era de costume, entrei em cena pela plateia.

Ali, no meio do público, fui ficando anestesiada em todo o meu lado esquerdo, a minha língua foi enrolando, eu andava meio cambaleante. Estava no Canecão lotado e tinha que subir uma escadinha de três degraus para chegar no palco e fazer meu monólogo, sozinha num cenário ambientado como se fosse minha casa, com um sofá, uma cadeirinha e um telefone.

Não sei como subi aqueles degraus e cheguei até o sofá, porque eu só conseguia pensar que estava tendo um AVC ou enfartando. Eu tentava pegar o telefone e ele pesava duzentos quilos. Até que parei e disse "desculpa", mas com a língua toda enrolada, passando muito mal. Todo mundo se levantou. Luiz Fernando, que estava maquiando o corpo para entrar depois de mim como um stripper de boate, saiu do jeito que estava, entrou no palco de cueca e me pegou no colo. Uma ambulância, que sempre ficava de plantão no

Canecão, já tinha sido acionada e estava me esperando na saída. Luiz me enfiou no veículo e me levaram para o hospital. Graças a Deus não era nada grave, só minha falta de lucidez em não seguir a regra de "nunca use medicamentos sem orientação médica".

No dia seguinte, fui fazer o espetáculo, toda feliz. E descobri algo estranho. O pavor de ter passado mal em cena, diante de um Canecão lotado, foi tão intenso que fiquei traumatizada. Quando entrei para fazer meu monólogo, comecei a sentir tudo de novo. Eu não lembrava o texto e comecei a falar bem devagar, palavra por palavra. Patrícia Travassos logo tentou me ajudar, recitando minha fala da coxia. Eu só conseguia falar se olhasse para a plaquinha de "saída". Tinha alguma coisa muito errada acontecendo.

Falei com Patrícia e ela me recomendou um neurolinguista, que poderia resolver aquele trauma adquirido. Ligamos para ele, que estava em Los Angeles e, de lá, me orientou a empurrar uma parede com toda a força e bater 21 vezes com o dedo do meio num osso logo abaixo do olho. Achei que ele estava de sacanagem, mas obedeci. Surpreendentemente, funcionou! Não tive mais nenhum problema em cena. Fiquei intrigadíssima e combinei de encontrar com ele na minha casa, depois que ele voltasse de viagem.

Quando o neurolinguista veio em casa, foi incrível. Eu era muito alérgica, vivia espirrando, como Edson bem notara em Veneza. Ele me desprogramou, e a alergia sumiu. Fiquei maravilhada e resolvi apresentá-lo a Diogo Vilela, que morria de medo de avião e voava pendurado em meu cangote. Seria justo compartilhar o especialista com ele, já que havia sido o Diogo quem tinha me apresentado a guru Cristina. Mas, quando liguei para o consultório, soube que o neurolinguista tinha morrido de um câncer fulminante.

Fiquei muito triste, lamentei demais a morte dele, por ele e também por mim. Eu teria me valido muito de seu dom para me curar do trauma que foi fazer *Terra nostra*, novela que eu certamente não faria de novo.

A promessa inicial do autor, Benedito Ruy Barbosa, parecia interessante: eu faria o papel de uma espanhola submissa que apanhava do marido, em um abuso horrível que muitas mulheres sofrem em todo o mundo e que seria importante denunciar em uma obra aberta, trazendo à tona essa discussão. Eu entraria no capítulo cinquenta e teria tempo para me preparar e aprender o espanhol galego, que é bem diferente do espanhol que eu falo, da Argentina. Comecei a estudar o sotaque galego, a dominar o vocabulário da personagem, a estudar a época, com a disciplina que caracteriza minha personalidade capricorniana.

Um dia, Jayme Monjardim me chamou:

— Deu um probleminha. O Benedito não está conseguindo desenvolver o seu papel do jeito que ele queria.

— Como assim, Jayminho? Não estou entendendo — respondi.

— Ele comentou que o papel ficou muito menor que você, porque você é uma atriz ótima, enorme, e que ele não pode te dar um papel qualquer — disse Jayme.

— Não interessa o tamanho, interessa que eu vou transformá-lo num ótimo papel — insisti.

— É que... a gente está abortando a ideia de você entrar na novela — revelou Jayme.

Fiquei possessa.

— Você acha que pode simplesmente chegar e dizer: "Ah, a Globo decidiu que você não vai mais fazer?". Jayme, eu deixei de fazer outra novela porque aceitei o papel que o Benedito me ofereceu. Eu estou estudando há mais de um mês, me dedicando a essa personagem dia e noite, e você vem me dizer isso? Me dá o telefone do Benedito que eu vou falar com ele agora.

Liguei para o escritor e disse que eu não acreditava em papéis pequenos e que ele podia continuar escrevendo, porque eu faria com que o papel ficasse enorme.

Deu tudo errado. Ele me colocou na novela, de fato, mas era a coisa mais bizarra do mundo, porque eu entrava em cena e minha mãe, representada pela Lolita Rodrigues, dizia:

— *Hija*!

E eu respondia:

— *Mamá*!

— *Que te pasó?* — ela perguntava.

— *Después te explico* — eu dizia, encerrando o diálogo.

Isso virou piada, porque não tinha sentido, a conversa não ia para lugar nenhum. Os atores do meu núcleo, como Ana Paula Arósio e Thiago Lacerda, morriam de rir; toda vez que eu entrava, eles falavam "*después te explico*" e nunca explicavam nada.

Minha personagem ficou seis meses grávida na novela. Houve um dia em que eu estava tão desconsolada, sentada em um banquinho no Projac com aquela barriga postiça e aquela trança, que perguntei para mim mesma: "O que eu estou fazendo aqui? Por que fui fazer isso comigo? Que louca!". O Jayminho passou e eu falei:

— Estou grávida há seis meses reais da novela.

— Ah, é verdade, tem que fazer você ter o neném, né? — disse ele, indo embora.

Ficou a lição: quando um autor não quer, não adianta insistir. Nunca mais farei uma coisa dessas. Mas, só por garantia, farei uma boa desprogramação neurolinguística.

Como? *Después te explico!*

O ano de 2000 chegou, sobrevivemos todos ao bug do milênio, que não aconteceu, sobrevivi a *Terra nostra* com minha personagem que não aconteceu e, no dia 3 de junho, grandes mudanças em minha vida começaram a acontecer: finquei meu pé nos musicais internacionais da Broadway, quando fiz com Miguel a montagem brasileira de *O beijo da mulher aranha*, com direção de Wolf Maya. E, nesse caso, finquei também o pé de Miguel, cumprindo uma promessa que fizemos juntos, sete anos antes, quando nos encontramos por acaso no teatro, assistindo à mesma sessão desse espetáculo em Nova York.

Eu estava passando férias na cidade e fui ver esse show na Broadway, que havia sido premiado com sete Tonys, o equivalente ao Oscar para o teatro. No intervalo, avistei alguém que parecia muito ser o Miguel. Eu não sabia que ele também estava na cidade, nem ele tinha ideia de que eu estava lá, mas aí ouvi aquela inconfundível voz de barítono gritando:

— Bebê! A gente tem que fazer esse espetáculo no Brasil, esse personagem é a sua cara! — referindo-se a Aurora, interpretada pela premiada atriz Chita Rivera.

Aurora é a personagem principal do musical, a mulher aranha das fantasias e delírios de Molina, um homossexual preso por corrupção de menores que divide a cela com Valentim, um revolucionário marxista acusado de terrorismo. O musical da Broadway dos anos 1990 foi baseado no livro de mesmo nome do escritor argentino Manuel Puig, um grande best-seller mundial dos anos 1970 que também virou filme nos anos 1980, dirigido por Hector Babenco, com Sônia Braga, Raúl Juliá e William Hurt, que ganhou um Oscar por seu trabalho como Molina.

Miguel e eu ficamos encantados com o espetáculo e prometemos que, se um dia fosse montado no Brasil, nós o faríamos juntos.

Quando o produtor Billy Bond me convidou para ser Aurora na versão nacional, dizendo que não via mais ninguém no papel além de mim, impus uma condição:

— Eu faço, mas só se for com o Miguel Falabella.

Promessa é promessa, Bebê. Liguei para Miguel e avisei:

— Bebê, talvez você me mate, mas eu disse que só faria *O beijo da mulher aranha* se você fizesse comigo.

— Puta que pariu, Bebê! — respondeu Miguel. — Mas eu nem canto direito, como vou fazer um musical?

— Agora segura sua pemba, porque você vai ter que fazer comigo. — E desliguei.

E fizemos.

Foi uma superprodução. O musical foi orçado em 1 milhão de dólares, o Teatro Jardel Filho, em São Paulo, teve que ser reformado para abrigar a maquinaria de mais de uma tonelada, com sofisticações que incluíam mudanças computadorizadas de cenário e setecentas mudanças de luz previstas pelo iluminador Andrez Mattiauda. Tudo era sofisticado, como a trilha sonora, gravada por cinquenta músicos da Orquestra Sinfônica de Campinas e técnicos que ajudavam na troca de 120 figurinos. Os meus, especialmente, eram deslumbrantes, todos criados pelo estilista de alta-costura Junior Santaella, conhecidíssimo por seus vestidos de noiva magníficos.

Em cena, éramos três protagonistas: Miguel Falabella no papel de Molina, Tuca Andrada como Valentim, e eu como Aurora, a mulher aranha, e mais dez bailarinos e quatro atores-cantores selecionados entre mais de quatrocentos candidatos. Fora do palco, mais de cem profissionais estavam envolvidos em todas as outras áreas.

Os ensaios eram feitos no Teatro Ópera e duravam mais de oito horas diárias. E, para aplacar a saudade absurda que eu tinha do meu filho, Edson vinha do Rio e trazia Enzo para brincar comigo nos intervalos.

Lembro uma vez que Enzo quis se sentar na plateia para ver sua "mã" ensaiando. Como o espetáculo não era para crianças, ele ficou na primeira fila só enquanto eu cantava "para o meu galã", olhando para ele. Ao me ver sorrindo diretamente para ele, Enzo, com quatro anos, colocava o dedinho indicador em frente à boca, fazendo "shiu, mãe!", como quem diz "se concentra, mãe!". Ele tinha quatro anos!

*O beijo da mulher aranha* foi um sucesso e gerou muitas histórias divertidas, principalmente com Miguel, que enxerga mal de longe ou com pouca luz.

Eu usava muitos figurinos e também trocava as perucas, as franjas e, no final, entrava com uma capa. Para facilitar as trocas, a capa e as perucas ficavam penduradas na coxia. Um dia, Miguel ficou indignado porque ele deu um texto e a plateia não riu, e ele saiu de cena resmungando. De repente, eu o vi na coxia conversando e reclamando muito com minha capa e com minha peruca, falando:

— Bebê, sabe qual é o público que está aí? Um público classe média alta paulistana, que não ri de nada!

Cheguei por trás de surpresa e disse baixinho:

— Mig, você está conversando com minha peruca e minha capa.

Ele levou o maior susto e disse, ofegante: "Ai meu Deus do céu! Ai meu Deus do céu!!".

Miguel brincava muito comigo, principalmente em uma cena em que o personagem dele, Molina, trabalhava em um ateliê de alta-costura. Eu ficava paralisada, como se fosse um manequim em cima de um pedestal, enquanto ele colocava alfinetes no vestido. Aproveitando-se da minha imobilidade em cena, Miguel colocava a mão no meu peito, na minha "bimba", só de safadeza, porque eu não podia nem rir, nem me mexer. Eram brincadeiras que nos permitíamos, tamanha a nossa intimidade. Um dia, eu resolvi devolver a brincadeira e coloquei um pouco de geleca, aquele brinquedo pegajoso de criança, em um ponto estratégico em mim mesma onde eu sabia que ele ia mexer, e avisei todo o elenco. Ficou todo mundo na coxia esperando o momento. Não deu outra. Ele me apertou, tacou a mão na geleca e saiu de cena com a coisa pegajosa pendurada no dedo fazendo "aaahhh", e o elenco inteiro na gargalhada atrás da cortina.

Nós dois sempre nos divertimos muito porque temos o mesmo espírito animal: o espírito de porco. Adoramos sacanear um ao outro. Uma vez, eu, Magali e os bailarinos pegamos uma revista *G Magazine* em que havia um ensaio fotográfico de nu feito pelo Matheus Carrieri e fizemos uma montagem com a cara do Miguel, como se alguém tivesse vazado uma foto dele e publicado na revista. Quando estávamos todos juntos, falei:

— Gente, vamos ver a revista do Matheus? Quero ver como ele é.

Começamos a folhear, e Miguel ao lado, vendo. De repente, chegou na página com a montagem com a cara do Miguel, e ele:

— Bebê, o que é isso? Alguém me pegou pelado e vazou esta merda!

Todo mundo caiu na gargalhada, e ele lá, desesperado, passando mal.

Tudo no espetáculo era lindo de ver. No cenário, havia uma teia de aranha feita em projeção, e eu ficava pendurada por um cabo de aço preso a um cinto, que a cada hora estava em uma altura diferente. Parecia que eu andava pela teia, era incrível.

Acho que Deus me deu momentos de muita alegria nesse trabalho para que eu me fortalecesse e me preparasse para o que estava por vir. Durante a temporada do *Beijo da mulher aranha*, Carlinhos veio até meu ensaio dizendo que estava aflito porque tinha aparecido uma bolinha em sua virilha.

Carlinhos era meu amigo íntimo, desde o tempo em que eu era adolescente e ele era secretário da minha mãe na escola. Era meu confidente, arrumava meus encontros com Jorge, aquele ex-namorado da minha irmã com quem perdi a virgindade. Era meu parceiro no campeonato de piruetas e de loucuras, de sair para dançar, no tempo em que morava em nossa casa. Ele dançava lindamente, chegou a ser profissional. Carlinhos foi uma das paixões de Lennie Dale, que se apaixonava em um dia e arrumava uma nova paixão no outro. Eles ficaram um bom tempo juntos, até que Lennie deu um pé na bunda dele. Carlinhos sofreu horrores, chorou muito no meu ombro, desistiu da dança. Foi quando eu o contratei para ser meu produtor em todos os meus espetáculos.

Coloquei a mão na bolinha na virilha de Carlinhos e senti um nódulo duro. Não gostei nada daquilo, ainda mais quando ele me disse que, em dois dias, o carocinho tinha crescido muito. Disse a ele que eu terminaria meu ensaio mais cedo e iria com ele imediatamente a um médico.

Foi o tempo de o médico examiná-lo, fazer uma ultrassonografia e dar o diagnóstico: câncer. Em uma semana, Carlinhos morreu. Foi muito difícil de aceitar, era um pedaço da minha vida que ia embora. Não era só alguém que eu conhecia, era um amigo com quem eu convivia desde menina. Eu e ele tínhamos uma brincadeira só nossa: ele acendia o isqueiro e falava, imitando o Barboza, personagem do Ney Latorraca no *TV Pirata*:

— Quem é você?

E eu respondia, bem tonta:

— Véio Zuza!

E a gente caía na gargalhada. Quando eu estava em cena, muitas vezes ele acendia o isqueiro para que eu soubesse que ele estava presente.

As mudanças continuaram a acontecer, boas e ruins, em todos os sentidos. Agora, graças à mente criativa e ousada de Silvio de

Abreu, a mudança era um papel desafiador. Um ano antes, mais ou menos, encontrei Silvio em um voo, voltando de Nova York, e ele me avisou que criaria um personagem transexual para mim e que eu já podia começar a fazer laboratório. Promessa feita, promessa cumprida. No final de agosto de 2001, estreou *As filhas da mãe*, novela em que eu fazia a personagem Ramon/Ramona, um dos filhos de Lucinda (representada por Fernanda Montenegro), que fazia uma cirurgia de redesignação sexual na Suíça e se assumia como a estilista Ramona.

Para compor a personagem, busquei inspiração na belíssima Roberta Close. E fiz um trabalho de corpo, de voz, de postura. Aprendi a cruzar as pernas de forma menos elegante. Fui entrando em camadas mais profundas e trabalhando cada minúcia desse desafio de ser uma mulher que representa um homem que se transforma em uma mulher.

A novela não fez sucesso: era muito diferente, muito ousada para a época. A vida real também atrapalhou a audiência. Durante a novela, em agosto de 2001, a filha de Silvio Santos foi sequestrada, depois houve a perseguição ao sequestrador, e o próprio Silvio Santos foi mantido refém em sua casa. Parte do público migrou para os programas de notícias. Em 11 de setembro, aconteceu o terrível ataque às Torres Gêmeas em Nova York, abalando o mundo inteiro, e novamente o interesse da audiência se voltou para os telejornais, fazendo a audiência cair ainda mais.

Por causa da dificuldade de aceitação de *As filhas da mãe*, uma coisa muito desagradável aconteceu: fomos avisados de que a novela, que estava sendo exibida havia quatro meses, sairia do ar em duas semanas. Ou seja, Silvio de Abreu tinha quinze dias para encaminhar a trama para o final. Todo o elenco, com atores e atrizes como Fernanda Montenegro, Raul Cortez, Tony Ramos, Andréa Beltrão, Reinaldo Gianecchini, foi pego de surpresa.

Fiquei chocada e tentei me reunir com Tony Ramos e Fernandona para fazermos alguma coisa. Sempre tive muita amizade com ela, muitas vezes dividíamos aqueles frangos assados de "televisão de cachorro", que eu comprava no meio da tarde. Numa dessas conversas, disse a ela que deveríamos ir até a presidência para falar que não era justo fazerem aquilo com Silvio. Fernandona me ouviu e, depois, com toda a sua sabedoria, falou:

— Minha querida, eu sei tudo o que você está dizendo, você está coberta de razão. Lá fora, nós duas somos produtoras das nossas próprias peças e companhias. Mas, aqui, somos funcionárias. O que sugiro é que a gente faça uma grande homenagem ao Silvio.

E assim foi feito. Todo mundo colaborou, e fizemos um jantar surpresa em minha casa no Itanhangá. Eu disse ao Silvio que era um jantar só para ele, uma coisa íntima na minha casa. Ele nem desconfiou, porque era normal que ele e Maria Célia fossem jantar lá. Quando ele chegou, o elenco inteiro estava presente, aplaudindo muito. Foi uma surpresa total; ele ficou muito emocionado, porque estava chateado com o súbito fim da novela. Também fizemos um vídeo em sua homenagem, dizendo o quanto ele era talentoso, amado e importante para cada um de nós. Foi muito lindo, fechamos com chave de ouro. Silvio diz que foi um dos dias mais emocionantes de sua vida. Ele e Maria Célia ficaram em casa até o dia amanhecer.

No dia 19 de janeiro de 2002, *As filhas da mãe* saiu do ar. Alexandre Borges e eu fomos indicados como Melhor Par Romântico no Prêmio Contigo de Televisão.

Em março, houve uma mudança assustadora: meu endocrinologista achou alguns nódulos na minha tireoide, um maior, com dois centímetros e meio, e mais seis pequenos. Ele explicou que, muitas vezes, quando é um nódulo só, tem mais chance de ser maligno, de ser um câncer, mas que mesmo assim eu teria que fazer uma cirurgia para retirar todos. Fiquei bem preocupada, porque a tireoide fica perto da corda vocal.

Edson e eu resolvemos viajar para os Estados Unidos e consultar um médico indiano, especializado em câncer de cabeça e pescoço. Viajamos e, na consulta, o médico fez uma pergunta apavorante:

— Sua carreira está na ascendente ou na descendente?

Quase fiz xixi na calça de tanto medo, pensando: "Pronto, minha carreira acabou". Eu me recompus dos pensamentos e respondi:

— Acho que ascendente.

— Você é uma atriz, uma cantora e bailarina, não pode continuar com essa garganta. Se fosse com minha filha, eu tiraria agora. Não tenho como saber se é maligno, só vamos ter certeza mesmo quando tirarmos os nódulos e mandarmos fazer uma biópsia — disse ele.

Fiz a cirurgia e retirei 80% da minha tireoide. E, graças a Deus, a biópsia indicou que não era câncer.

Enquanto eu me recuperava, o autor Antonio Calmon me ligou convidando para ser protagonista de sua nova novela das sete da Globo, *O beijo do vampiro*. Eu seria Mina, uma atriz francesa que tinha sido mordida pelo vampiro Bóris, vivido por Tarcísio Meira, meu par na novela.

Fiquei felicíssima e aceitei na hora. Meu ginecologista disse que, mesmo só com 20% da tireoide, eu podia ter uma vida normal, só não deveria engravidar durante um ano, até que meus hormônios se estabilizassem.

Acontece que, sem esperar pela estabilização dos meus hormônios e sem planejar, eu engravidei. Ficamos muito felizes, era um presente surpresa que a vida estava trazendo para nossa família. Faltava só avisar o autor da novela que sua protagonista vampira ia ter um bebê. Havia um pequeno problema: vampiras não engravidam.

Liguei para Antonio Calmon e expliquei a situação. Ele quase teve um ataque cardíaco, e só conseguiu dizer:

— Eu estou entrando agora na análise, mas assim que sair eu ligo pra você.

A analista dele deve ter feito um ótimo trabalho, porque ele ajeitou as coisas e tudo saiu a meu favor.

Calmon criou uma versão mais "humanizada", mostrando que vampiras podem engravidar, sim, mas a cada cem anos. Estava tudo resolvido, eu podia fazer minha vampira má, divertida, perua e namoradeira.

Gloria Menezes, a quem meus filhos têm como uma avó, porque ela e Tarcísio fazem parte da nossa família, viu todas as ultrassonografias de meus filhos. Quando mostrei a ela o primeiro ultrassom de Sophia, com três dedinhos e a carinha dela bem visíveis, ela ficou muito emocionada e, ali mesmo, no estacionamento da Globo, começou a chorar muito, dizendo:

— Mas essa menina é linda, olha o narizinho dela!

De fato, Sophia tem o nariz mais lindo do mundo. Fernandinha Torres diz que eu combinei com Jesus para Sophia herdar o meu nariz de plástica, de tão perfeito que é o nariz da minha filha.

Quando *O beijo do vampiro* estreou, eu estava grávida de quatro meses. Minha bebê era tão iluminada e me trouxe tanta sorte que o primeiro capítulo deu 36 pontos de audiência, com picos de 41, muito acima da média do horário.

Na novela, minha bebê se chamava Pandora. Ela tinha uma boquinha feita na minha barriga com animação e falava "mamãe" junto comigo. As pessoas amavam a Pandora, a barriga, tudo. Eu ficava muito feliz de saber que Sophia, antes mesmo de nascer, já era tão amada. Desde o final dos anos 1990, eu tinha entrado em um período muito fértil e intenso, alternando televisão, teatro, televisão, filho, televisão, teatro, televisão; agora, estava na fase "televisão e filha" ao mesmo tempo. Eu amo fazer TV, mas o teatro me renova, porque tenho contato direto com o público na plateia, percebo as reações, ouço os risos, vejo o brilho dos olhos, abraço as pessoas e agradeço os aplausos. E, mais do que tudo isso, adoro ter filhos: se pudesse, teria uns dez.

Foi muito amoroso fazer a novela grávida, porque minha filha teve seu primeiro personagem antes mesmo de nascer. Ela estreou dentro da minha barriga, e ainda tendo ao meu lado Tarcísio Meira, que ela chama de avô na vida real. Talvez, por ter sido apresentada ao mundo pelas luzes da TV, ela sempre foi minha menina-luz.

Fiz a novela toda junto com Sophia, a gravidez inteira. Parei de trabalhar no dia 20 de dezembro de 2002, três dias antes do meu aniversário de 36 anos.

E, no dia 15 de janeiro de 2003, veio ao mundo minha menina-luz, Sophia. Quando uma mulher tem um menino, é um acontecimento épico, que é gerar um sexo diferente do seu. Quando uma mulher dá à luz uma menina, é lírico, é a flor que gera o fruto, a semente que cresce para ser a árvore que gera novas flores e frutos e sementes. É o ciclo eterno do feminino.

Sophia é alegre, carismática, conversadora, corajosa, criativa. Ela dança, sapateia, inventa, tem uma imaginação impressionante, um talento incrível para a comunicação. Sophia vem do grego e quer dizer "sabedoria". E eu sei que amo demais essa filha sábia que Deus me deu.

Pensa numa família fofa, família linda, família margarina.
Amo que construímos a família Raia Celulari.

# ITANHANGÁ

Quando Enzo nasceu, morávamos em um apartamento em Ipanema, mas meu sonho era ter uma casa. O problema era que eu não tinha tempo para procurar um lugar, nem dinheiro suficiente para a casa dos meus sonhos. Para minha sorte, minha mãe se ofereceu para me ajudar e visitou centenas de imóveis, até que achou um que era "a minha cara", mas custava o dobro de tudo que eu tinha. Mesmo sendo totalmente fora do meu orçamento, ela insistiu muito que eu visitasse a tal casa. Fui. Cheguei no imóvel, abri a porta e falei para mamãe:

— É a minha casa.

O dono era um self-made man do ramo de laticínios que montara um império a partir do zero. Ele e sua mulher me receberam com muito carinho e pão de queijo, enquanto eu explicava que não tinha o dinheiro, mas tinha força e determinação para trabalhar e que, se eles acreditassem nisso, me venderiam a casa. Ele só respondeu:

— Então a casa é sua, pague como puder.

Trabalhamos duro, Edson e eu, e finalmente pagamos a última parcela da casa. Três dias depois, ele faleceu por conta de um câncer.

Foi nessa casa, no Itanhangá, que Sophia e Enzo passaram a infância, cresceram, e onde construímos nossas melhores memórias em família.

Tivemos o privilégio de ter ao nosso lado a Célia, que ajudou a criar os dois. Por mais que pareça um clichê, Célia foi como uma segunda mãe para meus filhos e um anjo da guarda para mim, porque sem ela eu não poderia ter feito tudo o que fiz, não seria a profissional que eu sou. Dediquei todos os prêmios que ganhei a ela.

Desde cedo, expliquei para meus filhos o quanto meu trabalho era essencial para mim, e dizia:

— Mamãe vai sair para trabalhar, porque é uma coisa que ela ama fazer. Assim, a mamãe vai voltar feliz pra casa e ficar mais contente ainda porque tem vocês.

Um mês depois de ter Sophia e de cantar muito "Nana neném", a cuca não veio pegar nem o papai foi pra roça, mas a mamãe foi trabalhar.

Gravei o final que faltava em *O beijo do vampiro*. Quando o último capítulo foi ao ar, no dia 3 de maio de 2003, Enzo estava com seis anos e Sophia, com três meses, uma bebezinha gorducha e linda que mamava exclusivamente no peito.

Logo depois, fui convidada para fazer o filme *Abracadabra*, da Xuxa, dirigido por Moacyr Góes e escrito pelo dramaturgo Flávio de Souza. A história tinha vários personagens famosos de contos de fadas, como Pinóquio, Chapeuzinho Vermelho, João e Maria. Eu era a madrasta, personagem que a vida inteira quis fazer.

O elenco só tinha gente bacana, como Heloisa Perissé, Lucio Mauro Filho, Leandro Hassum, Sérgio Mamberti, Márcio Garcia e Bruna Marquezine, então com oito anos, uma fofa.

Xuxa foi de uma gentileza inigualável comigo. Ela sabia que eu amamentava Sophia e montou um trailer completo para nós duas, com poltrona para amamentar, almofadinhas e brinquedinhos. Eu ia de manhã para filmar, e Sophia ficava no trailer com Célia. Só consegui fazer o filme por causa desse carinho que Xuxa me ofereceu, a coisa mais querida do mundo.

Mas o que estava surgindo no meu horizonte profissional era algo bem maior: a peça de teatro *Batalha de arroz num ringue pra dois*, de Mauro Rasi, que fiz com Miguel Falabella e foi um marco em minha vida. Foram mais de 2 milhões de espectadores, dois anos em cartaz no Rio e em São Paulo, turnê em outros estados, duas temporadas em Portugal, casas de espetáculo com 2 mil, 3 mil lugares sempre lotados, algo inacreditável.

Miguel já havia feito a peça em 1985 com Bia Nunes e decidiu montá-la novamente como forma de ajudar Mauro Rasi, que estava tratando um câncer de pulmão e precisava de recursos. No dia 13 de fevereiro de 2003, Miguel fez uma montagem com Claudia Jimenez no Teatro Vanucci, no Rio, e Mauro Rasi viu, pela última vez, seu primeiro texto como dramaturgo encenado no palco. Dois meses depois, ele se foi.

A peça ficou em cartaz no Rio até dezembro, e Miguel queria fazer a temporada em São Paulo comigo, com produção nossa. Aceitei com a condição de fazer um cenário novo, dar um *up* no espetáculo. Como produtora, acho que o público que se arruma, sai de casa, vai até o teatro e paga ingresso tem quer ver um espetáculo bonito, grandioso, que o transporte para um espaço de sonhos.

Eu era garota-propaganda da tintura para cabelo Cor&Ton, da Niely, e sugeri que eles patrocinassem a peça; eles toparam. Fizemos um cenário lindo, potente, que atendia à dramaturgia da peça, a história de um casal que atravessava quatro fases do casamento: Bodas do Ciúme, Bodas da Egolatria, Bodas da Supressão e Bodas da Paixão. Nas Bodas da Supressão, por exemplo, o marido diminuía a mulher, dizendo que ela era feia, que estava fora de forma, e ela reagia fisicamente a esses insultos: tropeçava, perdia a manga da roupa, levava choque no abajur. Quando tentava pegar uma pecinha na cozinha, tudo desmoronava. Miguel e eu fazíamos isso com muita graça, era bem divertido.

Em março de 2004, estreamos no Tom Brasil, um teatro gigante, com a proposta de ficarmos vinte dias. Ficamos quatro meses e só paramos porque tínhamos uma turnê internacional marcada. E Miguel, eu, Sophia, Célia e toda a equipe fomos para Portugal.

A primeira turnê em Portugal era de um mês, com espetáculos todos os dias. Miguel era conhecido pelos portugueses por muitos trabalhos, especialmente o *Sai de baixo*, e eu, por todas as novelas que fiz ao longo de dezesseis anos. Foi um sucesso tsunâmico. Em quatro dias, foram vendidos os ingressos de toda a temporada. Tivemos que aumentar o número de espetáculos para atender à demanda.

Essa temporada lusitana rendeu muitas gargalhadas, não só pelo jeito divertidíssimo de Miguel, mas também pelas características dos portugueses, sempre sinceros e diretos — às vezes até demais. Na noite de estreia, depois dos aplausos intensos da plateia, Miguel chegou no meu camarim acabado, dizendo:

— Bebê, acabei de levar uma "lavada" do cortineiro do teatro, aquele senhor que abre e fecha as cortinas. Ele me perguntou assim: "Senhor Falabella, por que não cumprimentas como uma vedeta?".

— Como assim, Mig? — perguntei, entendendo que "vedeta" quer dizer "estrela" para os portugueses.

— O cortineiro falou: "A dona Claudia cumprimenta como uma vedeta, ela recebe os aplausos. E o senhor, não, o senhor fica tímido e encolhido" — explicou Miguel, imitando o sotaque local.

Miguel foi dormir mordido com aquilo. No dia seguinte, no final do espetáculo, Miguel fez um cumprimento totalmente descabido, uma coisa absurda que claramente não combinava com ele. Caí na gargalhada, porque ele tinha criado aquilo não para impressionar o público, mas para não levar bronca do cortineiro!

Sophia ficava comigo o tempo todo, e, quando ia fazer o espetáculo com Miguel, eu a deixava com a Célia; assim, ela passou a ver Miguel como "o cara que roubava sua mãe". Quando Sophia o via, dizia, apavorada:

— Não! Medel não! Medel não!

Miguel adorava Sophia. Com pouco mais de um aninho, ela era um bebê lindo, parecia uma menina russa, por ter cabelos quase ruivos, olhos muito claros e bochechas bem vermelhas, e Miguel criou um apelido carinhoso para ela, "leitoinha da Chechênia", que vinha junto com uma musiquinha que ele cantava, para que ela completasse:

— Eu sou tão linda, sou de nascença, sou leitoinha, lá da...

E Sophia dizia:

— Sessênia!

Era a coisa mais bonitinha. Mas, claro, era uma brincadeira nossa, nem todo mundo entendia. Tanto que, no hotel em Lisboa, quando

Miguel cantou "leitoinha da Chechênia" para Sophia, que estava no meu colo, a portuguesa da recepção ouviu e falou, provavelmente acreditando que Sophia fosse um bebê adotado de uma região em conflito:

— Ah, é da Chechênia! Coitadinha!

Mas a recepcionista tinha um pouco de razão: às vezes eu mesma pensava "coitadinha da Sophia", que precisava esperar horas e horas enquanto dávamos autógrafos e conversávamos com fãs. Ela ficava cansada e pedia para voltar para o hotel, dizendo:

— Mamãe, totel, totel!

Virou uma "senha" entre a gente. Em qualquer situação em que ficávamos cansados ou queríamos ir embora, um olhava para a cara do outro e dizia: "Totel! Totel!".

São muitos anos de amizade, muitos códigos entre nós. E, supreendentemente, nunca briguei com Miguel, porque até irritado comigo ou contrariado com o mundo ele é muito engraçado. Em Guimarães, estávamos tomando café no hotel quando avistei pela janela uma espécie de castelo, bem no alto. Perguntei para a garçonete o que era aquilo, e ela explicou que era um antigo mosteiro que agora era um hotel. Imediatamente resolvi que nos hospedaríamos naquele lugar histórico, e nos mudamos para o topo da montanha. Era realmente lindo, chiquérrimo, com jardins, uma vista deslumbrante, tombado pela Unesco como Patrimônio da Humanidade. Mas não tinha elevador, porque, em um mosteiro agostiniano do século XII, a tecnologia usada para subir e descer era conhecida como "escada".

Miguel reclamava que tinha que descer as escadas para o café, subir as escadas para o quarto, descer para almoçar, subir as escadas de novo para se arrumar e, a cada degrau subido, ele me xingava, e eu ria.

Voltamos todos felizes de Portugal e percorremos o Brasil em turnê do segundo semestre de 2004 até o início de 2005 e, nesse ínterim, ainda fizemos a segunda temporada portuguesa. Uma loucura maravilhosa.

Dias antes de nossa apresentação no Espírito Santo, tive um pequeno acidente em casa, brincando com Sophia. Ela e eu estávamos na cama, em um joguinho de puxa-puxa com uma caneta. Eu puxava a caneta para mim, ela puxava a caneta pra ela. Em um desses movimentos, puxei a caneta pra mim e ela soltou as mãozinhas, e eu enfiei um dedo no meu olho. Perfurei três das cinco camadas da minha córnea. Mais um pouco e eu ficaria cega.

Não posso explicar a dor que senti. Eu não conseguia abrir o olho, sentia ardência, dor, um horror. Edson me levou para o hospital, fui medicada e tive que colocar um tampão na vista machucada. Liguei para Miguel e falei do acidente. E seguiu-se o seguinte diálogo entre nós:

— Bebê, vamos cancelar — disse Miguel.

— Não vamos cancelar, não — revidei. — Vendemos todos os ingressos em Vitória, vamos ter casa lotada.

— Criatura, você está com um olho só, morrendo de dor, não vai entrar em cena com um tapa-olho — insistiu Miguel.

— O médico disse que em dois dias estarei sem dor. Estou tomando remédio, e a gente vai fazer. Beijos — falei, desligando.

O produtor local garantiu que, se abríssemos mais uma sessão, certamente lotaria. Aprovei, e, de fato, todos os 1.200 lugares se esgotaram em vinte minutos. A sensação que eu tinha era de que, se quiséssemos, poderíamos manter aquela peça a vida inteira. Eu, a capricorniana persistente, faria isso sem problemas, mas Miguel é o típico libriano que enjoa das coisas e precisa sempre de novidades.

Na primeira sessão depois do acidente, fui para meu camarim me arrumar. Na peça, eu entrava pela plateia, vestida de noiva, enquanto Miguel ficava no palco me esperando. Não encontrei com ele na hora em que saí do camarim, então ele nem me viu antes de entrar em cena.

Eu tinha maquiado todo o meu tapa-olho com base bege, bem da cor da minha pele, e desenhado um olho, com cílios e tudo, em cima dele. Fui para meu lugar na plateia e entrei.

Não tenho palavras para descrever a cara de Miguel quando me viu com aquele tapa-olho maquiado e com um olho desenhado. Ele teve uma crise de riso, teve que se ajoelhar no palco de tanto que gargalhava. E eu, com um olho só, tentava me manter compenetrada, séria, como se estivesse tudo normal.

No dia 29 de maio de 2005, no Canecão lotado, encerramos nossa longa jornada de *Batalha de arroz num ringue pra dois*, com grande sucesso, imensa alegria e muita gratidão a Mauro Rasi. E, como o show não pode parar, eu já estava escalada para viver Safira em *Belíssima*, a nova novela de Silvio de Abreu, para a faixa nobre das nove horas.

*Belíssima* me daria dois grandes presentes na vida: meu primeiro papel como mãe e o privilégio de contracenar com uma das pessoas que mais amo nesta vida, meu amigo do coração, Reynaldo Gianecchini.

Minha personagem era maravilhosa. Safira era filha do turco Murat e da grega Katina, vividos por dois gigantes da dramaturgia e amigos meus, Tony Ramos e Irene Ravache. O elenco ainda tinha Glorinha Pires, Lima Duarte, Fernanda Montenegro, Carolina Ferraz, Camila Pitanga e Marcelo Médici, entre muitos outros.

Safira era mãe de vários filhos, um de cada nacionalidade e religião, entre eles Giovana, papel da querida Paolla Oliveira, que tinha acabado de chegar à Globo e estava em sua primeira novela. Eu chamava Paolla de "*koúkla*", que é boneca em grego, palavra que aprendi nas aulas que fiz como parte da minha preparação.

Meu parceiro romântico na novela, o mecânico Pascoal, vivido por Gianecchini, era para ser o par de Cláudia Abreu. Até que Silvio escreveu um capítulo em que Safira passava pela oficina de Pascoal, cheia de sacolas, tropeçava e caía em cima dele, gerando um clima meio sexual, e tudo mudou. Quando a cena foi ao ar, rolou uma química explosiva entre nós dois, e uma avalanche de gente pediu mais cenas de Safira e Pascoal. Silvio me ligou e disse que não teria como escapar, ele ia fazer com que Safira tivesse um caso com Pascoal. Fez, e a coisa pegou fogo, porque Safira era muito libidinosa.

Para caracterizar essa mulher fogosa, fiz uma preparação muito legal com a maga da fonoaudiologia, Glorinha Beuttenmüller. Foi ela quem me deu a "chave" para desvendar Safira, dizendo que ela era uma mulher que tinha um "andar de passo curtinho, apertadinho, como quem roça seu sexo contra si mesma". Foi esse andar que definiu o figurino de Safira, assinado pela talentosíssima Gogoia Sampaio, composto de saias retas e justas, tudo com fendas, decotes e lingeries sempre com uma parte à mostra.

Safira já tinha vocabulário e modos gregos, par romântico e figurino, mas ainda faltava o cabelo, que eu usava bem comprido antes da novela. Achei que podia mantê-lo assim, deixando a personagem mais sensual. Wanderley Nunes, meu amigo há anos, que sempre fez todos os cabelos dos meus personagens, queria cortá-lo. Fizemos testes de câmera e ele disse:

— Você não está bonita com esse cabelo. Confie em mim, deixa eu fazer o que está na minha cabeça.

Claro que eu confiava totalmente em Wanderley, tanto que pedira que ele cortasse o cabelinho do Enzo logo que chegou em casa da maternidade. E Wanderley estava certíssimo, meu cabelo mais curto deu uma moldura perfeita para Safira.

Para criar a ambientação da Grécia, a Globo construiu uma cidade cenográfica na ilha de Guaratiba, e os bairros foram reproduzidos no Projac. Denise Saraceni era a diretora-geral, mas, pelo nosso núcleo da borracharia, com Gianne, Cacá Carvalho fazendo Jamanta e eu, era Flávia Lacerda a responsável. Passávamos as madrugadas gravando, porque nossos movimentos eram quase coreografados. O contato diário, a amizade, a sintonia, tudo foi me aproximando de Gianne, a ponto de ele virar uma alma gêmea. Criamos um elo indestrutível.

No final da novela, nossos personagens faziam um sexo tão intenso que o prédio tremia, a oficina desmoronava e eles apareciam pelados e sujos, em uma cena muito engraçada. Foi um trabalho intenso e prazeroso. E, para coroar nosso esforço de glória, *Belíssima* terminou em julho de 2006 como uma das maiores audiências de novelas em sua faixa horária.

Missão cumprida: era hora de alternar TV com teatro e de estar, mais uma vez, diante da plateia. E eu estava animadíssima para enfrentar um dos maiores desafios da minha carreira: protagonizar o musical *Sweet Charity*.

*Sweet Charity*, encenado na Broadway pela primeira vez em 1966, conta a história de Charity Hope Valentine, uma prostituta e dançarina de cabaré ingênua e delicada que coleciona desilusões amorosas até o dia em que fica presa em um elevador com um rapaz chamado Oscar Lindquist, e sua vida toma outro rumo. O musical, que tem coreografias do meu ídolo Bob Fosse, foi inspirado no filme de Federico Fellini *Noites de Cabíria*, com Giulietta Masina. Para entender a composição da personagem, eu assisti a esse filme 68 vezes. Sim, a cabra persistente dos Alpes italianos fez questão de atacar novamente, ainda mais em um filme de seu conterrâneo Fellini.

Assim que contei a Silvio de Abreu que faria *Sweet Charity*, ele me chamou para conversar. Disse que seria um trabalho importantíssimo para mim como atriz, porque sempre passei essa imagem de mulher forte, vencedora, e Charity era exatamente o contrário, a perdedora, a insegura, a *loser*. Meu desafio seria me transformar nessa moça doce e frágil, a ponto de fazer com que as pessoas quisessem me pegar no colo e me levar para casa enrolada num cobertorzinho velho. Eu teria que fazer esse trabalho de diminuição, de contenção de mim mesma, mas em um musical, que é uma coisa superlativa. Um desafio.

A equipe de trabalho era perfeita: direção dos dois maiores experts do teatro musical do Rio de Janeiro, os geniais Charles Müller e Cláudio Botelho. Além deles, Alonso Barros, o coreógrafo que mais entende de Bob Fosse no mundo e meu amigo de infância em Campinas, que reencontrei em *Chorus Line*; Marcelo Médici, ator espetacular que conheci em *Belíssima*, comediante talentosíssimo de quem sou fã. Como o próprio Charles disse, foi um momento em que o mundo parou, porque juntamos uma galera que era toda do mesmo planeta.

Ao mesmo tempo que foi um momento de consagração profissional, foi muito difícil em termos familiares, porque Sophia tinha apenas três anos, Enzo estava em idade escolar, e eu tive que passar três meses morando em nosso apartamento em São Paulo, trabalhando nove, dez horas por dia, de segunda a sábado. Edson, que foi sempre um parceiro compreensivo, pegava um avião todo sábado à noite com Sophia e Célia, e vinha para São Paulo, para que pudéssemos jantar e passar o domingo juntos, mesmo com uma mãe fisicamente exausta que deveria estar dentro de uma tina de salmoura.

Para aplacar a saudade de viver como uma família, encontrei uma solução lúdica, que nos mantinha unidos: comprei para cada um de nós uma agenda com cadeados que eu chamava de Livro dos Segredos. Quando estávamos separados, desenhávamos nossos sentimentos e, quando nos encontrávamos, cada um revelava seus segredos. Era uma coisa simples, mas que ajudou Sophia a entender e a trabalhar a saudade que sentíamos uma da outra.

No dia 13 de setembro de 2006, *Sweet Charity* estreou no Citibank Hall, em São Paulo, com 27 atores-bailarinos em cena, uma orquestra de treze músicos e duas horas e quarenta minutos de duração, para uma temporada de três meses. Foi um trabalho memorável, porém exaustivo, e, quando acabou, tudo o que eu queria era voltar para o Rio, celebrar meu aniversário, começar 2007 em família e aproveitar com eles a nossa casa dos sonhos no Itanhangá.

A casa era grande em todos os sentidos, porque tinha espaço físico, afetivo e lúdico para todo mundo brincar do que quisesse. Fiz um quarto com paredes e piso que podiam ser pintados, grafitados, carimbados com mãos de tinta, onde tudo era permitido, o "Quarto do Pode Tudo". Meus filhos gostavam de fazer trabalhos manuais, como gesso e argila, mas também curtiam tecnologia e jogos de imaginação. Enzo inventava que era um índio, Sophia andava pela casa com um cobertorzinho dizendo que era uma mendiguinha órfã perdida no mundo, e a gente entrava na onda das crianças. Aos domingos, reuníamos os índios, as mendiguinhas, os sobrinhos e toda a família para almoços deliciosos, com muita comida, risada e brincadeira, do jeito que só os italianos sabem fazer.

Foi ótimo ter recarregado minhas energias, porque gastei boa parte delas com uma novela em que nada deu muito certo e eu acabei sendo explodida: *Sete pecados*, de Walcyr Carrasco, com direção de Jorginho. Teve erro de escalação, excesso de personagens, papéis confusos. Eu fazia uma vilã chamada Agatha que, no final, não era nem boa, nem má; nem vilã, nem mocinha. Fui de antagonista principal a coadjuvante sem história, e eram tantas as alterações de última hora que ficava difícil até para decorar as falas. Maria Zilda deixou o elenco, Ailton Graça pediu para sair, uma tristeza. Walcyr Carrasco reconheceu os problemas e foi muito correto comigo, dizendo que não podia deixar uma atriz como eu fazendo um papel sem sentido e que tinha decidido me explodir. Achei a ideia hilária e concordei.

Quando eu estava prestes a ser explodida, recebi um convite do autor João Emanuel Carneiro para fazer a novela *A favorita*, junto com uma breve sinopse da trama. Ele me perguntou quem eu achava que era a mocinha e quem era a vilã, entre Flora e Donatella, e qual eu queria fazer. Matei a charada e disse que a mocinha era Donatella, minha escolhida. Emanuel tinha acabado de rever meu trabalho em *Engraçadinha* e ligado para Silvio de Abreu para saber o que ele achava de mim para fazer um papel dramático. Silvio respondeu que tinha certeza de que eu ia arrasar.

A explosão em *Sete pecados* foi maravilhosa, porque fiquei liberada para fazer um dos papéis mais importantes de minha carreira como atriz dramática, ao lado de Engraçadinha. Donatella foi uma personagem magistral, porque começou parecendo vilã, agindo como vilã e foi revelando suas muitas camadas, sendo descascada como uma cebola diante dos olhos dos espectadores até fazer a grande virada, ao mesmo tempo que Flora, vivida pela maravilhosa Patricia Pillar, fazia o caminho inverso, indo de vítima à mais completa vilã e assassina.

A manutenção desse segredo era crucial para o sucesso da novela, e apenas Patricia, o diretor Ricardo Waddington, João Emanuel Carneiro e eu sabíamos quem era a mocinha e quem era a vilã de verdade.

Donatella era uma mulher rude, primária, no corpo e na fala. Tive a honra de contar com a ajuda de Cacá Carvalho, conhecido como ator, mas que é um mestre como preparador de atores. Cacá trabalhou meu corpo, meu andar, dizia pra eu "andar sem bunda". Ele queria tirar todas as curvas do meu movimento sinuoso. Sou canhota, e ele me fez atuar na novela inteira como destra, para adquirir uma certa brutalidade ao pegar no garfo, na caneta. São particularidades da criação de personagem que fizeram meu trabalho render muito e ser bem diferente do que eu já tinha feito. Esses detalhes já se fazem presentes nos primeiros capítulos da novela *A favorita*, nas cenas na mansão da família, todas gravadas em uma fazenda da Argentina.

Tudo ia muito bem até que, no capítulo sessenta, Ricardo Waddington me chamou para ir à ilha de edição. Ele me mostrou as cenas da Patricia Pillar, destacando seu jeito minimalista de interpretar e dizendo que queria que eu fizesse o mesmo. Não aguentei. Falei, com sinceridade, firmeza e uma boa dose de raiva:

— Então é melhor você chamar outra atriz, porque não foi isso que você combinou comigo, não foi o que você me pediu. É claro que eu posso fazer uma intepretação minimalista, eu fiz isso com Angela Vidal, mas você explicitamente me pediu para fazer uma mulher rude. Chama outra atriz, então.

— Se acalma — disse Ricardo —, tudo vai correr bem.

— Não, não vai correr bem, porque você combina uma coisa comigo, eu faço, e agora você quer outra. Afinal, o que é pra fazer? — E saí da ilha de edição.

Chovia muito no Projac. Sem guarda-chuva, furiosa e já toda molhada, parei em frente a um busto do dr. Roberto Marinho que fica na entrada e comecei a desabafar com ele, dizendo que talvez eu não fosse a atriz certa para o papel, que eu não queria mais fazer a novela e perguntando por que eu estava passando por tudo aquilo. Edson, que estava dentro do carro, esperando por mim no estacionamento do Projac, viu toda essa cena.

No dia seguinte, eu tinha que ir para a Argentina passar quarenta dias gravando com Ricardo Waddington. Foi um desespero. Se não fosse o apoio de Mariana Ximenes, Murilo Benício e Glória Menezes, não sei como eu teria conseguido trabalhar, porque não sabia como resolver a situação.

No dia 2 de junho de 2008, *A favorita* estreou, e Ricardo viu que o sotaque funcionava, que o jeito de Donatella funcionava, porque Flora e ela eram duas personagens muito diferentes. E era importante marcar essa diferença. Nas gravações, chorei muito, ele falou um monte de coisas para mim, e eu revidei. Houve um momento em que peguei os óculos dele e escondi dentro da minha roupa. Ele ficou três horas sem poder dirigir e pedia seus óculos de volta. Falei que só devolveria se ele pedisse desculpas para mim na frente de toda a equipe, porque eu estava certa. Ele me pediu desculpas diante de todos, devolvi os óculos, a temperatura baixou, criamos uma ponte, e acabou tudo em amor. Hoje, posso dizer que adoro Ricardo e que ele me adora também. Sofremos muito naquela novela, mas ele viu com quem realmente podia contar. Naquele trabalho, cheguei a gravar vinte horas seguidas. Teve um dia em que eu tinha quatro horas para ir para casa, tomar banho, dormir e voltar. Não fazia sentido sair e voltar, então liguei para Ana Maria Braga, minha amiga pessoal, e pedi para dormir na cama dela, na casinha que ela tem no Projac. Ou isso, ou ia ter que dormir em um motel que tem ali perto, chamado Amarelinho.

— Pode entrar lá, pode dormir na minha cama — disse Ana.

Avisei em casa que não ia voltar, entrei na casinha de Ana, tomei banho, dormi do jeito que eu estava. Acordei quatro horas depois e já estava no Projac para gravar. Eu sei que é errado, porque atores devem parar depois de oito horas de trabalho, mas não sei fazer isso, não consigo parar no meio da cena e falar "deu meu horário, tchau". Eu tenho que acabar o roteiro. A equipe ganha extra, dobra, mas os atores não podem ser substituídos.

*A favorita* foi uma novela maravilhosa. Tudo ali estava certo, a escalação dos atores, o texto, a direção com um bom gosto e uma precisão incríveis. Exemplo disso foi uma cena que eu tinha que fazer chorando e comendo uma caixa de bombons. Havia um carrinho que fazia um travelling e vinha até mim, mostrando minha boca cheia de chocolate. Eu fiz vinte e oito vezes esse take. Eu dizia para o Ricardo:

— O que está faltando? Me diz que eu faço. Está ruim?

— Não, vamos de novo, mais uma vez, repete.

É um jeito de trabalhar muito diferente do que eu estava acostumada.

*A favorita*, que terminou em 17 de janeiro de 2009, foi um *turning point* na minha carreira, uma novela que me jogou muito para cima, me deu o famoso upgrade. Se não fosse pelo trocadilho, eu poderia dizer que, entre tantas novelas que fiz, eu a colocaria como séria candidata a ser a favorita.

Em 2009, também fiz cinema, com uma participação no longa-metragem *Os normais 2*, de Alexandre Machado e Fernanda Young. Foi o papel de uma mulher bissexual candidata a formar um ménage à trois com Rui e Vani, que estavam vivendo um período difícil no casamento. Foi uma coisa curiosa, porque ganhei o Prêmio Contigo de Cinema Nacional como Melhor Atriz Coadjuvante pelo voto popular, embora o papel fosse muito pequeno, e porque, na época em que o filme foi lançado, meu casamento com Edson também estava abalado. Mas, ao contrário dos personagens, tentamos buscar uma saída para nosso relacionamento fazendo uma grande viagem de quarenta dias pelo Japão e pela China, sem os filhos, só nós dois.

Tivemos momentos muito leves e gostosos no Oriente. Na China, a cada cinquenta metros, eu parava para fazer massagem, porque estava com um problema no pé e bastava andar um pouco para começar a mancar. A gente morria de rir, porque era surreal: cinco passos, uma rastejada, uma massagem. Ao tentar, sem sucesso, achar um lugar para fazer acupuntura, me dei conta de que essa técnica faz parte da "medicina chinesa" e, portanto, só é oferecida em hospitais. Consegui ir a um hospital e fiz a acupuntura que precisava. No país, também fiquei encantada com as louças, das quais trouxe um quarto de contêiner. Edson comprava as minhas loucuras, potencializava meus exageros. Em Xangai, havia aquela privada toda tecnológica que faz tudo, dá banho em você, passa talquinho, chama de meu amor. Quando cheguei no quarto, não tinha me atentado para a tal privada pirotécnica, tomei banho e fui dormir. No meio da noite, me levantei para fazer xixi e, assim que entrei em contato com o assento, o vaso sanitário acendeu, fazendo um show de luzes, tocando música e me dando um susto absurdo. Comecei a gritar "meu Deus! O que é isso? O que é isso?" no meio da madrugada, morrendo de medo que saíssem dois bailarinos de dentro do vaso fazendo um balé aquático. Tenho lembranças deliciosas desses dias de viagem, de muito companheirismo. Mas viagem não resolve relacionamento, apenas adia as decisões.

No segundo semestre, entre julho e agosto, comecei a ensaiar uma produção minha, o musical brasileiro *Pernas para o ar*, com direção de Wolf Maya e, em uma segunda etapa, de Cacá Carvalho, argumento de Luiz Fernando Veríssimo e texto de Marcelo Saback, direção musical de Paulo Nogueira e coreografia de Alonso Barros. *Pernas para o ar* conta a história da entediada dona de casa Helô, que recebe a visita do diabo e vê suas pernas ganharem vida própria, prontas para levá-la para novas experiências. A equipe tinha 51 pessoas, um cenário moderno em forma de caixa que eu mesma criei, com projeções volumétricas que eram do outro mundo: de repente, eu estava cantando, a projeção vinha e me vestia com outro figurino, parecia mágica, um luxo tecnológico.

No espetáculo, eu dividia o palco com Marcos Tumura e Ruben Gabira, além dos atores convidados e dos bailarinos. Foi em *Pernas para o ar* que trabalhei pela primeira vez com Jarbas Homem de Mello, que se tornaria meu amor, marido, parceiro, sócio e companheiro de vida.

Eu já conhecia Jarbas havia muito tempo, dos musicais, e, por acaso, Edson e eu tínhamos jantado duas vezes com ele e com o Tumura, que era amigo de Jarbas havia anos. Ele foi fazer uma audição para o elenco de *Pernas para o ar* e ficamos todos muito impressionados, eu em especial. Tumura sempre me falava que Jarbas era espetacular, um dos poucos bailarinos que, além de dançar magistralmente, cantava e sapateava muito bem. Eu achava aquilo um exagero, porque é quase impossível encontrar alguém que seja bailarino e sapateador em alto nível e ainda por cima cante e represente.

Caí do cavalo, metaforicamente falando, e fiquei de queixo caído, literalmente, porque Jarbas é esse profissional raro, que canta, dança, sapateia e representa divinamente. Claro, ele passou no teste com louvor e foi admitido. Eu, que produzia o espetáculo sozinha, falava com todos os atores contratados. Quando vi Jarbas passar depois do teste, com seu jeito leonino, de queixo erguido, mexi com ele, dizendo:

— Poxa, hein? Eu estou te namorando há um tempão!

E ele:

— Ah, é? Então vamos casar. Onde eu assino?

Foi a primeira frase que ele me disse na vida. Começamos a ensaiar e, em três dias, já éramos amigos de infância.

Logo que me conheceu, Jarbas comentou com Tumura sobre mim:

— Nossa, mas Claudia Raia é uma mulher impressionante. As escolhas que ela faz, a carreira admirável que ela construiu!

Essa foi sua primeira impressão, porque, depois de três dias convivendo comigo, ele falou para o Tumura:

— Gente, que estratégia, o quê! Ela teve é sorte, essa mulher é completamente maluca, socorro!

Ficamos muito amigos, parecíamos as irmãs Cajazeiras, Jarbas, Tumura e eu. Eu era a mais velha, de 1966, Tumura era o do meio, nascido em 1968, e Jarbas, o caçula, safra 1969. Como o resto da companhia era todo de jovens, Tumura dizia que éramos "o Sesc da terceira idade". Andávamos os três sempre juntos, almoçávamos juntos, malhávamos juntos. E ríamos, ríamos muito juntos. Mas quando eu desabafava e falava do meu casamento, que estava desmoronando, era só eu quem chorava, enquanto eles dois me ouviam.

*Pernas para o ar* estreou em Ribeirão Preto, passou por Recife, São Paulo e, no começo de dezembro, foi para Porto Alegre para duas apresentações. No final de dezembro de 2009, paramos temporariamente o espetáculo, porque decidi passar meu aniversário, o Natal e o Ano-Novo na Itália, com Edson, Enzo e Sophia. Não esperávamos um milagre, mas nos amávamos, seria bom viver esse amor tão raro no que talvez fosse nossa última viagem em família.

Voltamos para casa no começo de 2010, e segui com a turnê, viajando para dezenove capitais, atravessando o Brasil, enfrentando não só estradas como rios, porque o cenário foi, inclusive, de balsa para Manaus.

Quando o espetáculo acabou, eu estava muito abalada, preparando minha separação, mas era difícil segurar esse segredo dentro do peito. Dentro dessa sensação de luto, encontrei alegria nas gravações de *Ti-Ti-Ti*, inspirada na novela de 1985 de Cassiano Gabus Mendes, escrita por Maria Adelaide Amaral, dirigida por Jorginho e que tinha no elenco grandes parceiros como Murilo Benício e Alexandre Borges, com quem fiz par romântico sete vezes, pessoas que me acolheram e me apoiaram durante toda essa difícil transição.

Posso dizer que foi minha personagem Jaqueline que me salvou: *Ti-Ti-Ti* estreou no dia 19 de julho e, uma semana depois, em 26 de julho de 2010, Edson Celulari e eu anunciamos publicamente nossa separação. Nosso casamento de dezessete anos de amor, amizade, respeito, admiração e sem nenhuma briga chegava ao fim.

E assim era nossa dupla, sempre às gargalhadas e aprendendo desde muito cedo a rir de si mesma.

# O BASTÃO DA FAMÍLIA E UM CONSERTO PARA DOIS

Foram dezessete anos de alegria, de paz e de uma vida familiar muito celebrada, porque tudo era um evento: as Páscoas, os Natais, os aniversários. Eu passava noites inteiras colocando ovinhos de chocolate em vários lugares da casa para as crianças encontrarem, fazia o Papai Noel chegar de bicicleta e, uma vez, na academia que tínhamos na nossa casa, até pus o bom velhinho na esteira.

Eu e Edson fazíamos verdadeiras produções um para o outro nas comemorações. No meu aniversário de quarenta anos, ele fez uma festa para mim e cenografou uma academia de ginástica inteira na Barra da Tijuca, criando vitrines com bailarinas, todas de máscaras com a minha cara. Quando ele completou cinquenta anos, fiz uma festa para ele inteira em azul, no Museu de Arte Moderna, para ver o mundo pelo azul dos seus olhos.

Nós tínhamos os mesmos gostos, a mesma paixão pela beleza, pela arte, as mesmas afinidades. Fizemos muitas viagens ao longo do nosso casamento, incluindo roteiros gastronômicos pelo sul da França e passeios em busca de arte pela Itália. Tenho lembranças lindas viajando pelo mundo com Edson e as crianças.

Mas um casamento é mais que a soma de viagens, festas e memórias construídas em família. No nosso caso, nossa relação se transformou em amizade, viramos dois grandes amigos, mas não éramos mais um casal. Antes da separação, estávamos havia seis meses sem dormir na mesma casa. Quando eu estava em São Paulo, ele estava no Rio, e quando eu estava no Rio, ele estava em outro lugar. Isso sempre acontecera desde que nos conhecemos, porque trabalhávamos e viajávamos muito, mas, no final do casamento, ainda que inconscientemente, fazíamos isso de forma intencional, buscando essa distância entre nós.

Planejamos nossa separação em detalhes, para que nossos filhos sofressem o mínimo possível, e esperamos o período de férias das crianças para assumir a separação, evitando comentários e perguntas na escola para eles. Contamos primeiro para Enzo e Sophia, e também para Célia, que convivia diariamente com a gente. Foi difícil para nossos filhos, para nós dois, para todo mundo. Célia ficou chocada e reagiu dizendo:

— Mas como?! Nunca percebi nada!

Enzo ficou desorientado e só dizia:

— Não é possível, o meu pai e a minha mãe, não!

Sophia ficou muito abalada e teve que contar com ajuda de terapia.

Edson e eu fizemos um comunicado oficial para a imprensa e avisamos apenas um jornalista. Calculamos os dias para que não desse tempo de as revistas estamparem nossa separação em suas capas, tudo para poupar nossos filhos da superexposição.

Quando meus amigos do elenco de *Ti-Ti-Ti* souberam da decisão, Denise Saraceni foi me procurar no *set* de filmagem, Cléo Pires chorou e Fernanda Montenegro atravessou todos os imensos estúdios, do A ao D, onde eu estava, só para me consolar. As pessoas chegavam com lágrimas nos olhos para me dar um abraço. Eu me senti acolhida pelos artistas e grata à arte, que sempre me resgatou e me devolveu para a vida nos momentos complicados.

O fim do nosso casamento foi um choque também para nossas famílias. Nem minha mãe, nem minha irmã, nem ninguém na família do Edson poderia imaginar que um dia nosso casamento acabaria. Nem nós. Mas aconteceu.

No meio desse sofrimento, uma notícia encheu meu coração de alegria: em setembro, Kananda, que três anos antes havia se casado e se mudado para a Espanha, deu à luz a pequena Giovanna. Esse acontecimento me fez lembrar que a gente também precisa renascer e seguir em frente, porque a vida continua.

A amizade, o carinho e o respeito entre Edson e eu também permaneceram. Ele continuava entrando em minha casa sempre que queria, e nossos filhos ficavam com ele quando tinham vontade. Até hoje é assim. Enzo já ficou um ano inteiro morando comigo, depois decidiu morar com o pai por um ano também. Quase morri, mas entendi perfeitamente quando ele disse:

— Mamãe, preciso cuidar do meu pai agora, porque já cuidei de você. Agora você já está em pé, tem a Sophia, vou para a casa do papai dar uma força.

Meu filho estava certo. Quando isso aconteceu, eu já estava em pé, me adaptando à nova configuração de vida, me reinventando e focando uma paixão antiga chamada *Cabaré*.

Lutei por vinte anos para conseguir os direitos de montar esse musical no Brasil. Em 1989, o diretor Jorge Takla me convidou para fazer a personagem principal, Sally Bowles, mas na época eu estava comprometida com *Rainha da sucata*. Anos depois, fui chamada por Fernando Alterio, dono da T4F, para estrelar e coproduzir o espetáculo, mas outro compromisso com uma novela me fez adiar esse sonho. Entre idas e vindas, duas décadas se passaram e, quando eu estava montando *Sweet Charity*, finalmente consegui os direitos para montar *Cabaré* aqui.

Decidi materializar esse meu desejo antigo na reta final das gravações de *Ti-Ti-Ti*, novela que terminou em março de 2011. Associei-me ao produtor Sandro Chaim, meu amigo de muitas jornadas, e comecei a desenhar o musical. *Cabaré* era uma montagem caríssima, e precisaríamos de muito dinheiro para produzi-la. Mas eis que, do nada, caiu do céu um patrocinador generoso, de um jeito inesperado, o que evoluiu para um final traumático.

Recebi uma ligação de um homem que dizia que era de um banco e "queria patrocinar o que a Claudia Raia estivesse fazendo". Desliguei na cara do sujeito, porque nunca na história da cultura brasileira alguém telefonou para oferecer dinheiro sem ninguém ter pedido. Imagine se eu ia acreditar naquele história! Logo eu, que já tinha me ajoelhado em uma lojinha da 25 de Março implorando por vinte metros de veludo... Mas o homem insistiu, ligou para minha empresária e disse que queria uma reunião comigo de qualquer jeito. Resolvi atender e falei:

— Senhor, eu estou gravando a novela *Ti-Ti-Ti* no Rio de Janeiro e infelizmente eu não tenho como ir.

— Não tem problema. Eu mando um helicóptero aí te buscar — ele respondeu. Então, passei o telefone para minha empresária para ela marcar com ele.

Imediatamente, falei para meu sócio:

— Chaim, você vai comigo, eu não entro em helicóptero nenhum sem você. Estou achando isso tudo muito esquisito.

O helicóptero foi nos buscar no Projac e, ao pousar no banco do tal sujeito, o BVA, encontrei quinze homens de preto me esperando. Eu era a única mulher. Fui recebida com um suntuoso café de manhã, chiquérrimo. O diretor do banco que havia oferecido o patrocínio disse ser meu fã, comentou que sua esposa me adorava, que os dois acompanhavam todos os meus trabalhos e, por tudo isso, queriam oferecer o patrocínio para mim. E perguntou:

— De quanto você precisa?

Olhei para o Chaim, que me chutou a canela por debaixo da mesa, deixando um hematoma de lembrança. Então falei:

— Dois milhões de reais.

— Ok, o patrocínio é seu — disse o diretor do banco, estendendo a mão e fechando o negócio.

Voltei para casa boquiaberta, bege e passada. E, realmente, os 2 milhões vieram. Eu já estava pronta para produzir *Cabaré* e contratar o elenco, e na mesma hora pensei em Jarbas Homem de Mello para o papel do Mestre de Cerimônias, um personagem que conduz toda a trama. Não podia ser ninguém além dele, porque é um dos raros profissionais brasileiros que poderia tranquilamente estar até na montagem original da Broadway.

Havia um tempo que eu não falava com Jarbas. Desde minha separação, ele havia me ligado algumas vezes para saber como eu estava. Ao mesmo tempo que queria me dar atenção, tinha medo de me incomodar, e nós, que tínhamos ficado grudados em *Pernas para o ar*, não nos víamos desde o fim da temporada, no começo de 2010. Até que telefonei para ele e disse:

— Comprei os direitos para montar *Cabaré* e vou chamar você para fazer o Mestre de Cerimônias.

Jarbas quase enfartou e respondeu, meio sem ar:

— É o papel da minha vida. Um sonho.

— Então, pode acordar — eu disse —, porque esse papel vai ser seu por sua incrível qualidade artística.

Eu sentia falta das nossas conversas, das nossas risadas, porque o humor sempre nos uniu. Talvez eu estivesse evitando a palavra, mas sentia mesmo era saudade dele. Sempre tive imensa admiração pelo talento de Jarbas como artista, mas de repente vi também que, mais que competência, ele tinha aquele "algo mais" que chamamos de "*star quality*". A hora de realizar meu sonho, e também o dele, enfim, havia chegado.

Logo notamos que "algo mais" também havia chegado, e um encantamento nos levou de "amigos grudados" a "um homem e uma mulher que desejavam ficar grudados de todas as outras formas".

Já com patrocinador e nomes para elenco e equipe, decidimos que, no meio de 2011, começaríamos a ensaiar o nosso *Cabaré*. Digo "nosso" porque a versão original do espetáculo, de 1966, foi escrita pelo dramaturgo Joe Masteroff, com músicas de Johan Kander e Fred Ebb, a mesma dupla de *Chicago* e *O beijo da mulher aranha*; na nossa versão, o texto e as adaptações musicais foram feitos por Miguel Falabella, com direção-geral do meu amado José Possi Neto, direção musical do meu mestre Marconi Araújo e coreografia do guru Alonso Barros.

O espetáculo estava assim concebido: no palco seriam 21 atores, 150 figurinos (basicamente lingeries) e orquestra de catorze músicos regidos pela maestrina Beatriz de Luca. Jarbas era o Mestre de Cerimônias, eu era a cantora de cabaré Sally Bowles, e o escritor Cliff Bradshaw, por quem Sally se apaixona, era meu irmão de coração Reynaldo Gianecchini.

Meu caso com Jarbas, ainda escondido em um casulo, queria ganhar asas. Foi nos ensaios de *Cabaré* que começamos a namorar, ou melhor, que eu comecei a lutar para namorar com ele abertamente, enquanto ele digladiava comigo para que isso não acontecesse. Eu dizia:

— Vamos namorar?

E ele:

— Para que você quer namorar comigo? Isso vai dar um puta trabalho! Pelo amor de Deus, não.

— Mas eu gosto de você, você gosta de mim, a gente se dá bem, você me ajuda, me apoia, eu admiro seu talento! Vamos namorar, sim! — eu insistia.

— Não! Isso vai ser um inferno!

Bem, todo mundo sabe quem ganhou a batalha.

Julho chegou, e eu já estava sonhando em me ver no palco com Gianne e com Jarbas. Os ensaios de *Cabaré* começariam em uma segunda-feira e, no sábado anterior, Gianne se sentiu mal. No domingo, o dia em que eu voltava do Rio para São Paulo, eu estava em um evento à tarde, com minha empresária e amiga Lucia Colucci, quando ele me ligou:

— Claudinha, pode falar?

— Posso, amor, estou aqui no evento — respondi.

— Mas você já acabou aí? — insistiu Gianne.

— Acabei, estou saindo daqui agora — falei.

— Fique tranquila, eu estou bem, mas eu não vou poder fazer o espetáculo — Gianne disse pausadamente.

— Mas a gente vai começar o ensaio amanhã, Gianne! — falei, sem entender nada.

— Pois é. Eu estou aqui no Hospital Sírio-Libanês. Eu tive uma alergia, depois apareceram umas bolas no meu rosto e no meu pescoço, e o primeiro diagnóstico é que eu estou com câncer.

Eu, que estava com o celular no ouvido, desmaiei, praticamente deixando o telefone no ar, e caí no chão. Lucia me ajudou a levantar, fui direto para o Sírio-Libanês e lá fiquei.

Todos os dias, eu acordava, ia para o Sírio, tomava café da manhã com Gianne, ia para o ensaio, ficava no teatro até as oito da noite, voltava para o hospital e jantava com ele. Achava que, se eu compartilhasse tudo com ele, Gianne continuaria em *Cabaré* comigo. A oncologista dele, dra. Yana Novis, dizia que isso realmente fazia bem para ele e ajudava muito no tratamento.

Meu sócio, Sandro Chaim, me pedia para procurar urgentemente um ator para substituí-lo, e eu sabia que tinha que fazer isso como produtora, mas relutava, porque era difícil acreditar que Gianne não estaria mais no musical. Por fim, fiz o que tinha que ser feito. Contratamos um jovem talentoso de 25 anos, Guilherme Magon, que fez o papel lindamente, e continuei a cuidar de Gianne de todos os jeitos que eu podia. Eu ficava tanto tempo naquele hospital que todo mundo já me conhecia por lá, e andava pelos corredores como se eu fosse médica.

Além do tratamento tradicional, ele também estava fazendo um tratamento espiritual, e era eu quem fazia essa intermediação. Durante os ensaios, entre uma pirueta e um *battement*, eu ligava pra ele e repassava as informações que muitos grupos espíritas me mandavam, como o número de goles de água que ele deveria tomar. Gianne estava enfrentando um sofrimento duplo, porque o pai dele também estava internado, no interior de São Paulo, enfrentando um câncer agressivo no pâncreas e no fígado.

Uma noite, sonhei que o pai de Gianne tinha partido e, pela manhã, falei que ele tinha que ir vê-lo.

— Eu vou na segunda-feira — disse ele.

— Não, você vai hoje — falei categoricamente.

— Mas eu ainda estou fazendo a quimio, estou com um negócio, uma sonda... — explicou ele.

— Você vai com o negócio e tudo, mas vai agora pegar um avião — determinei, encerrando o assunto.

E ele foi. O pai de Gianne morreu nos braços dele.

Durante o tratamento, meu amigo teve que fazer um transplante de medula. Na primeira vez, não deu certo. Na segunda, o transplante finalmente "pegou", e a mãe dele e eu vestimos aquelas roupas especiais para poder visitá-lo. O câncer de Gianne regrediu e, em meados de 2012, ele estava totalmente curado. Foi uma vitória maravilhosa, como um segundo nascimento.

*Cabaré* foi um sucesso nacional. O banco patrocinador ficou felicíssimo. Estreamos em São Paulo, no Teatro Procópio Ferreira, em outubro de 2011, e tivemos que colocar cadeiras extras, pois a ocupação foi de 101%, e rodamos ininterruptamente por Paulínia, Belo Horizonte, Curitiba, Porto Alegre e Rio de Janeiro, voltando para Paulínia em agosto de 2012 e ainda seguindo para Brasília. O espetáculo teve duas indicações ao Prêmio Shell-SP, com Melhor Iluminação para Paulo Cesar Medeiros e Melhor Ator Coadjuvante para Jarbas.

Por demanda do público, estendemos a temporada. Como contratada da Globo, a vida toda precisei avisar sobre meus trabalhos fora da emissora, e por isso pedi autorização para ficar mais tempo em cartaz no teatro. A emissora concordou, mas disse que Walcyr Carrasco queria que eu fizesse a "dona do puteiro" na minissérie

*Gabriela*, que foi ao ar entre junho e outubro de 2012. Pela minha agenda, era possível fazer o papel, porque minisséries têm horários mais flexíveis que novelas, e eu poderia compor com o cronograma dos ensaios e apresentações dos espetáculos.

Jarbas e eu, que estávamos apaixonadíssimos, queríamos ter um símbolo da nossa união, e por isso mandamos fazer um par de alianças com o joalheiro Antonio Bernardo, o mesmo que fez os brincos do meu primeiro casamento e uma joia em forma de livrinho que dei a Sophia quando ela nasceu. A aliança se chama Liga e, dentro de cada um dos nossos anéis, há um verso da canção "I Was Born to Love You", do Queen. Na minha, está escrito "*I was born to love you*" (nasci para te amar) e, na dele, "*With every single beat of my heart*" (com cada batida do meu coração).

Viajamos para Madri com a intenção de apenas colocarmos as alianças em nossos dedos, mas, quando chegamos lá, soubemos que uma das basílicas mais antigas da Europa fica em Toledo. Então, sem programar, fomos até lá vestidos de branco e fizemos um juramento de casamento, só nós dois, sem padre, sem nada. O juramento dizia que, se um dia nosso amor, que era imenso, se transformasse, ainda assim cuidaríamos um do outro para sempre, até a próxima encarnação. Não contamos para ninguém, nem para minha irmã, nem para minha mãe. Era um segredo de amor entre nós dois, só nosso.

Voltamos para o Brasil para seguir com a temporada extra de *Cabaré*, que também precisava de um patrocínio extra de mais 1 milhão de reais. Para minha sorte, o banco que nos patrocinava concordou em nos dar mais verba, porque estava muito satisfeito com o resultado. Porém, como já éramos parceiros, eles queriam que eu investisse algum dinheiro no banco. Falei com o Chaim, e ele não apenas achou justo como resolveu investir também. Coloquei em uma linha de investimento deles 1,5 milhão de reais, que era tudo o que eu tinha, e Chaim, 3 milhões.

E foi aí que começou nosso pesadelo. O dinheiro do patrocínio não saía. Eu ligava, eles diziam que iam resolver e nada acontecia.

A peça ia bem, estávamos tendo lucro como produtores, mas a bilheteria sozinha não pagava as despesas daquele grande musical. Comecei a ficar preocupada.

E veio então a catástrofe: fui dormir com 1,5 milhão de reais em investimentos e acordei sem nada. Meu dinheiro havia evaporado. Os 3 milhões de reais de Chaim, também. O banco tinha quebrado!

Nunca mais tirei dinheiro para mim de *Cabaré* nem como atriz, nem como produtora. Trabalhei de graça por mais de seis meses para conseguir pagar a equipe, porque já tinha assinado contrato com todo mundo e com o teatro, e não havia como voltar atrás. E nem adiantava tomar nenhuma medida judicial para reaver meu 1,5 milhão, porque os jornais já estampavam que o buraco do BVA era de 1,5 bilhão de reais.

Enquanto tudo isso acontecia, Glória Perez me chamou para viver a personagem Lívia Marini na novela *Salve Jorge*, que na sinopse era caracterizada como a "vilã das vilãs". Fui falar com ela:

— Glória, eu não posso fazer o papel porque estou em cartaz no teatro. Não dá.

— A gente dá um jeito. Você grava segunda, terça e quarta — disse Glória.

— Mas o papel é enorme, é a antagonista absoluta da novela, a pessoa que faz o tráfico de pessoas! — insisti.

— Mas eu quero você! Já falei com a Globo, tem que ser você a vilã! — finalizou Glória.

O problema não eram apenas os dias de gravação, mas as cidades. Eu estava em cartaz em São Paulo com *Cabaré*, e as gravações de *Salve Jorge* eram no Rio. Se eu ficasse segunda, terça e quarta-feira no Rio e fosse para São Paulo de quinta a domingo, nunca mais veria minha família. Só estaria com o Jarbas porque ele atuava em *Cabaré* comigo. Conversei com meus filhos e coloquei o problema:

— Se vocês falarem que não, eu não faço.

— Vai, mãe, é um papel maravilhoso — disse Enzo.

— Certeza que você vai arrasar, mãe — disse Sophia.

Todos me deram força, e aceitei atuar na novela. Estava tudo certo para o segundo semestre de 2012, eu seria a traficante de gente nos três primeiros dias da semana no Rio, pegaria um avião e iria para São Paulo para viver a cantora de cabaré que trabalhava com amor, porém de graça.

A agenda estava perfeita, meu papel em *Salve Jorge* é que não estava. Glória cumpriu o que prometeu e de fato fez com que minhas cenas fossem todas gravadas três dias por semana, mas, para isso, ambientou tudo dentro de um apart-hotel. Eu era a vilã que dava ordens, mas não fazia nada. Ficava confinada enquanto toda a ação era feita por outra personagem.

Até que chegou o dia em que Jéssica, papel de Carolina Dieckmann, uma das meninas que minha personagem traficava, seria assassinada. Glória escreveu a cena para outra personagem matá-la. A própria Carolina interferiu, porque eu já estava tão anestesiada, tão insatisfeita que nem falava mais nada. Carolina disse:

— Mas é a Lívia Marini que tem que me matar!

E do limão fez-se a mousse, porque matei Jéssica com uma seringada, e o público adorou, virei instantaneamente a vilã da seringa. Por causa disso, aconteceram coisas divertidíssimas: gente que me encontrava no elevador e se encolhia no canto com medo de ser assassinada, gente que olhava minha bolsa com desconfiança achando que tivesse uma seringa dentro. A personagem ganhou força para continuar, e minha relação com Glória ficou ótima. Salve, Jorge!

Mas foi um período bem angustiante para mim, com espetáculo em cartaz, novela no ar, namorado novo, saudade dos filhos. E ainda tive que parar *Cabaré* por duas semanas para gravar algumas cenas na Turquia. No final, não usaram nada do que fizemos na viagem. Atuar em *Salve Jorge* valeu como experiência, mas quero distância de qualquer seringa.

*Cabaré* saiu de cartaz em março de 2013, e *Salve Jorge* acabou em uma sexta-feira, 17 de maio. Marquei de assistir ao último capítulo com o elenco, mas o trânsito no Rio de Janeiro naquela noite estava tão infernal que não consegui chegar e acabei ficando em casa. Eu estava oficialmente entrando em férias, e era hora de descansar na minha casa no Itanhangá, podendo ficar com Enzo e Sophia, receber minha mãe e namorar.

Jarbas mudou totalmente minha vida, me colocou na rua, me botou para viver e fazer coisas que eu nunca tinha feito na vida. Ele me jogou no mundo e me ensinou a voar.

De certa forma, passei meu casamento com Edson encastelada. Era trabalho, casa e viagens. Pode parecer estranho, mas eu nunca tinha saído para dançar ou ir a um boteco. Em uma noite, quando meus filhos estavam em casa e minha mãe estava me visitando, Jarbas me levou à Lapa, o bairro mais boêmio do Rio de Janeiro, cheio de bares, restaurantes, casas de samba, onde sempre tem música. A gente sambou, dançou, riu, e eu até experimentei uma bebida. Quando a gente voltou de madrugada, quase cinco horas da manhã, eu falei:

— Amor, meus filhos vão acordar daqui a pouco, nunca cheguei em casa a essa hora.

— Por que você não pode chegar a essa hora? Tá tudo bem! — ele disse.

Eu estava toda aflita. Ele chegou perto de mim e disse baixinho:

— Vem cá. Vamos deitar aqui no gramado, ver o sol nascer e olhar que lugar lindo você tem no mundo!

Ficamos ali deitados, vendo o resto da noite dar lugar ao dia, vendo o sol raiar, vendo o dia nascer. Foi um momento lindo. Com 2 mil metros quadrados de quintal, eu nunca tinha deitado na grama da minha própria casa.

Meus filhos acordaram, passaram pela gente, talvez tenham achado estranho ver a mãe ali àquela hora, mas não falaram nada. Quando entrei, encontrei minha mãe acordada e contei para ela que Jarbas havia me feito ver o dia nascer deitada na grama. Ela adorou, falou que ele era muito sensível. Dona Odette sempre foi muito vanguarda, moderna, por isso logo gostou de Jarbas e disse que havia muito tempo que ela não via meus olhos brilhando tanto. Mamãe foi a primeira a aceitar o

Jarbas, depois Sophia e minha sobrinha Kananda. Em seguida, todos abraçaram nosso namoro, porque me viam feliz ao lado do meu grande companheiro na vida e na arte.

Passado algum tempo, algo muito forte aconteceu. Um dia, Sophia e eu estávamos entrando em casa. Minha mãe não estava, e Enzo já morava com o pai. Ela então olhou para mim e disse:

— Mãe, já deu, né? Esta casa já deu.

As palavras ecoaram naquela casa vazia. Éramos só nós duas em um imóvel de 2.500 metros quadrados de área construída. Não tinha mais nenhum sentido, mesmo. Resolvi me desfazer da casa no Itanhangá, e seria a etapa final do meu processo de separação. Foi muito difícil abrir mão do lugar dos meus sonhos, a casa da família, das festas, da infância dos meus filhos, do "Quarto do Pode Tudo", das lembranças, o local onde eu recebia os amigos, que fez com que Miguel Falabella se mudasse para o mesmo condomínio para morar perto de mim, em uma residência que eu mesma achei e negociei para ele.

Primeiro, coloquei o imóvel para alugar e depois pus à venda. Mudei de casa e de cidade: fomos todos morar em São Paulo, eu, Jarbas, Enzo e Sophia. No final, aconteceu tudo no momento certo.

Ele veio morar comigo por três meses, porque tinha vendido seu apartamento e precisava de um tempo até encontrar outro. Um dia, ele achou um novo apartamento e veio me contar todo feliz. Eu tive uma crise de choro e falei:

— Você não vai embora! — E, com toda a sinceridade, disse aquele clichê de música brega-romântica, mas que nunca foi tão verdadeiro: — Eu não posso mais viver sem você.

Ele nunca mais foi embora. Juntos, fizemos o primeiro musical sapateado do Brasil: *Crazy for You*. Desde que eu assistira ao espetáculo na Broadway, havia ficado com aquela vontade de fazer uma versão por aqui. Agora eu podia, porque tinha Jarbas para sapatear comigo.

A peça é um clássico baseado no livro de Ken Ludwig que conta a história de Bobby Child, playboy e herdeiro de Nova York que só pensa em cantar e dançar, vai para uma pequena cidade para fechar o teatro local e lá se apaixona por Polly Baker, filha do dono do estabelecimento.

Jarbas fez Bobby e eu, Polly, uma menina caipira, da roça, do Velho Oeste americano. Para isso, tomei muitas aulas de sapateado com minha grande mestra e amiga Christiane Matallo e também aulas de balé clássico com o competentíssimo Márcio Rongetti. Para o lado mais "roots", me inspirei no Fernando, que é o melhor coração que Deus colocou na Terra e muito engraçado, porque ele não fala nada, tem um jeitão interiorano que é só dele. Quando eu me separei do Edson, ele não falou uma palavra, mas ficou o tempo todo ao meu lado.

Montar *Crazy for You* foi uma luta, um parto de hipopótamo. Eu tinha dois patrocínios e perdi um. A gente ia fazer o espetáculo no Teatro Procópio Ferreira, que é do Chaim, mas a reforma que ele fez atrasou e ficamos sem lugar, com o elenco pronto para estrear. Fiquei possessa e tive uma briga horrível com ele.

E mais uma vez fui salva por amigos artistas. Fernandinha Torres estava no Teatro Cetip (antigo Complexo Otake Cultural), que era gerido pela T4F, com quem tenho um ótimo relacionamento, e cedeu a sala em que ela ia fazer um monólogo. A gente conseguiu ensaiar, e lá estreamos em novembro de 2013.

O musical era lindo, com coreografias originais da Broadway, assinadas por Susan Stroman e ensaiadas aqui no Brasil por Angelique Ilo, supervisão de sapateado da genial Christiane Matallo, que também criou coreografias, com melodias originais de George Gershwin e versão brasileira de Miguel Falabella, que traduziu as letras de Ira Gershwin, direção-geral de José Possi Neto e direção musical do genial Marconi Araújo.

Em termos artísticos, estava tudo perfeito, mas perdi o patrocínio no meio da temporada. Fiquei arrasada, falei para o elenco que não tinha mais como seguir com o musical, e todos disseram que continuariam de graça. Mas eu disse que nunca permitiria uma coisa dessas. Paramos por um mês para que eu retomasse os contatos.

Nessa parada, eu já sabia que faria o papel de uma paranormal picareta engraçadíssima, chamada Samantha, na nova novela das sete, *Alto-astral*. Inspirei-me em Cristina, minha guru, que tinha o hábito de interromper a conversa com a pessoa para responder aos espíritos — ao contrário de Cristina, porém, profissional seríssima, a personagem Samantha era um tanto quanto picareta. E, de novo, eu estava em casa, porque a supervisão do texto era do Silvio e a direção, do Jorginho.

Para viver Samantha, eu deveria ficar loira. Wanderley Nunes entrou em ação e descoloriu meus cabelos, naquele processo todo complicado que as mulheres que tingem o cabelo tão bem conhecem. Eu estava com viagem marcada para Londres, com Jarbas, Enzo e Sophia, e já iria com a nova cor. Fui de São Paulo para o Rio de Janeiro, onde ficaria dois dias antes de embarcar, com a missão de ir a um salão indicado por Wanderley para fazer uma hidratação profunda com determinado profissional, em duas sessões. Obedeci, fui no primeiro dia e, no dia seguinte, estava eu deitada no lavatório, com a cabeça toda cheia de creme, quando senti um cheiro forte de formol e perguntei para a profissional que estava passando o produto no meu cabelo:

— Escuta, me fala uma coisa, isso que você está passando no meu cabelo é formol?

— É — disse ela —, mas pode ficar tranquila que isso é uma coisa que a gente está fazendo e é tendência no mundo inteiro. Depois que faz o loiro, a gente usa formol para selar a cutícula do cabelo. Você vai ver que incrível que vai ficar a progressiva.

Quando ela falou "progressiva", eu dei um pulo da cadeira. Eu tinha ido fazer uma hidratação, como Wanderley indicou. Segurei minha periquita para não brigar e falei:

— Amor, como é que você faz uma escova progressiva no meu cabelo? Eu acabei de fazer um loiro nele, é muito procedimento químico num cabelo só!

Ela mandou aquele "confie em mim, seu cabelo vai ficar incrível". Eu estava tão desesperada que já nem fazia questão de que ficasse "incrível". Eu só queria que meu cabelo ficasse.

Não ficou.

Embarcamos, cheguei em Londres, e meus fios loiros e lisos começaram a quebrar como se fossem macarrão cru, igual àquele espaguete que você tira do pacote e parte com a mão antes de botar na panela com água fervendo.

Eu chorava, chorava, e a Sophia, ajoelhada ao meu lado, tentava me acalmar, dizendo:

— Mãe, fica tranquila, você já passou por tanta coisa difícil na sua vida, não é um cabelo que vai te derrubar.

E o Enzo:

— Mãe, vai dar tudo certo, você continua linda, tá tudo bem.

Jarbas teve a ideia de comprar um hidratante. Ele passava o creme no meu cabelo e, devagarinho, ia enrolando para prender tudo, porque não dava para ficar com ele solto.

Contei para o Wanderley o que tinha acontecido, e ele ficou louco, queria pegar uma ponte aérea e ir naquele momento de São Paulo para o Rio para acabar com a mulher que tinha feito aquilo. Quis recomendar um salão em Londres para mim, e eu disse para ele não fazer nada, que a gente ia dar um jeito.

Voltei da viagem e fiz metade da novela de peruquinha loira. Quase ninguém sabia disso, só meu cabeleireiro e meu maquiador. Era uma peruca incrível, que Wanderley mandou fazer com um couro cabeludo de silicone que ficava perfeito. Eu me arrumava escondida no camarim, para ninguém ver, usando um pouco do meu cabelo na parte de trás e a peruquinha na parte da frente.

Para meu alívio, no meio da novela, o autor, Daniel Ortiz, quis marcar uma mudança na trajetória da personagem e pediu para que eu cortasse o cabelo. Quase beijei os pés dele, porque era tudo o que eu queria naquele momento: ser uma paranormal com um cabelo normal.

Terminada a novela, o cabelo voltou a ser o que era, *Crazy for You* voltou também, e, a fórceps, conseguimos viajar por cinco capitais. O esforço valeu: Jarbas ganhou o prêmio Bibi Ferreira de Melhor Ator por Bobby. Pela primeira vez, um dançarino, cantor, ator e sapateador foi premiado no Brasil.

No final da temporada, que acabou em setembro de 2014, e ainda gravando *Alto-astral*, produzi *Chaplin, o musical*. Eu podia fazer tudo ao mesmo tempo sem problemas porque em *Chaplin* eu não atuava, era apenas a produtora junto com Sandro Chaim. Foi o espetáculo em que eu tive menos dinheiro para investir e um dos sucessos mais rentáveis como produção.

Eu tinha visto o musical na Broadway, mas não gostava muito da montagem e, com a ajuda do autor Christopher Curtis, um americano genial que é dramaturgo e compositor, mudamos tudo. Chris fez cinco músicas inéditas e adorou a nossa versão, que foi exportada para outros países. Jarbas simplesmente arrasou como Chaplin, foi o papel da vida dele, a imprensa foi só elogios e ele ganhou muitos prêmios.

*Alto-astral*, que também tinha Edson no elenco, foi uma novela deliciosa de fazer e me trouxe amigos como o excepcional ator paulista Conrado Caputto e Daniel Ortiz, que foi devidamente adotado por mim como amigo para a vida toda. Outro privilégio foi conviver e contracenar com Marcelo Médici, esse ator e comediante que não canso de elogiar, porque tem um talento tão raro quanto seu famoso personagem do mico-leão-dourado.

A novela foi muito bem-aceita pelo público e, no final, tanto Edson quanto eu já estávamos felizes e namorando, eu Jarbas, ele Karin Roepke. Estava tudo bem, tudo certo, todo mundo em alto-astral, especialmente eu, desde o começo de 2015, em todos os sentidos. Em janeiro, Sophia completou doze anos e já era uma moça linda; em fevereiro, a Beija-Flor foi campeã; em abril, Enzo entrou para a maioridade ao fazer dezoito; em maio, no dia 9, foi ao ar o último capítulo de *Alto-astral*, com direito a final clássico com casamento. Nove dias depois, na noite do dia 18, foi a estreia de *Chaplin, o musical*, no Theatro Net. Logo em seguida, tirei umas férias com meus filhos antes de iniciar meu novo projeto, o *Raia 30*.

Quem primeiro deu a ideia de fazer um musical dos meus trinta anos de carreira foi o produtor cultural Frederico Redder. No começo, eu não quis, achava meio autopromocional falar de mim mesma. Mas todo mundo me dizia que eu tinha que contar minha história, especialmente em um musical, porque fui uma pioneira no gênero, abri muitas picadas quando ainda era "tudo mato". De fato, não era uma autopromoção, mas uma celebração de trinta anos de uma carreira de muita dedicação e amor.

Fui, então, consultar meu oráculo para assuntos de vida e cultura, Miguel Falabella, que imediatamente aprovou, dizendo:

— Bebê, é uma puta ideia, vamos fazer!

— Então, eu preciso que você escreva! — respondi.

Comecei a juntar minha tropa de sempre: chamei José Possi Neto para fazer a direção; Gringo Cardia, meu amigo e expoente na cenografia de entretenimento, assinou cenários e toda a identidade visual; a narração, contando minha carreira, foi feita pelo meu eterno parceiro de palco Marcos Tumura; os figurinos foram do incrível Fabio Namatame; a direção musical foi feita pelo maestro Marconi; as coreografias foram da Tânia Nardini, muitas delas com referências a todos os trabalhos que Olenka criou para mim.

Para que os bailarinos soubessem minha história, fizemos vários encontros e reuniões em que eu contava minha trajetória e ainda levava minha mãe e Olenka, ambas representadas no musical. Tive uma das maiores bênçãos do mundo nesse espetáculo, porque pude homenagear minha mãe em vida. Nas duas estreias, no Rio e em São Paulo, de *Raia 30*, no final do espetáculo, dediquei minha carreira a ela. Foi muito bonito e tocante, e ela se sentiu muito honrada.

Todo mundo trabalhou intensamente nesse projeto, em um engajamento impressionante, e em junho já estávamos ensaiando. No dia 24 de julho, *Raia 30* estreou com uma plateia lotada no Theatro Net São Paulo. Foi uma noite de alegria e orgulho para a família, uma celebração para a equipe, muito divertimento para os fãs e uma comoção para mim. Nas fotos, dá para ver meu sorriso escancarado e minha felicidade incontida ao abraçar Bibi Ferreira, que foi prestigiar a estreia.

Demos muitas entrevistas. A imprensa sempre foi um dos três pilares do sucesso da minha carreira, junto com o público e as oportunidades que tive. Havia um monte de repórteres presentes; um deles estava entrevistando Jarbas sobre nosso namoro, e ele disse, muito en passant: "Quando nós nos casamos em Toledo...". Todos os jornalistas ouviram, e pronto. Acabou nosso segredo.

Quando a história foi publicada, foi a vez de a família reclamar, porque, além de não ter sido comunicada que tínhamos casado, ainda descobriu por meio da imprensa.

A temporada em São Paulo foi uma festa que durou três meses, e, em 24 de outubro, *Raia 30* estreou no Teatro Oi Casagrande no Rio de Janeiro, para mais uma etapa de emoções e infinitos abraços, porque é no Rio que tenho todos os amigos de elenco, de todas as novelas, da minha vida inteira na Globo.

Era muito especial encontrar gente como Ana Maria Braga, Miguel Falabella, Marieta Severo e todos os que foram prestigiar o espetáculo. Em dezembro de 2015, terminamos a temporada no Rio e comemoramos cem apresentações de *Raia 30*. Para fechar o ano, fiz aniversário e fui passar o Natal com Jarbas, Enzo e Sophia no deserto do Atacama, no Chile. Em janeiro, eu já estava de volta com *Raia 30* nos palcos do Rio.

No Carnaval, aconteceu aquela homenagem que recebi da escola de samba Nenê de Vila Matilde por meus trinta anos de carreira, com carros alegóricos, dançarinos com pernas de pau, equilibristas e outros artistas de circo. O circo também foi lembrado no *Raia 30*, porque remete a uma história do meu primeiro amor de infância.

Quando eu tinha sete anos, o Gran Circo Bartolo passou por Campinas. Era o começo dos anos 1970, e os circos ainda exibiam animais, pois não havia essa consciência que temos hoje. Minha mãe me levou para ver uma sessão, e fiquei apaixonada, não exatamente pelo circo, mas pelo domador de elefantes. Aquele homem sentado no alto daquele bicho enorme, só de sunga de *animal print*, roubou meu coração. Eu me apaixonei perdidamente pela primeira vez e decidi arrumar minha mochilinha e fugir de casa com o domador quando o circo fosse embora. Minha mãe descobriu meu plano, e minha primeira paixão arrebatadora terminou em castigo.

*Raia 30* fez novas temporadas no Rio, Belo Horizonte, Recife, Fortaleza, Paulínia e terminou em São Paulo, na primeira semana de junho de 2016.

Dias depois, viria uma notícia que abalou meu coração de mãe e de amiga e me fez repensar meu jeito de lidar com as coisas, porque a vida inteira aprendi a fazer as coisas fazendo.

Sempre fui aquela que tem todas as indicações na agenda, de encanador a psiquiatra, de manicure a nutricionista. *Personal trainer*? Conheço o melhor! Arquiteto? Nossa, sei de um monte. Eu sou a amiga que você quer ter por perto para reformar sua casa, cuidar da sua saúde, montar seu guarda-roupa. Mas, às vezes, as pessoas querem apenas que você não faça nada. Descobri isso quando Edson foi diagnosticado com um linfoma não Hodgkin. Ele falou primeiro com nossos filhos, que chegaram em casa mortificados. Em seguida, me ligou e deu a notícia. Quase caí da cadeira, e comecei a falar:

— Pelo amor de Deus, do que você precisa? Fala pra mim que eu faço agora!

Era o mesmo câncer do Gianne, e Edson estava no mesmo hospital, com a mesma oncologista; era só ele falar uma palavra, e eu daria conta de tudo. Eu achava que em um minuto resolveria tudo para ele. Mas ele não quis. Ele sabia como eu era, e disse:

— Eu estou bem. Foi a Karen que descobriu esse caroço em mim. Não preciso de nada, está tudo bem.

— Mas, Edson, você é o pai dos meus filhos, eu ajudo todo mundo, faço tudo até pra gente que eu nem conheço, não é possível que você vá me privar disso! Eu quero ajudar, eu preciso fazer alguma coisa.

— Então, faz um favor pra mim: sabe a viagem que você marcou com Enzo e Sophia para Porto de Galinhas?

— Você quer que eu desmarque a viagem? Eu desmarco tudo agora mesmo.

— Não, ao contrário. Quero que você mantenha a viagem, quero que você leve eles para lá. Assim você me ajuda a fazer com que eles se afastem um pouco, fiquem seguros com você, para eu poder me organizar aqui.

— Tudo bem, se é disso que você precisa.

Chamei meus filhos e expliquei:

— Papai não precisa e não quer a minha ajuda nesse momento. Ele está superbem assistido, com a dra. Yane, a mesma que salvou o Gianne, e tem a Karen, que está cuidando de tudo.

Karen é uma pessoa que respeito muito, que adora meus filhos e faz tudo pelo Edson. Mas tive outra ideia e fiz um pedido para meus filhos também:

— A gente vai viajar. Mas eu quero que a gente faça uma coisa por seu pai, todos nós. Toda vez que a gente pensar no papai, a gente vai rezar uma ave-maria e um pai-nosso pela cura dele. Vamos fazer isso?

Eles concordaram. Ficamos dez dias em Porto de Galinhas e, sempre que ele me vinha à mente, eu rezava. As crianças também. Foi um grande exercício para mim, o de não fazer nada, de não agir.

Passei a acompanhar o tratamento de Edson e incorporei as orações para ele no meu dia a dia, com a certeza de que, assim como Gianne, ele ficaria bem.

Em novembro, depois de cinco meses de tratamento, graças aos médicos, a Karen, ao amor de todos nós, às nossas preces, aos deuses, aos céus, a vida de Edson seguiu, ele estava curado.

Quando chegou dezembro, além de celebrar a cura do pai dos meus filhos, eu estava prestes a alcançar um marco muito simbólico, o famoso "meio século de vida". Organizei uma comemoração antecipada de Natal em família e fui, com Jarbas, Enzo e Sophia, passar meu aniversário de cinquenta anos em Paris. Foram dias de muito amor e gratidão pela vida.

O ano terminou com réveillon na praia e um revigorante banho de cachoeira no primeiro dia de 2017. Voltei ao trabalho na Globo, e Jarbas voltou a dirigir o musical *Forever Young*, no qual também atuava e dançava ao lado de Marcos Tumura. Em fevereiro, fiz uma participação no programa *Tá no ar*, do gênio Marcelo Adnet, e encerrei meu trabalho na novela.

Com o fim das gravações, me envolvi na produção do meu primeiro musical *teen*, o *Fala sério, gente!*, da escritora talentosíssima e minha amiga Thalita Rebouças, com direção do Jarbas. O trabalho me trouxe muita alegria, porque, além de ter Kananda produzindo comigo, ainda contei com a ajuda de uma pré-adolescente de catorze anos muito especial durante o processo criativo: minha filha Sophia.

Abril me trouxe viagens e também a felicidade de poder celebrar o aniversário de 94 anos de minha mãe, no dia 25. Desde minha separação de Edson, mamãe e eu tínhamos ficado muito mais próximas, ela ficava muito em minha casa e me dava colo.

E eu precisei muito desse colo, porque no dia 17 de maio Tumura passou mal depois de jogar uma partida de vôlei com amigos e foi levado de urgência para o hospital. Infelizmente, ele não resistiu: na madrugada do dia 18, um infarto o levou, aos 49 anos. Foi devastador para mim, para Jarbas e para o teatro musical brasileiro. Que talento tinha aquele menino! Que saudade ele deixou! Sorte de quem vai vê-lo dançar e cantar nos palcos de luz das outras dimensões.

A forma que Jarbas e eu encontramos de homenageá-lo foi continuar nossa missão, que sempre foi a mesma de Tumura: levar alegria e entretenimento para as pessoas, com toda a qualidade e amor de que somos capazes. Desta vez, faríamos isso com o musical *Cantando na chuva*, que assistimos em Londres por indicação de uma amiga. Fiquei encantada com a produção da chuva e, no intervalo, já estava quase indo até o palco para ver que piso era aquele que permitia que os bailarinos dançassem na água sem escorregar.

Lembro de ter dito para o Jarbas:

— A gente vai fazer, mas do nosso jeito.

Comecei a pensar em fazer a coadjuvante Lina Lamont em vez da protagonista, e deixar o papel principal para uma atriz mais jovem. Compramos os direitos, e o diretor Fred Hanson e a coreógrafa Katia Barros tiveram a ideia de fazer um número em que eu era a Cyd Charisse. Foi uma experiência muito diferente e uma decisão acertada não ser protagonista, mas acho que nunca fiquei tanto tempo na coxia esperando para entrar no palco. Quando entrava, fazia aquela personagem de voz esganiçada, que me obrigou a fazer aulas de fonoaudiologia com Silvia Pinho todos os dias para aprender a cantar errado, em um registro muito alto, bem diferente da minha voz mais grave. Colocamos "o filme no palco", e o resultado foi muito feliz.

A chuva, na verdade, era a grande estrela de *Cantando na chuva*. Para fazer chover no palco, importamos um sistema com dois tanques, cada um com 8 mil litros de água filtrada, a 29 graus, quentinha como um banho, reciclada e reutilizada. O piso era antiderrapante, e os figurinos e sapatos receberam um tratamento impermeabilizante para resistir à chuva.

*Cantando na chuva* estreou em agosto de 2017 e ficou no Teatro Santander com casa cheia até 17 de dezembro. Em outubro, estreou minha outra produção em parceria com Kananda, *Fala sério, gente!*. Aproveitando a onda de tantas produções, produzi também uma viagem com a família no final do ano para os Estados Unidos e entrei em 2018 refeita e equilibrada. A gente passa a vida buscando paz de espírito e harmonia e, quando se dá conta, já chegou lá. Foi com essa felicidade que celebrei os quinze anos de Sophia, em janeiro de 2018.

Devo ter entrado com o pé direito bem quente nesse ano, porque, em fevereiro, desfilei pela Beija-Flor, como sempre, e minha escola foi a grande campeã do Grupo Especial do Carnaval, com o tema "Monstro é aquele que não sabe amar, os filhos abandonados da pátria que os pariu". Tudo foi intenso e tocante, inclusive com meu padrinho Anísio Abraão passando o bastão para seu filho Gabriel, no aniversário de setenta anos da escola.

Em maio, Jarbas voltou com *Chaplin* para mais uma temporada em São Paulo, e eu fui com Enzo e Sophia para Bali e ilhas Maldivas. Ali, o espetáculo da natureza e das praias me trouxe uma epifania. Percebi que aquele lugar tão lindo ao meu redor era também um reflexo da felicidade tranquila que eu sentia dentro de mim, uma calma que veio com meu amor por Jarbas.

Eu olhava a areia branca, o mar turmalina, sentia a brisa morna de olhos fechados e, sem forçar, um sorriso se abria. Aquele momento era o meu casamento. Eu estava deitada em uma rede dentro daquele mar lindo, límpido, claro, onde o vento era na medida certa, o calorzinho gostoso era na medida certa, tudo era leve e prazeroso; não tem nada a ver com marasmo, ao contrário, é potente, efervescente, cheio de energia geradora, de entusiasmo. Com Jarbas na minha vida, eu me sentia plena. A vida inteira, me esforcei para agradar, para não errar, não dar motivo para ser repreendida. Agora, não. Eu me sentia livre.

Sophia gravou um vídeo curtinho nessa viagem, naqueles hotéis de choupana que ficam em cima de deques de madeira sobre a água, que ela legendou com um "Mamãe pagando mico" e que mostra o momento em que desço a parte final de um toboágua e caio de bunda no mar, às gargalhadas. Assim eu acordava todo dia: escorregando num tobogã de sonhos e caindo aos risos na realidade.

Depois das férias, eu já estava escalada para fazer Lidi Pantera, ex-atriz de pornochanchada, na novela *Verão 90*, e ia ser dirigida mais uma vez pelo meu amado Jorginho Fernando. Em 2016, ele tinha sofrido de uma pancreatite e passado dezoito meses internado em um hospital. Em seguida, sofreu um AVC e precisou de acompanhamento médico para se recuperar das sequelas. Pepê cuidava o tempo todo dele. Com o início das gravações de *Verão 90*, no fim de setembro de 2018, Jorginho estava voltando ao trabalho.

Antes que o ano acabasse, tive mais um grande motivo para celebrar. Na noite de 25 de setembro, na entrega do Prêmio Bibi Ferreira 2018, *Cantando na chuva* foi o grande vencedor do ano e recebeu seis troféus, nas categorias Melhor Musical do Ano, Melhor Direção (Fred Hanson), Melhor Versão (Mariana Elisabetsky e Victor Mühlethaler), Melhor Desenho de Som (Tocko Michelazzo), e Melhor Desenho de Luz (Cory Pattak) e Melhor Atriz Coadjuvante (eu mesma). Fiquei muito emocionada, porque foi meu primeiro prêmio de teatro. Ser premiada pela primeira vez em um musical por um papel de coadjuvante mostrou que, às vezes, abrir mão do protagonismo pode ser a melhor decisão.

Em outubro, fui viver a emoção de ver meu amado sobrinho Kaian se casar com a linda Agatha. No dia 8 de dezembro de 2018, foi a vez de a minha família se emocionar por mim: Jarbas e eu nos casamos no civil, no nosso apartamento em São Paulo, cercados das pessoas que mais amamos. Foi um dos dias mais lindos da minha vida, com a cara do nosso amor, uma relação transformadora, leve, amorosa e madura, como eu disse nos versos que dediquei a ele. Entrei de mãos dadas com meu filho Enzo e, diante das nossas famílias e de nossos amigos mais próximos, Jarbas e eu trocamos alianças, juras de amor eterno e muitos beijos. Depois de oito anos juntos e um casamento em segredo em Toledo, oficializamos nossa união no papel.

Todos os convidados vestiam roupas claras, em tons pastel. Meu vestido, assinado pela estilista Lethicia Bronstein, era azul *serenity*, com saia em crepe envelopada com uma fenda linda e uma cauda enorme, estilo sereia. A parte de cima era em tule, com um decote em "V" bem profundo, bordados em cristais e vidrilhos de prata. Ale de Souza, parceiro e amigo que conheci em *A favorita*, cuidou da minha maquiagem.

As damas de honra eram minhas filhas das novelas: Mariana Ximenes, Paolla Oliveira, Fernanda Souza e Marcella Rica, todas com vestidos de Lethicia também, em crepe rosa-antigo e de um ombro só. Mas a dama de honra mais importante era minha filha de verdade, Sophia, que estava belíssima em um vestido rodado de tule bordado com flores verde e rosa, também de Lethicia Bronstein.

Oficialmente casada, completei 52 anos e passei o fim de ano em Trancoso, pronta para voltar como Lidi Pantera em 2019.

*Verão 90* foi uma novela feita para divertir e fez com que pessoas no Brasil inteiro pudessem esquecer um pouco seus problemas e mergulhar no mundo de humor da ficção. Eu estava me sentindo muito feliz, na sintonia da novela. A maior prova disso foi um dia de uma cena marcada e ensaiada, em que eu deveria me sentar no braço de um sofá enquanto falava meu texto. Mirei errado e me sentei em cima de duas mesinhas de vidro, daquelas que ficam empilhadas uma sobre a outra. Quebrei a mesa, caiu tudo, fui para o chão e por um triz não cortei uma artéria nos cacos de vidro. Assim que me espatifei, todo mundo no *set* gritou "Claudia!", me acudindo, e eu:

— Está tudo bem, não me machuquei, pega daí porque é muito engraçado esse tombo!

Levantei toda troncha e segui. Se isso tivesse acontecido alguns anos antes, eu teria ficado inconformada, me cobrando e perguntando: "Mas como eu errei a mira, como pude dar dois passos e não me sentar no lugar certo?". Mas o que fiz foi o oposto: aproveitei o erro para gerar uma coisa divertida para todo mundo.

No teatro, quando você erra, fica pensando se alguém notou, mas, em geral, só você sabe que errou. Eu tinha muito isso quando cantava e não alcançava uma nota, ficava desconcertada. Quando eu encontrava Tumura, reclamava que eu não tinha ido bem naquele dia. E ele dizia:

— Claudia, foi tudo lindo! Você não alcançou uma nota? Azar dela que não quis se encontrar com você!

No começo de março, minha mãe, então com 95 anos, teve que ser internada às pressas por causa de uma infecção. Ela estava com uma unha um pouco crescida no dedo do pé e, como não queria esperar o dia marcado com a podóloga, pediu para a cozinheira cortar. A cozinheira, coitada, cortou errado, e a unha inflamou. Como minha mãe era diabética, a inflamação virou uma infecção, que se alojou no marca-passo (colocado após um leve princípio de infarto) e nos pulmões.

Um dia, ela acordou bem cedo sentindo dor, e a cuidadora dela, Raquel, às seis horas da manhã, chamou um carro para levá-la ao hospital, desesperada. Quando o carro chegou, Raquel chamou minha mãe:

— Vamos, dona Odette, o carro chegou!

— Um minutinho — respondeu minha mãe —, porque eu estou

passando o meu batom vermelho, eu não vou chegar no hospital sem meu batom.

A vida dela era o batom vermelho.

A infecção que se alojou nos pulmões de minha mãe era bem séria e, por isso, ela teve que ficar internada, mas estava totalmente lúcida, como sempre foi.

No dia 13 de março, Mônica Albuquerque, diretora de desenvolvimento e acompanhamento artístico da Globo, me pediu para ser a anfitriã do lançamento de *Verão 90* em Portugal, país onde sou sempre muito bem recebida. Eu disse que queria muito ir, mas estava aflita porque minha mãe estava internada e eu tinha medo de que alguma coisa acontecesse com ela durante a viagem, mas que falaria com ela. No dia 14, eu tinha gravação da novela às onze horas da manhã, em estúdio. Mamãe estava na Clínica São Vicente, que fica a mais de uma hora de carro do Projac, e por isso fui bem cedinho, calculando que sairia de lá umas dez, a tempo de voltar. Encontrei-a muito bem-disposta, toda cheia de dengos comigo, e contei sobre o convite:

— Mamãe, a TV Globo me chamou para lançar *Verão 90* em Portugal e eu estou aflita, porque não quero ir e te deixar aqui internada. O que você acha?

— Eu acho o que sempre achei, minha filha, que você não pode deixar de cumprir um compromisso profissional, ainda mais em Portugal, onde as pessoas amam você, só porque eu estou no hospital. Eu estou ótima!

— Mas, mamãe...

— Eu estou aqui com a Olenka, com meus netos, com todo mundo. Você vai lá trabalhar.

— Tem certeza, mamãe?

— Absoluta.

Quando deu nove e cinquenta, falei:

— Mãezinha, vou ter que ir embora, porque tenho que estar às onze na Globo e leva uma hora para chegar.

— Mas você não vai me maquiar?

Ela só queria que eu a maquiasse, não Olenka nem Raquel.

Mamãe dizia que ninguém sabia como maquiá-la, só eu. Eu não queria chegar atrasada no trabalho, mas pensei: "Quer saber? Eu vou ficar aqui com ela. Vou fazer a maquiagem e depois eu vou". E fiquei.

Fiz a pele dela, que é igualzinha à minha, maquiei os olhos, passei blush, batom vermelho. Ela se olhou, com seus 30% de visão, e falou:

— Está muito bonito, dentro do que a gente pode chamar de bonito.

— Você está linda, você é uma mulher linda.

Dei muitos beijos e muitos abraços. Quando eu estava saindo, mamãe falou:

— E o cabelo?

Claramente, ela não queria que eu fosse embora. Penteei, passei spray, deixei-a muito linda. Ao se despedir de mim, ela disse:

— Cuide muito bem dos portugueses. Afinal de contas, foi de lá que o vovô veio. Foi onde tudo começou. E, desde já, eu quero dizer que eu estou passando o bastão da família para você.

— Você está me sacaneando, né? Eu sou a caçula, não é justo! E nem fale uma coisa dessas.

Ela riu e disse:

— Pois é, milha filha, mas você é a que mais se assemelha a mim. Você é igual a mim, então você é a que vai ter que cuidar de tudo.

— Está bem, mamãe. Eu vou indo. Eu te amo, mamãe.

— Eu te amo infinito.

Saí dali, gravei o dia inteiro e, à noite, peguei o avião para Lisboa. Seriam quatro dias lá, trabalhando sem parar. Fiz todas as entrevistas, trabalhei como anfitriã da festa de lançamento na Globo Internacional e, na manhã do dia 18 de março, eu tinha uma entrevista, mas não teria como viajar de volta para o Brasil logo depois de terminá-la, porque só havia voos pela manhã ou à noite. Liguei para o médico da minha mãe para ter notícias, e ele me informou:

— Claudia, vai ser muito difícil sua mãe superar essa infecção.

— Vamos aguardar até onde ela conseguir. A partir do momento em que ficar muito incômodo para ela, faça o que for preciso, pode dar morfina aos pouquinhos, não quero que minha mãe sofra.

Eu tinha esperança de que ela fosse superar a infecção, mas não queria que ela sofresse. Fiz a entrevista e fui encontrar com a produtora Ana Rangel para o almoço. O telefone tocou; era o médico, dizendo que a hora de dar morfina havia chegado. Miguel Falabella, que sempre foi louco por ela, tinha ido ao hospital, porque queria ficar com ela. Mamãe dizia que a máscara que a ligava a um aparelho estava incomodando, machucando a boca. Queria tirá-la, mas o médico não deixava. Até que, finalmente, ela tirou o aparelho, olhou para Miguel e disse:

— Graças a Deus que seu cabelo cresceu, porque você ficava um demônio careca.

Miguel deu uma gargalhada de quase cair no chão.

Logo depois, mamãe reclamou que estava com falta de ar, precisava da máscara, não conseguia respirar. Miguel me ligou quando eu estava em reunião com Ana Rangel, e fiquei sem saber o que fazer. Eu não tinha intimidade com Ana, era um encontro de trabalho, mas não consegui me conter. Desliguei, abracei-a e disse:

— É minha mãe que está indo embora.

Ela me abraçou de forma muito amorosa e disse:

— Calma que eu vou ajudar você em tudo, vou ver se tem um voo saindo da Espanha. Fique calma, deixe tudo comigo.

Liguei imediatamente para minha prima Maria José, que é portuguesa e sempre adorou minha mãe, e ela veio ao meu encontro para me apoiar. O voo via Espanha não deu certo, e fiquei de voltar naquela noite mesmo por Lisboa. Durante as horas de espera, falei com minha irmã, com Jarbas, com meus filhos, com Edson, com meus sobrinhos, com Kananda. Foi Maria José quem ficou comigo até a hora de embarcar. Entrei no avião e não consegui dormir a noite inteira, só pensando na minha mãe.

Assim que o avião pousou, liguei para Raquel. Ela disse:

— Oi, filhinha, você já chegou? Dá uma ligadinha para dona Olenka que ela vai dizer tudo para a senhora.

Eu já senti. Quando peguei minha mala, minha bolsa e fui saindo, dei de cara com Jarbas na porta do avião. E aí entendi tudo.

Mamãe havia partido durante a minha viagem. Fui direto para a casa da minha irmã, onde estava toda a família, e entrei dizendo:

— Por favor, ninguém maquie a mamãe, eu que vou fazer.

Foi a coisa mais difícil da minha vida. Mas eu tenho certeza de que ela adorou isso. Só eu sabia maquiar mamãe, só eu sabia deixá-la ainda mais linda. Só eu.

As duas primeiras pessoas a chegarem ao velório foram Isabelle Drummond e Silvio de Abreu. Quando vi Silvio, desabei. Isabelle estava fazendo a minha filha na novela, e fiquei muito apegada a ela também.

Ali, fiz a maquiagem em mamãe, do jeito que ela queria.

Mamãe já tinha organizado toda a festa dela de 96 anos, que ia ser no dia 25 de abril. Morreu pouco mais de um mês antes, no dia 19 de março de 2019. Ela tinha escolhido a roupa, toda azul, e o menu da festa. Por isso, nós a vestimos com o vestido que ela planejara, atendendo a todos os seus desejos.

No dia 25 de abril, quando ela faria aniversário, minha amiga querida, que é também minha dermatologista, Gisele Torok, ofereceu sua casa para realizarmos um jantar em homenagem a mamãe, como ela queria, com as comidas que ela queria, com os convidados que ela escolheu, tudo como ela havia organizado. Tenho certeza de que mamãe se sentiu muito homenageada e ficou orgulhosa de mim.

Nos últimos quinze anos, ficamos muito próximas. Foi uma transformação importante para nós duas. Eu sempre me ressenti pelo fato de ela nunca me ligar quando eu estreava uma novela, nunca celebrar minhas conquistas comigo, mas isso havia mudado: ela passou a me elogiar, dizia que eu cantava bem. Foi um encontro muito bonito, que virou um mar de chamegos e bem-quereres sem fim.

Em julho, *Verão 90* terminou e, graças à minha espiritualidade e minha crença na continuação da vida por meio de reencarnações pelas quais passamos, eu já tinha aceitado a passagem da minha mãe. Jarbas e eu nos concentramos então em um projeto que estava sendo gestado havia dois anos: o musical *Conserto para dois*, com "s" mesmo, de consertar, fazendo uma brincadeira de duplo sentido com a palavra que se refere à apresentação musical "concerto". Queríamos montar um espetáculo brasileiro, só nós dois, eu e Jarbas, e encomendamos o texto para Anna Toledo, a quem munimos de muitas informações, séries, filmes e coisas que poderiam gerar inspiração.

O texto, as letras das músicas e as melodias iam e voltavam, no processo artesanal que toda criação exige. No caso de musical, há toda uma ciência específica. Não é possível parar a narrativa para cantar ou dançar, é preciso ir num *flow*, em um texto que leva a uma canção, uma canção que atinge um ponto que precisa ser expresso por meio do sapateado, e assim por diante. Mas a história sempre continua, não pode ser interrompida. Tudo tem uma técnica.

Técnica, aliás, é o segredo de tudo. Faço aulas sempre, não importa onde esteja, para manter minha técnica de dança sempre ativa. Márcio Rongetti é meu mestre de balé clássico desde que eu era adolescente. Quando estou no Rio, as aulas de balé clássico são com a Chica Timbó, uma mestra da minha história. Tonhão, esse deus do meu Olimpo particular, é meu *personal trainer* há vinte anos e responsável pelo meu *shape*. Wanderley Nunes é um amigo da vida toda que sempre cuidou do meu cabelo. Tenho os melhores maquiadores, como o Ale de Souza, que não largo nunca. Tenho nutricionista, endocrinologista, dermatologista, fisioterapeuta, ortopedista, todos os melhores na área de saúde. Levo meu trabalho com a seriedade que o público merece, dando o melhor de mim. Meu corpo, meu rosto e minha saúde são minhas ferramentas de trabalho, e preciso delas para exercer minha arte, minha forma de expressão neste mundo.

E tem a minha voz. Eu sou contralto, uma voz feminina mais rara que sofre muito preconceito. São poucos os papéis para contralto, mas, graças a Deus, conheci o mestre Marconi Araújo, um gênio que mudou minha voz completamente, me deu autoconfiança, me fez perder o medo de cantar e fez um trabalho quase de reprogramação do meu cérebro para buscar a voz dentro de mim. Porque cantar sempre foi meu ponto mais frágil, já que eu me sentia insegura e minha insegurança me impedia de soltar a voz.

Quando Marconi entrou em minha vida, a primeira música que ele me fez cantar foi uma da Mariah Carey. Eu achei que ele estava de brincadeira comigo, e expliquei que eu era contralto. Ele respondeu:

— E daí? Contraltos também cantam agudos.

Marconi me adotou como pupila, me levou para lugares musicais inimagináveis, notas que nunca pensei atingir. Sem ele, eu nunca teria feito *Crazy for You* nem cantado as canções de Gershwin. Devo minha voz, meu canto, a ele, e a forma que encontrei de retribuir tudo o que ele fez por mim foi tê-lo como meu padrinho de casamento. Nada mais justo, porque Jarbas, assim como ele, também fez essa mágica comigo, a de desatar meus nós e libertar minhas amarras.

E foi assim que Jarbas e eu montamos *Conserto para dois*, com tudo apurado, afinado e absolutamente cronometrado. Eram doze personagens, todos interpretados por nós dois, cada um com um figurino, uma maquiagem, uma partitura corporal, um jeito de falar, um timbre. Era tudo muito ensaiado e marcado, um show de precisão. Algumas trocas de personagens eram feitas em segundos.

A história acontecia em um cruzeiro para a Antártida, em que um escritor que perdera a inspiração para escrever reencontra no navio uma diva de cinema e celebridade internacional com quem teve uma relação, e por isso o "*conserto*" com "s": eles querem consertar essa relação que um dia se quebrou.

Os personagens eram divertidíssimos e as situações, hilárias, passando por gêneros como drama, suspense, mistério e comédia. Os profissionais eram todos de primeira linha: texto de Anna Toledo, músicas de Thiago Gimenes, Tony Lucchesi e Anna Toledo, direção de Jarbas Homem de Mello, codireção e coreografias de Kátia Barros, direção musical de Tony Lucchesi, design de som de Tocko Michelazzo, design de luz de Marina Stoll, cenário de Natália Lana, figurinos de Bruno Oliveira e visagismo de Dicko Lorenzo.

*Conserto para dois* foi o triunfo da técnica e do amor, porque essa sincronicidade só foi possível porque, além da precisão matemática, existia uma sintonia de almas entre nós dois. Sou uma grande admiradora do talento, e Jarbas é talento puro. Adoro ser dirigida por ele, que tem orgulho de me ver em cena, somos fãs um do outro. Acho que a frase mais bonita que posso dizer é que Jarbas me emoldura em cena. Quando algum fã se refere a nós como "casal 20", aceito o elogio com muito prazer.

A estreia nacional de *Conserto para dois* se deu nos dias 26 e 27 de outubro de 2019, no Teatro Municipal de Uberlândia, e foi arrebatadora. Teatro cheio, plateia amorosa, gargalhadas gostosas e aplausos que recompensaram todo o esforço. Terminamos o espetáculo no domingo à noite, e, assim que saí do palco, recebi uma notícia que rasgou meu peito: Jorginho, meu amigo, meu diretor de toda a vida, tinha saído de cena. Naquela noite, seu coração parou de bater.

Fiquei destruída. Ele era uma das pessoas que mais sabiam de mim, conhecia todos os meus truques, me desafiava, me provocava para que eu me reinventasse. Mas a minha dor era também a de todo mundo, porque Jorginho era uma fonte de risos, um cara que enchia lares de todo o Brasil de alegria com seu jeito único de fazer comédia. Tenho certeza de que ele foi levado por São Jorge, cercado de arcanjos, para um lugar de luz e cor exatamente como foi sua passagem aqui.

Depois de um mês, Pepê também se foi. No mês seguinte, dona Hilda, mãe de Jorginho, partiu. Onde quer que estejam, estão juntos, olhando por nós.

Levamos nosso *Conserto para dois* em viagem pelo Brasil para Belo Horizonte, Porto Alegre, Curitiba e Brasília. Em dezembro, um ano depois de nosso casamento, renovamos nossos votos em Santo André, na Bahia, em uma cerimônia realizada por um pajé pataxó, em frente ao mar.

Chegamos a Portugal em janeiro de 2020. No Teatro Tivoli BBVA, em Lisboa, montamos o cenário, ensaiamos e, no dia 22, estreamos a temporada de cinco semanas na capital portuguesa. Passeamos pela Ilha da Madeira, fiz uma capa de revista nua, postei *nude* no Instagram e me senti uma mulher completa, segura ou, na linguagem das redes sociais, "no auge".

Seguimos em turnê para Porto, Braga, Coimbra. Nossa turnê iria até 21 de março e voltaríamos para o Brasil no dia 30. Quando chegamos em Aveiro, no dia 13 de março, por motivos de segurança sanitária, o governo português anunciou o cancelamento de todos os eventos públicos. Era a epidemia de um novo tipo de coronavírus, alterando todos os planos do mundo. Despedimo-nos de Portugal e voltamos para o Brasil.

Logo depois do Carnaval, o Brasil registrou seu primeiro caso de covid-19 e, em março, a Organização Mundial da Saúde decretou como pandemia o surto mundial dessa doença causada por um vírus contra o qual não havia remédio nem vacina.

Desde o final de 2019, eu tinha decidido publicar uma fotobiografia, com curadoria de Gringo Cardia, e um livro de memórias, incentivada pelo meu querido amigo e agente, Marcus Montenegro, falando não só da minha carreira, mas também de histórias da minha vida. Com a pandemia e a quarentena necessária, comecei a fazer esse trabalho em casa. Foi uma grande revisão, uma oportunidade de refletir, que se tornou algo maior do que apenas olhar para o meu passado.

O confinamento em casa e o isolamento social transformaram muito as nossas percepções de mundo e de nós mesmos. Todos passamos a nos fazer perguntas, questionando o sentido da vida que levamos, o valor das coisas que temos, a importância da solidariedade. A pandemia escancarou feridas sociais, como a desigualdade, as doenças do afeto, a ambição desmedida, esfregou na nossa cara a realidade de que não temos controle sobre quase nada. O homem é capaz de mandar um foguete para o espaço, de pousar um robô em Marte, mas não consegue evitar que um vírus microscópico contamine milhões e dizime centenas de milhares de vida.

Nesse período de recolhimento, fiz muitas *lives* pelas redes sociais, dei muitas entrevistas em vídeo, fiz treinos, aulas e muitas orações. E, ao me voltar para as coisas mais fundamentais, reafirmei a certeza que sempre tive: todo ser humano importa. Todas as vidas são bênçãos e, portanto, são as coisas mais valiosas que existem. E tive a convicção de que a espiritualidade é um caminho de expansão e o amor é a energia que transcende a vida e a morte, renovando-se em um ciclo infinito a que chamamos eternidade.

Em Portugal, eu sentia a presença de minha mãe a toda hora, em todo lugar, como uma onda de amor que me cercava. Ela estava na paisagem, na brisa, no gosto da comida. A vida é um mistério que vai além da nossa compreensão, mas só vale a pena viver se for em comunhão com todos os seres humanos.

Em minha vida, conheci muita gente, vivi muita coisa, aprendi e ensinei, perdi e ganhei, mas nunca deixei de sentir gratidão. Por tudo, até mesmo pelo que me pareceu difícil de aceitar. A gratidão é o melhor sentimento que um ser humano pode ter. Sou muito grata por tudo que vivi até aqui. Tenho uma família unida e amorosa, um companheiro de vida que me estimula a ser uma pessoa sempre melhor e a quem amo todos os dias, amigos que sempre se fazem presentes, um filho e uma filha por quem daria a vida a qualquer instante. Enzo e Sophia são, certamente, as duas grandes forças que me movem.

E tenho minha arte, que me trouxe milhões de amigos, fãs, seguidores no Brasil, em Portugal e talvez em outros tantos pontos da Terra. É para eles que me esforço, me empenho e exijo de todos os que estão comigo. Porque o público merece sempre o melhor.

Sou grata a todas as pessoas que amo e às que me amam, às que se foram e às que aqui estão, pois são a minha falange, a minha legião, a minha proteção, o meu eterno elenco de anjos da guarda.

Sou grata a Deus por me deixar despertar a cada manhã.

Sou grata à natureza e ao grande ensinamento que ela nos dá sobre a existência: "Não importa quão longa e profunda seja a escuridão da noite, sempre raia um novo dia".

# ANJOS DA GUARDA NA TERRA E NO CÉU

Existem pessoas tão essenciais que entram em nossa vida e ficam para sempre, como anjos. Eu fui abençoada não com algumas, mas com uma legião delas, amigos que estarão sempre em meus pensamentos e minhas preces, por toda a eternidade.

Aqui, vou falar um pouco de algumas delas, que marcaram momentos importantes da minha história e ainda estão presentes a meu lado. Elas são meus anjos na Terra e meus anjos no Céu.

## ANJOS NA TERRA

Amor e amizade não se medem. O que se pode medir é o tempo. E alguns amigos queridos estão ao meu lado há trinta, quarenta anos. É como se eu nunca tivesse existido sem eles, nossas histórias se enlaçam desde sempre.

Eu precisaria de uma enciclopédia para incluir todas as pessoas que amo, os amigos mais recentes, os que ainda chegam a cada dia, os que ainda virão.

Espero que todos eles sintam-se representados pelos poucos nomes que couberam aqui e que saibam que fazem parte da minha multidão de afetos a que chamo meus "Anjos na Terra".

TONHÃO: Meu *personal trainer*, que me acompanha há vinte anos. Eu e meu corpo somos tão gratos a esse cara que, toda vez que a gente se encontra, até meus glúteos batem palmas.

WANDERLEY NUNES: É verdade que Wanderley é meu *hair stylist* de ontem, hoje e sempre. Mas é muito mais. Ele é o amigo que eu protejo e que me protege, o que dá conselhos para meus filhos, que me liga primeiro quando fica doente e me avisa quando melhora. É amigo-irmão de todas as horas.

RUBEN TERRANOVA: Ruben e eu somos amigos de palco, salto e sapatilha desde o tempo em que a tomada tinha dois pinos, Maradona era magro e Madonna ainda era virgem. Nosso amor é a maior prova de que a paz entre Brasil e Argentina é possível.

PATRICIA VAGHETTI: O que dizer de uma pessoa que cedeu sua casa para meus shows de infância com ingresso pago, abrigou o vestido que comprei aos oito anos com dinheiro desviado e até hoje é minha amiga? Eu sei o que dizer: cúmplice!

ADRIANA LIMA: Adriana é minha irmã do meio, do meio do meu coração. Uma das raras pessoas para quem eu daria a última mordida do sanduíche ou com quem dividiria meu leitão à pururuca, gesto que considero a maior prova de amor aqui na Terra.

ROSELI: Não sei o que fiz para merecer esse anjo, mas tenho vontade de colocá-la numa caixinha e guardá-la só para mim. Daí lembro que ela é instrumentadora cirúrgica e, em um minuto, poderia cortar a caixinha com o bisturi e fugir. Melhor deixar solta, essa linda.

LUIZ FERNANDO GUIMARÃES: Pense em um amigo que apoia, que está lá quando você precisa, não julga, só acolhe e abraça. Esse é o Luiz Fernando. Estou contando pra todo mundo que você pode sempre contar comigo.

MIGUEL FALABELLA: Miguel é meu irmão. A gente se admira, se ama, se sacaneia. Ele diz que eu sou a diva que desce a escadaria do Municipal toda linda, maquiada, bem-vestida e, faltando três degraus, tropeça, cai, quebra o dente da frente, levanta toda cagada e gargalhando. Certeza que ele me conhece mais do que eu mesma.

LUCIA COLUCCI: Tenho muito orgulho de ter tido Lucia como minha empresária durante trinta anos da minha carreira. Tenho uma felicidade maior ainda de ter Lucia como amiga por toda a minha vida. Estamos juntas, sempre.

MAGALI: Maguinha é meu escudo, minha proteção, uma joia rara de amor e dedicação, minha memória quando esqueço. Uma produtora tão competente que produziu um puxadinho no meu coração onde mora toda a minha gratidão por ela.

ALE DE SOUZA: Ale sempre me faz ficar mais bonita quando me levanto da cadeira de maquiagem. Mas ele faz muito mais que isso: me ensina a ser uma pessoa melhor, me conscientiza. Abri as portas da minha casa para ele, e ele abriu meu coração para o mundo. Agora a gente se segue em todo lugar, para nunca ficarmos separados.

FERNANDO: Se Deus me obrigasse a escolher entre passar o resto da vida sem sexo ou sem o Fernando, eu ia comprar uma boneca inflável para o Jarbas. Porque sem o Fernando não dá, não deu, não daria. Fernando é mais que um anjo, é um coração com asas que Deus me deu.

HENRIQUE MELLO: Henrique fez o visagismo dos meus musicais, das minhas personagens de novela, de tudo. Pesquisei seu nome junto ao meu na internet e deu meio milhão de resultados! Até o Google sabe do nosso amor. Eu te adoro, meu amor.

CRISTINA FADUL: Cristina é minha mãe espiritual, a única pessoa que dona Odette liberava para eu chamar de mãe. Cristina veio para me proteger. Ela fala com os espíritos e manda recados do destino com uma naturalidade de outro mundo. Eu não tenho essa vidência, mas sei ler o futuro e afirmo que meu destino é amar Cristina a vida inteira.

DENISE SARACENI: Denise é uma amiga-irmã que o trabalho me deu e que entrou para minha casa e minha família a ponto de nossas filhas se chamarem de primas. Nossas vidas se emaranharam e geraram laços que ninguém desata.

GOGOIA SAMPAIO: Gogoia é aquela amiga que a gente lembra em tudo o que vê e para quem a gente liga quando qualquer coisa acontece. Amiga de pedir e dar conselho, de dar vexame de tanto abraçar quando encontra. Amiga que dá orgulho de saber que gosta da gente.

SILVIO DE ABREU: Um dia, Silvio me achou, a gente se viu, se falou, e deu *match* de alma na hora. Ele me adotou para a vida como a diva de seus sonhos musicais, no seu jeito cinematográfico de ver o mundo. Ele é meu pai, protetor, amigo de ver filme embaixo do cobertor, daqueles que trazem sopa quando a gente está doente. Silvio é tudo pra mim.

ARACY BALABANIAN: Aracy é um monumento à alegria, uma amiga iluminada que me chama de estrela-guia. Estrela, eu me sinto quando estou com ela, que é minha luz, meu tesouro nacional, patrimônio cultural, Oscar de melhor colo! Te amo, Aracy!

NEY LATORRACA: Eu queria ser xifópaga do Ney, irmã siamesa, pra ficar colada nele a vida inteira. Ele é amigo de chegar em casa e abrir a geladeira, de conversar no banho, de contar sintoma, ir junto no médico e abrir envelope do exame. Ney é minha casa.

LEO SHEHTMAN: Leo é amigo de sair, de viajar, de bater perna em loja, de fofocar, de se espalhar no sofá que ele mesmo escolheu! Daqueles que entram em casa e o wi-fi já conecta. Amigo há trinta anos tão amado que convidei para entrar pra família, com o honroso título de padrinho da Sophia. Te amo, Leo.

SÉRGIO DANTINO: Dantino é o cara mais correto, justo e leal deste mundo. Confio tanto que deixaria meus cachorrinhos com ele, deixaria meus filhos com ele, daria todos os meus logins e senhas para ele. Sério, estou pensando em incluir Dantino no meu testamento.

JÔ SOARES: Jô me ensinou a fazer comédia, me encheu de amor, me fez rir, acreditou no meu talento, me levou para a televisão. E ainda salvou minha vida. É anjo da guarda com Ph.D., sempre presente em meus pensamentos e orações. Amor da vida inteira e de tudo o que vier depois.

MARIA PAULA: Sou madrinha de sua filha Naná, que é a melhor amiga da Sossô. Maria Paula era melhor amiga do Tumura. A vida dela se confunde com a minha, a família dela se funde com a minha. É tudo junto e misturado, tudo sempre iluminado, como a vida deve ser.

DR. GUSTAVO NOBRE: Dr. Gustavo tratou da minha mãe, ficou o tempo todo ao seu lado, diagnosticou meu amigo Gilles, fez tudo pela vida da Celinha, nossa babá amada, e faz tudo por todos nós. É um anjo da guarda iluminado, um enviado dos céus, o médico para quem entrego a vida sem medo, porque tudo o que for humanamente possível de fazer, ele certamente fará.

DR. JARDS VOLPE: Cada contorno do meu rosto, cada poro, cada centímetro quadrado da pele que me veste, meu dermatologista cuida e conhece há mais de vinte anos. Ele é tão maravilhoso que usa todo o conhecimento da medicina para que eu tenha uma pele de anjo, só para eu me parecer com ele.

DR. CARLOS HENRIQUE BITTENCOURT: Sou uma bailarina, uma atriz que vive de dançar, e por isso meu ortopedista é tudo pra mim. É ele que me cola, me remenda, me corrige, me refaz e me salva. Ele é tão zeloso e cuida tanto de mim que estava presente até no meu parto. Um anjo com estetoscópio.

JULIANA MATTONI: Conheci Ju como amiga de Kananda, desde pequena, uma menina. Depois, encontrei-a na Globo como assessora de imprensa, uma fera, um gênio. Dei força para ela abrir uma assessoria própria, e ela decolou como um foguete. Tive que ir até a Lua, mas consegui pegá-la para mim. E se tiver que ir até Marte para buscá-la de novo algum dia, eu vou, mas não fico mais sem Ju na minha vida. Ela é MM, muito maravilhosa, e eu sou sua RR, rainha Raia. Te amo pra sempre!

BONI: O certo seria apagar tudo o que tem no meu currículo em TV e escrever apenas "o Boni me contratou". Porque ele é mais que um Grammy, é mais que um Oscar, é quase um Prêmio Nobel da TV. Ele soube me ensinar, me orientar e aplaudir o sucesso dos musicais que fiz. E o reconhecimento do Boni vale mais que qualquer prêmio.

## ANJOS NO CÉU

WALTER CLARK: Walter foi a primeira mão que me puxou para o palco, porque viu em mim o dom de dançar. O produtor que me assumiu como tutor. Foi a fé que ele botou em mim que me deu energia para provar que eu merecia sua confiança. Sua genialidade era imensa; sua generosidade, infinita. Me recebeu em sua casa e me acolheu junto à família. Meu amor por você não tem preço.

LENNIE DALE: Era o bailarino mais incrível do mundo, falava, cantava e compunha com o corpo. Chegou como um mago em minha infância e abriu novos mundos para mim. Tive a honra de ser uma das pessoas que ele mais amou em vida. E tenho o orgulho de amá-lo por toda a eternidade.

JORGE FERNANDO: Jorginho nunca chegou nem partiu. Jorginho sempre esteve e sempre estará comigo. Porque está em todas as cores de sua alegria, está no ar de sua leveza, está na natureza que, como ele, se recria. Jorginho sempre foi a força do amor e, agora, é energia.

CARLOS DORIGATTI: Uma vez, durante o *Batalha de arroz num ringue para dois*, um isqueiro acendia e apagava, acendia e apagava. Magali não via, Fernando não via. Só eu via. Era Carlinhos, na plateia, fazendo a brincadeira que era só nossa e me aplaudindo com sua luz.

MARCOS TUMURA: Meu menino de Curitiba, meu parceiro de palco, meu cantor e bailarino de todos os musicais. Sinto tanto sua falta, meu querido. Mas, saiba, aí onde você está agora, que todas as noites, quando termino um espetáculo, os aplausos que recebo são também para você.

CHICO ANYSIO: Chico foi meu mentor, o oráculo que eu consultava no trabalho e na vida. Fez tudo para que eu parasse de fumar, até no IML me levou para mostrar o pulmão de um fumante. Larguei o cigarro, mas nunca mais larguei Chico. Para minha sorte, tive esse gênio para ser meu norte.

GILLES: Meu primeiro amigo no Rio, que me acolheu e ajudou quando eu ainda era adolescente. Crescemos juntos, amadurecemos juntos. Quando Gilles adoeceu, levei-o para morar em casa. Quando ele precisou fazer quimioterapia, Sophia cortou seus cabelos. Amizade assim, Gilles, nada separa.

VÓ ERNESTINA: Depois que minha avó partiu, fiz um espetáculo em São Luiz do Maranhão com casa lotada. Do palco, vi uma única cadeira vazia. Quando dei meu texto "Na minha infância...", minha avó estava sentada naquela cadeira, de vestido branco, sorrindo. Esqueci o texto, mas foi lindo. Meu anjo favorito estava ali, me protegendo e me assistindo. Vó Ernestina é minha luz divina.

CELINHA: Durante dezessete anos, Celinha foi o anjo da guarda de Enzo e Sophia. Quando eu estava fora de casa, trabalhando, os braços de Célia eram os meus braços, seu cuidado com as crianças era o meu cuidado, o amor de Célia era o meu amor. Confiei a ela meus maiores tesouros, e ela ajudou a lapidá-los com seu carinho infinito. Nos últimos três anos, ela não estava mais em nossa casa, mas os laços de afeto continuaram presentes, porque amor assim não acaba. Em maio de 2020, durante nossa quarentena, Célia foi internada com covid-19. Lutou como uma guerreira, mas, no dia 26 de maio, enquanto meus filhos e eu fazíamos nossas preces diárias para ela, Celinha se foi. A gratidão que tenho por ela não tem tamanho. Mas tenho certeza de que, onde quer que ela esteja, está orgulhosa por ter ajudado a fazer de Enzo e de Sophia duas pessoas justas, generosas e humanas como ela. Te amo, Bá, pra sempre.

# UMA ÚLTIMA HISTÓRIA

Em 1967, a elefanta Rana, de origem asiática, chegou em Recife com o Gran Circo Bartolo. E, como acontece com todo integrante de circo, Rana viajou por todo o Brasil. Passou boa parte de sua vida fazendo apresentações de cidade em cidade. Naquela época, não havia lei de proteção animal, ninguém tinha a consciência atual de defender qualquer vida.

É difícil saber com certeza, mas é provável que, por volta de 1973, o Gran Circo Bartolo tenha passado por Campinas e que Rana fosse a elefanta que vi com o domador por quem me apaixonei.

Não sei o que aconteceu com o domador, mas sei o que aconteceu com a elefanta.

Depois de anos trabalhando em circos, longe de seus iguais e confinada em espaços pequenos, Rana foi levada para um hotel-fazenda em Aracaju. Quando os proprietários decidiram desativar o minizoológico onde ela ficava, precisou ser transferida, e seu veterinário conseguiu outro lugar.

Na véspera de Natal de 2019, aquele animal fez sua última viagem. Escoltada pela polícia, a elefanta cruzou 2.700 quilômetros, de uma fazenda em Sergipe até o Mato Grosso. Ao chegar, depois de uma vida em cativeiro, em um cercado eletrificado, sem nenhuma árvore na qual se encostar, Rana, aos cinquenta anos, foi solta na imensidão selvagem do Santuário de Elefantes Brasil, na Chapada dos Guimarães, onde ganhou de volta a liberdade e duas outras elefantas com quem brincar.

Rana é a esperança de que podemos fazer um mundo no qual toda vida seja respeitada, a lição de que sempre há um caminho para a salvação. A certeza de que nenhum ser vivo precisa de um domador, porque o princípio e o fim da vida são, sempre, e apenas, o amor.

CRÉDITOS DAS IMAGENS

**P. 10**: Antônio Nery / Agência O Globo; **P. 16**: João Miguel / Acervo pessoal da Claudia Raia; **P. 24**: Acervo pessoal da Claudia Raia; **P. 28**: Acervo pessoal da Claudia Raia; **P. 32**: Acervo pessoal da Claudia Raia; **P. 44**: Acervo pessoal da Claudia Raia; **P. 47**: Acervo pessoal da Claudia Raia; **P. 57**: Acervo pessoal da Claudia Raia; **P. 65**: Teatro El Nacional Sancor Seguros / Disponível em: <https://elnacionalsancorseguros.com/historia>; **P. 69 E 70**: João Caldas / Acervo pessoal da Claudia Raia; **P. 79**: João Caldas / Acervo pessoal da Claudia Raia; **P. 93**: Marlene Bergamo / Folhapress; **P. 102**: João Miguel / Acervo pessoal da Claudia Raia; **P. 114**: Beti Niemeyer; **P. 130**: Irineu Barreto / Agência O Globo; **P. 145**: Acervo pessoal da Claudia Raia; **P. 175**: Acervo pessoal da Claudia Raia; **P. 178**: Acervo pessoal da Claudia Raia; **P. 194**: Acervo pessoal da Claudia Raia; **P. 212**: Acervo pessoal da Claudia Raia.

Todos os esforços foram feitos para contatar e creditar devidamente os detentores dos direitos das imagens. Eventuais omissões de crédito não são intencionais e serão devidamente solucionadas nas próximas edições, bastando que seus proprietários contatem a editora.